Los sueños de Bolívar
en la Venezuela de hoy

Carlos Aznárez

Los sueños de Bolívar

en la Venezuela de hoy

Txalaparta

Título: Los sueños de Bolívar en la Venezuela de hoy
Autor: Carlos Aznárez

Portada: Esteban Montorio

Edición
Editorial Txalaparta s.l.
Navaz y Vides 1-2
C.P. 78
31300 Tafalla
NAFARROA
Tfno. 948 703 934
Fax 948 704 072
txalaparta@txalaparta.com
http://www.txalaparta.com
Primera edición de Txalaparta
Tafalla, junio de 2000

Fotocomposición
arte 4c
Fotomecánica
arte 4c
Impresión
Gráficas Lizarra

I.S.B.N.
84-8136-166-6
Lege gordailua
NA. 1.361-2000

Gebara
53

Al heroico pueblo venezolano tantas veces insurgente en busca de concretar los sueños de Bolívar.

A Arturo Cubillas y Goizeder Odriozola, *porque sin su colaboración inagotable este texto hubiera sido imposible de construir.*

A María, Nagore y Facundo, *por estar siempre, en las buenas y en las malas.*

A *«mi lugar en el mundo» que es este querido y combatiente pueblo vasco con el que comparto su lucha por la independencia y el socialismo.*

Muy *especialmente, a las prisioneras y prisioneros políticos vascos. Simplemente, por resistir y jamás ceder ante la tortura de la dispersión.*

Prólogo I

Intentar escribir la historia durante su desarrollo, resulta tarea difícil, sobre todo cuando los elementos que intentan definir esa historia no se han consolidado de manera definitiva y mantienen una dinámica muy acelerada, característica importante de estos días de tecnología avasallante.

Mucho más difícil resulta si la óptica que reflejan los acontecimientos se percibe desde la cima periodística y con un sesgo ideológico claramente estructurado, que conduce los relatos hacia esa frontera del reporterismo, la novela y el discurso político.

Más allá de todo esto, esta hermosa obra intenta recoger los testimonios de muchos actores anónimos, otros no tanto, que dieron y siguen dando su aporte a un proceso de transformación política cuyo marco de partida afloró las más diversas y cruentas formas de violencia que derivaron del descontento y la frustración que encerraban sus actores: Pueblo y Fuerzas Armadas.

Más adelante, ese mismo proceso revolucionario ha venido capitalizando frustraciones y esperanzas con manifestaciones diversas, pero pacíficas, de profundo rechazo hacia lo establecido y marcada fe en los cambios.

Como el joven y caudaloso río que hace a la cascada abrupta y violenta en su caída, y luego se prolonga rauda y salvaje sobre su cauce inicial hasta alcanzar la tranquilidad y armonía del río padre o de la mar apacible e inmensa, como la justicia y la libertad.

Estos testimonios, más allá de plantear las escaramuzas y movimientos hechos por sus protagonistas, recogen sentimientos muy de adentro, sin aferrarse a la rígida cronología de los eventos pero sí guardando una lógica que permite comprender todo un contexto social y político que definen la realidad de una nación.

El marco ideologizante no pretende encasillar el proceso, sino que da cabida para la reflexión y profundizar en los elementos que darán estructura y fortaleza a esta «revolución pacífica» venezolana, cuya amplitud de soporte conceptual tiene rasgos difusos, un tanto escépticos, consecuencia, quizás, de esa crisis que también viven las ciencias sociales.

Ha de ser, por esta razón, que nuestra revolución arrancó muy particularizada: Fuerzas Armadas y sectores populares y de la izquierda tradicional. Fue asimilando caracteres muy latinoamericanos, caribeños, del Tercer Mundo y de los oprimidos a nivel mundial; y está sirviendo de referencia a todas las sociedades del planeta que sufren las consecuencias de la hegemonía política y económica globalizante y se niegan a desprenderse de sus raíces, su libertad y su dignidad como seres humanos y como nación.

Ese ritmo acelerado que asumen los procesos cuando logran definir sus objetivos, e identificar el sentir de quienes son afectados directa e indirectamente, tiene en esta obra plasmados los inicios, reflejadas sus auténticas raíces y propicia la definición de los potenciales adversarios, de aquellos que no querrán perder sus espacios de poder, dentro y fuera de esa gran patria de Bolívar y Martí, de Serrat y Alí Primera, de Robinson y Rubén Darío.

Es ésa la parte de la historia que nos falta por narrar...

Wilmar Alfredo Castro Soteldo
Teniente coronel de la Aviación
Insurgente el 27 de noviembre de 1992

Prólogo II

Llegamos a Venezuela a finales de mayo de 1989, estaba amaneciendo cuando entramos en Caracas y lo primero que nos sorprendió fueron esos enormes anuncios publicitarios que copaban los tejados de los edificios, las carreteras y las laderas de los montes, como si fueran una parte más del paisaje.

Nos traían desde Argelia un país donde palabras como publicidad y consumismo no tenían ningún significado. Argelia era, en aquella época el país del «uno». Todo lo que era considerado un producto básico costaba un dinar: el agua, el arroz, la sémola, el jabón, el refresco, el té o los baños públicos. Y ahora, de la noche al día (y nunca mejor dicho) nos encontrábamos en pleno Caribe y en uno de los países más ricos del área y de Latinoamérica o por lo menos eso decían los libros que situaban sus ingresos por exportaciones entre los más altos de América del Sur.

En aquella época era manifiesta la «amistad mercantil» que unía al presidente de Venezuela Carlos Andrés Pérez con Felipe González y con diversos dirigentes del PSOE, así que no era nada extraño ver al «señor X» paseando por la isla de la Orchila, u ofreciendo Galerías Preciados a precio de oferta de enero. Como tampoco lo era que Roldán «montara» un restaurante en Caracas o que Txiki Benegas se tostase al sol en Los Roques en muy buena compañía. Eran tiempos de «buenos negocios» y nosotros pasamos a ser uno de ellos.

Hacía tres meses se había producido «el Caracazo», revuelta popular que se saldó con miles de muertos y con una de las oleadas represivas más fuertes de la historia contemporánea del país. Aunque la tensión y la crispación social aún se respiraban en el ambiente era difícil asimilar las imágenes que nos describían los compañeros y compañeras que vivieron aquellos días amargos.

A los pocos días, ya comenzamos a darnos cuenta de que Venezuela no era ese país del petróleo, las playas con palmeras y la «salsa y merengue» del que habíamos oído hablar. Venezuela era un país desangrado y, esas enormes vallas publicitarias de «Tome Coca Cola» no eran capaces de ocultar las decenas de miles de «ranchitos» que colmaban las laderas de El Ávila, la suntuosa cordillera que rodea Caracas, y de los que todos los días descendían decenas de miles de personas para dirigirse a sus lugares de trabajo o simplemente para deambular por la ciudad buscando cómo «resolverse».

Nada cuadraba desde nuestra estúpida mentalidad «europea». ¿Cómo era posible que en uno de los países más ricos del área, la inmensa mayoría de la población viviera en la pobreza? ¿Cómo era posible que un pueblo soportara esto? Era difícil entender cómo décadas de políticas paternalistas, por parte del Estado, habían llevado a la sociedad venezolana a la desorganización y al individualismo más despiadado, del que sólo escapaban ciertos sectores universitarios y ciertas comunidades organizadas en los barrios.

Ante esta situación de total deterioro económico, político y social del país, donde el negocio más próspero era la corrupción, no resultó una gran sorpresa cuando el 4 de febrero de 1992 nos despertamos con la noticia de que había un «golpe de Estado». Que no fuera una sorpresa no quiere decir que no fuera preocupante, todos teníamos una idea de lo que era un «golpe militar»: Chile y Argentina, eran los casos más sangrantes y conocidos de asonadas en el continente. Para algunos compañeros estaba reciente la invasión yanqui en Panamá y su experiencia en la Nunciatura rodeados de militares gringos. Pero a medida que pasaban las horas el efecto era el inverso y la preocupación pasaba a tornarse en sorpresa al ver a la gente salir a la calle a apoyar la «insurrección», al saber que estudiantes, obreros, amas de casa, organizaciones y partidos de izquierda no disimulaban su apoyo a lo que estaba sucediendo. A media mañana, cuando ya el levantamiento había fracasado, vimos, por primera vez, al comandante Chávez aparecer en las pantallas de TV para anunciar que «los objetivos no habían podido cumplirse, por ahora».

Los ocho años que han transcurrido desde entonces y todo lo que ha sucedido en Venezuela en este tiempo, no hubiera sido posible sin aquel 4 de febrero, ni sin el 27 de noviembre del mismo año (segunda insurrección cívico-militar), sin olvidar la insurrección popular del 27 de febrero de 1989. Estas fechas y aquel «por ahora» dejaron marcados en la conciencia del pueblo que era posible volver a soñar con las «utopías realizables». Había llegado el momento de relanzar las organizaciones comunitarias y recuperar el protagonismo popular.

Así se llega al 6 de diciembre de 1998 y el «por ahora» se transforma en «ahora». Ese día, arropado por más del 60% de la votación popular y acompañado por la totalidad de las fuerzas progresistas y de izquierdas del país el comandante Hugo Chávez se convierte en Presidente de la República de Venezuela. La utopía se había hecho realidad.

Ha pasado, desde entonces, poco más de un año. Tiempo en el que el país ha ido avanzando en los cambios que anunció Chávez durante la campaña electoral del 98. Se eligió la Asamblea Nacional Constituyente. Se redactó una nueva Constitución que, aprobada el 15 de diciembre de 1999, daba luz a la República Bolivariana de Venezuela y sentaba las bases para acometer las profundas transformaciones que necesita el país.

No ha sido un año fácil, como no lo fue el camino para llegar a ese 6 de diciembre y como no lo serán los años que están por venir. Y eso, precisamente, es lo que nos hace pensar que se está en el camino correcto. Nunca las revoluciones fueron sencillas y menos si se lucha contra el enemigo interior y contra el enemigo exterior; contra ese mundo globalizado y neoliberal para el que el proceso venezolano es un enemigo más al que hay que aniquilar.

Éste es un proceso que está naciendo, es una situación nueva, incluso me atrevería a decir que atípica, donde no existen comparaciones posibles con iniciativas que se estén llevando a cabo en otros países. La diferencia esencial es que aquí los cambios vienen desde el mismo Estado. Es el propio Gobierno venezolano, con el comandante Hugo Chávez a la cabeza, el motor de todo este derrotero que inevitablemente ha de desembocar en la creación de esa «patria buena» a la que cantaba Alí Primera.

Por primera vez, en muchas décadas, el pueblo venezolano es nuevamente protagonista de su historia y, en la misma medida, dueño de su futuro. Por encima de la figura, indiscutiblemente imprescindible, del comandante Hugo Chávez, la labor de las comunidades organizadas, de las nuevas organizaciones políticas, sociales y sindicales será determinante a la hora de definir qué rumbo tomará la revolución bolivariana.

Por encima de logros y errores, de aciertos y desaciertos lo trascendental del momento que se está viviendo en la República Bolivariana de Venezuela es que nos encontramos ante una oportunidad histórica para recuperar la dignidad, la ilusión, las esperanzas y los sueños arrebatados durante años. De contar todo ello trata precisamente este libro, dando las claves de lo que fueron estos 40 años de desgobierno y las esperanzas que han ido surgiendo con la irrupción del actual proceso. Pero también tiene la virtud de intentar romper el muro montado por la campaña desinformativa con que se quieren ensombrecer y manipular los innegables avances producidos desde diciembre de 1998 en esta querida Venezuela.

Como dijo José Félix Ribas, prócer de la Guerra de la Independencia: «En esta jornada que ha de ser memorable, ni aun podemos optar entre vencer o morir, ¡es necesario vencer!».

Arturo Cubillas
Venezuela, febrero del 2000
(Deportado político vasco)

A manera de presentación

Este libro es un intento de acercamiento a la historia de los últimos cuarenta años de un país que siempre ha mantenido lazos muy férreos con Euskal Herria. Venezuela, con sus 916.000 kilómetros cuadrados y casi 23 millones de habitantes está despertando de una larga pesadilla de cuatro décadas donde dos partidos denominados democráticos y con grandes aliados dentro del ámbito internacional, sumieron en la pobreza extrema al 80% de la población, en base a políticas erráticas y de caos administrativo, y sobre todo por el desarrollo de maniobras de corrupción a gran escala. Todo ello en un espacio geográfico donde el petróleo significa algo más que una alternativa de autoconsumo y que ubica al país dentro de los 12 grandes productores del mundo, siendo el tercer exportador de combustible a Estados Unidos.

Frente a un estado de cosas que hizo inviable cualquier tipo de salida dialogada con el poder para que cambiara el rumbo que llevaba el país, un grupo de militares denominados bolivarianos –en homenaje al pensamiento y el accionar del libertador Simón Bolívar–, junto a civiles identificados con los mismos principios, recorrieron en poco más de diez años varias vías para llegar al gobierno y producir, después de haber triunfado en las urnas, una inobjetable revisión en las estructuras políticas, sociales y económicas de la nación venezolana. Por lo menos, eso es lo que se intenta, contra viento y marea, en un continente amordazado por los Estados Unidos.

Este movimiento popular –autodefinido como nacionalista, antiimperialista y revolucionario– generó un liderazgo, el del comandante Hugo Chávez, cuyas definiciones políticas y su práctica vehemente han despertado gran interés en la región y una intensa polémica sobre el cambio de rumbo impulsado en lo que ahora se llama República Bolivariana de Venezuela.

Junto a Chávez y su vocación de poder se han encuadrado un sinnúmero de hombres y mujeres de vocación progresista para llevar a cabo los cambios que se venían exigiendo desde hace tiempo. Algunos de ellos –no todos por supuesto– son precisamente los protagonistas de *El sueño de Bolívar...*, quienes dan a conocer los porqués y los cómo de este proceso que está sacudiendo al continente latinoamericano, despertando adhesiones en la franja más sumergida de la región, que ven con esperanza la incorporación de Venezuela a una política de resistencia contra el neoliberalismo y todo lo que de ello pudiera derivarse.

Evidentemente aún no está todo dicho en esta singular experiencia política. Muchos son los palos en la rueda que soporta el actual proceso. Y más que van a venir. Algunos, tan naturales como que proceden del trabajo meticuloso de presión, desgaste y agresión que habitualmente se pone en marcha desde Washington para reconvertir situaciones que no les son favorables. Otros, están insertados en la propia sociedad venezolana y hasta en las filas del mismo gobierno. Entre los ex militares, están quienes deseosos de profundizar el proceso «por la izquierda», reclaman su pertenencia fundacional al movimiento bolivariano, para achacar a Chávez una «desviación» en los principios, aunque también hay otros que agazapados en la sombra de los cuarteles esperan el momento para empezar a conspirar por la derecha.

No se pueden modificar en 500 días costumbres, ritos y estilos derivados de 40 años de corrupción abierta o disimulada, clientelismo, distracción de fondos reservados para cuentas personales en el exterior, nepotismo mediocre y hasta torturas, cárcel, desapariciones forzadas y sangrienta represión de las ideas. Pero lo que no podrá discutirse es que pase lo que pase de aquí en adelante, va a ser muy difícil que se vuelva atrás. El pueblo, los más golpeados por un larguísimo período de desgobierno, saben que está en sus manos y en su movilización permanente, impedir que les arrebaten lo ganado. Ni los burácratas que se suelen trepar a último momento en los procesos revolucionarios, ni la oligarquía petrofinanciera que no puede entender, ni aceptará nunca que el país haya cambiado tan abruptamente de rumbo.

Mientras tanto, vale lo susurrado por un compañero que dio sus primeros pasos allá por las heroicas guerrillas sesentistas. Hablando de qué puede pasar de aquí en adelante, mientras charlábamos en un céntrico bar de Caracas, el mismo día que se aprobaba la nueva Constitución Bolivariana, sentenció: «¿Quién podrá dudar que estamos paridos por esta historia de cuatro décadas de esfuerzo y rebeldía popular tratando de recuperar la alegría de ser nosotros mismos? Quizás sea un nuevo sueño pero habrá que poner todo lo posible para que dure tanto como se merece este increíble pueblo. Si nos lo intentaran arrebatar, volveremos a las trincheras, donde casi siempre hemos estado»...

Carlos Aznárez

Capítulo I

El día que Caracas estremeció al país

El teniente Hugo Chávez Frías maldijo en voz alta cuando aquella noche del 27 de febrero de 1989 notó que el coche se quedaba sin gasolina poco antes de llegar a su casa. No era un momento para semejante contrariedad: con una fiebre que volaba, por culpa de esa tardía lechina (una especie de varicela caribeña) que había cogido el día anterior y las pocas pero alarmantes noticias escuchadas en la radio después que salió de la clase que cursaba en la universidad, convertían a este vulgar incidente automovilístico en algo totalmente indeseado. «Por suerte –reflexionó– estoy muy cerca del Fuerte Tiuna, donde podré encontrar combustible». Tiuna está ubicado en los alrededores de Caracas. Entró allí para ver a uno de los tantos amigos que conservaba en el cuartel y se enfrentó con un caos generalizado. Soldaditos que corrían de un lado para el otro, algunos de ellos con el temor pintado en sus rostros y colocándose sus correajes y armamentos a las apuradas. Oficiales, dando voces de mando con más nerviosismo que eficacia y ese rumor característico de los camiones del ejército cuando prueban el motor.

«Me di cuenta de que me hallaba en plena salida de las tropas del Batallón Logístico, casualmente las que menos entrenadas están para el combate en localidades. Interrogué a un coronel quien me confirmó que la orden era tomar las calles para detener a los revoltosos, a los que estaban saqueando los comercios». Sin querer escuchar más, Chávez señala a su interlocutor que esta actitud no tiene sentido, que a esos chicos no se los podía poner en la calle cuando todavía están llenos de impericia, que...

Pero el coronel no estaba para sermones y menos de ese militar al que el generalato había «alejado» del mando de tropas por sus ideas disociadoras. «Ésta es una orden que viene de arriba, y yo no puedo hacer otra cosa que cumplirla», dijo y agregó con cierta resignación: «Que Dios nos ayude».

Chávez nota que su propio estado febril pedía socorro, se sube al coche y empieza a tratar de salir del Fuerte eludiendo a los carros blindados. Entonces ve a un chaval que viene corriendo con el casco en la mano, el fusil en banderola y la munición desordenada. Le pregunta adónde va y éste a los gritos responde que su pelotón se había marchado en un camión y que debía alcanzarlos. El chico sube y a los pocos minutos, se encuentran con la columna y con el teniente que iba a cargo. «¿Saben ustedes para dónde están yendo?, le grita Chávez con el coche en marcha. «Para nada, cómo vamos a saber, imagínese lo que es esto».

Chávez lo imaginó. ¿En cuántos cuarteles estaría pasando lo mismo? ¿Cuántos tenientes y capitanes estarían retransmitiendo a asustados soldados la orden de salir a parar el caos a punta de fusil? Y se dio cuenta de que el país había llegado al límite. Más aún, que a pesar de la fiebre que le provocaba esa maldita lechina, tenía la lucidez suficiente para comprender que él y su gente no habían errado con los pronósticos realizados tiempo atrás.

El presidente Carlos Andrés Pérez, del tradicional partido Acción Democrática (AD), había asumido el gobierno con una cuota bastante importante del voto popular sólo veinte días antes. Instalado en definiciones socialdemócratas –muy de moda para el momento latinoamericano– Pérez había logrado sumar apoyos de la clase media y de los estamentos más golpeados de la sociedad venezolana gracias al recuerdo de lo que había sido su primer gobierno del año 73, en que la bonanza del *boom* petrolero entusiasmó hasta a los más escépticos y permitió que el nivel de vida de los sectores medios se elevara de manera sustancial. Por eso cuando CAP –como los venezolanos conocen a Pérez– se volvió a presentar en diciembre de 1988 para reemplazar el desgobierno de su colega de partido Jaime Lusinchi, la gente no lo dudó.

Pero nunca segundas partes son iguales. A escasas horas de prestar juramento y cuando la mayoría de la población estaba esperando noticias ilusionantes, Pérez anunció un plan de choque para «devolver el dinamismo» a una economía dependiente casi en exclusiva de las rentas del petróleo. Esto, en los papeles, significaba un aumento de precios del transporte urbano en un monto superior al 30%, a lo que se engancharía de inmediato la falta de reconocimiento del bono estudiantil por parte de las compañías del transporte de pasajeros.

Este drástico encarecimiento de los bienes de primera necesidad y de los servicios públicos desencadenó enseguida una oleada de protestas.

El «sacudón»

La reacción popular se inició a las 5 de la mañana alrededor de los vehículos del transporte en Guarenas, Guatire, Los Teques, Nuevo Circo y la Guaira, y pronto se extendió por las ciudades de Maracay, Maracaibo, Valencia, Barquisimeto, Guayana y Mérida. Pero en ninguno de estos puntos adquirió las proporciones de lo que aconteció en Caracas.

Desde muy temprano del lunes 27 de febrero, miles de personas se lanzaron a la calle, a ocupar un territorio por el que transitaban diariamente rumbo a sus labores, pero que esta vez adquiría un color y un sentido totalmente distinto. Era una mezcla de rabia desatada pero también de fiesta popular reivindicativa. Muchos saludaban a sus vecinos como si no los vieran desde hace años y en los gritos de bronca contra el Gocho (otro sobrenombre del Presidente) al que la mayoría había votado, encontraban nuevos puntos de contacto y simpatía. El repudio al «paquete» de medidas fondomonetaristas era el objetivo directo de la protesta ciudadana.

Mientras esto ocurría, era notorio que la policía metropolitana tenía órdenes de no actuar o por lo menos de hacerlo con mano blanda, incluso se vieron agentes del Disip (el Servicio de Inteligencia venezolano) intentando incitar vanamente a los manifestantes.

«Horas antes del 27-F, muchos militantes de izquierda sabíamos que estábamos ante un momento muy significativo. Era tan especial el clima que se vivía a partir de los anuncios oficiales sobre los aumentos de tarifas, que ese mismo día 27 yo hago unas declaraciones en el diario *Últimas Noticias*, en que advertía sobre *la inminencia de un estallido popular*. Y tan inminente era que cuando el diario empezaba a distribuirse por los kioscos la gente ya estaba rompiendo los primeros escaparates», señala Gabriel Puerta, ex guerrillero de los sesenta y actual dirigente de Bandera Roja, un partido de izquierda marxista.

Puerta recuerda que horas después el ministro de Defensa acusaría a los militantes de su partido de estar incitando a los disturbios, ya que en «las imágenes de los informativos televisivos y en las fotos de la prensa, salía mucha gente nuestra, a cara descubierta, en los diversos focos de conflicto». Pero rápidamente reconoce que si algo tuvo este «Sacudón», que a nivel internacional se conoció como el «Caracazo», es que «su fuerza nos sobrepasó a todos».

Lógicamente, frente a los primeros anuncios de CAP sometiéndose a las imposiciones del Fondo Monetario Internacional, que exigía para los países de América Latina una uniformada política de *shock* en el ámbito económico (lo mismo estaba ocurriendo en Argentina, Brasil, Uruguay, Colombia...), la izquierda organizada se había lanzado a convocar una protesta contra el alza del transporte. En ese sentido, puede decirse que no se trataba de un movimiento totalmente espontáneo. «Sin embargo, la espontaneidad estaba en el hecho de que lo que empieza a ocurrir en la calle supera todas las expectativas de huelgas y paros de protesta anteriores», consigna Puerta.

Como lava de un volcán

La ciudad ardía en furia. En las cercanías de plaza Venezuela, pleno centro de la urbe, y desde la Ciudad Universitaria, el enjambre humano corría de aquí para allá, gritando consignas, pidiendo explicaciones a quienes no podían ni querían escucharles. En los centros neurálgicos del pobrerío, en Petare, en Pro Patria y otras «parroquias» o barrios más humildes, miles de trabajadores, muchos de ellos con sus ropas de labor, estudiantes con sus libros y cuadernos de apuntes en el macuto, amas de casa indignadas, oficinistas que hasta minutos antes lucían un aspecto casi elegante, marchaban indignados por lo que consideraban una agresión en toda la línea contra sus desgastados bolsillos.

«Lo primero que hicimos cuando salimos del trabajo, fue encontrarnos con otros y otras como nosotros que estaban ya en la calle gritando contra los aumentos. Alguna gente ya había entrado a comercios de alimentación y se llevaban latas de conserva, fideos, pan y hasta jamones enormes. Otros, hacían fuerza para sacar de un establecimiento de electrodomésticos una nevera y una lavadora. Eran cuatro o cinco y transpiraban como locos porque no podían con el cargamento. Me acuerdo que una estudiante que no tendría más de 15 años se había puesto una cinta en la cabeza y sermoneaba a sus compañeros sobre por qué era necesario *apoyar a los trabajadores que luchan contra el hambre y la miseria*. Lo singular era, que se había encaramado en los hombros de otro *carajito* de unos 13 o 14 años, que en las dos manos sostenía un queso de bola enorme que seguramente se había *encontrado* en algún estante de un supermercado de la zona. Mientras la chavala hablaba parecía que su sostén se iba a derrumbar, pero no por eso perdía las súbitas energías de lidereza popular improvisada», cuenta Eduardo, un empleado de una multinacional cercana al hotel Caracas Hilton.

Más lejos de allí, en las inmediaciones del centro de la zona residencial California Norte, un grupo de un centenar de obreros textiles penetraba entre risas y aplausos en un enorme supermercado de nombre gringo y con una pulcritud digna de encomio, primero arrasaban con los alimentos congelados, luego con las carnes, pollos y hasta pescados exóticos que suelen verse muy de cuando en cuando en la mesa de una familia de clase media, y por último, se dirigieron a los fideos, galletitas y otros productos típicos de la cesta básica. Los comentarios mientras se realizaba todo este operativo eran antológicos: «Hoy vamos a comer como los Capriles (una de las típicas familias de la oligarquía venezolana), y lo mejor es que lo haremos mucho más barato que ellos», o «Es febrero pero se adelantaron las navidades», y hasta un festejado «A la salud del coño de madre del Gocho», lanzado a voz en cuello por un hombretón fornido que esgrimía un jamón como si fuera un bate de béisbol.

En la avenida Sucre, muy cerca de la esquina donde nace el mítico y combativo barrio «23 de Enero», dos coches incendiados bloqueaban el tránsito, tres encapuchados se movían de un lado para el otro, arrimando más neumáticos a una improvisada barricada y dando órdenes a otra docena de chicos y chicas para que acercaran piedras y gruesos maderos de una obra en construcción cercana. A la carrera, dos jóvenes armados de escopetas de caza y con pasamontañas cubriéndoles los rostros, se apostaban detrás de un paredón y le sacudían fuego a discreción a uno de los pocos vehículos policiales que osaba a animarse por la zona. Una pintada reciente, hecha a la apurada, no dejaba dudas de qué se trataba todo aquello: *Todo el poder para el pueblo. Fuera el Gocho.*

Tres calles más adelante, sobre la misma avenida, casi un millar de vecinos festejaban un verdadero acontecimiento: comprar sin dinero. Varias decenas habían organizado una extensa cadena humana para llevarse hasta la última lata de aceite de otro supermercado y de una verdulería. La dueña de este último comercio primero maldijo a los improvisados asaltantes, pero al ver que su enojo caía en saco roto, se juntó con otras vecinas de su calle y no perdió más tiempo: unidas entraron de las primeras en la empresa de artículos del hogar cuyos grandes escaparates habían sucumbido a tres sonoros ladrillazos. Y en pocos minutos, como una fila de pacientes hormigas que acumulan materiales para pasar el invierno, se las vio desfilar, una portando una licuadora, la otra una sofisticada maquinaria de hacer zumos y la verdulera, oronda, con una aspiradora de tres velocidades y parada automática.

Mientras tanto, la televisión y las radios apenas informaban sobre lo que estaba ocurriendo. Había órdenes «de arriba» para restar importancia a los hechos. Recién a las 8 de la noche, el Canal 8, del Estado, dio algunos detalles de los saqueos, y los demás canales recogieron la información dos horas después. En algún momento de la crisis, CAP aseguró que la TV había servido para que la gente se estimulara y «saliera a robar». Falso, pues los saqueos comenzaron muchas horas antes de que la televisión y las radios se dignaran recoger lo que era imposible de ocultar, y además, hubo saqueos masivos en pueblos y barrios donde ni siquiera hay electricidad y mucho menos televisores.

Recuperar lo que nos pertenece

«El 27 de febrero es un fenómeno original en su unanimidad y simultaneidad. El asunto es que puede darse una situación en que las sociedades acumulen grandes cantidades de pequeñas fuerzas que alcanzan en un momento una masa crítica que estalla con una sola y formidable fuerza. En un solo instante: Toma de la Bastilla, Octubre de 1917 en Rusia, 23 de enero de 1958 en Venezuela (caída de Pérez Jiménez)... Por otra parte, por ser súbito y explosivo, no fue menos organizado, es decir, sin tener detrás una institución partidista o de otra naturaleza, hubo una inteligencia del fenómeno: casi no se saquearon farmacias, librerías, joyerías, bancos. Principalmente se penetró en tiendas de ropa, comida y electrodomésticos, es decir, las que satisfacen necesidades primarias, casi se diría fisiológicas. Igualmente se dio el caso de gente que acordonó negocios para que no fueran desvalijados, porque sus dueños son *panas* (colegas, amigos), porque prestaban dinero, no conminaban a pagar deudas, daban crédito...y, sobre todo, tenían una relación amistosa con la gente más humilde. No hubo asaltos a residencias particulares –aunque eso se temió a partir del 1 de marzo y la clase media se parapetó armada en sus casas y edificios, esperando la acometida de los *monos*. Ciertamente la clase media estuvo muy entusiasmada entre el 27 y el 28, pero luego dio marcha atrás. Está visto, que casi siempre la clase media se medio compromete cuando medio le conviene. No hubo mayormente agresión a edificios de partidos políticos, gremiales o patronales. No hubo asalto a medios de comunicación, ni a puestos policiales ni militares. Hubo, sin embargo, una fuerte y coherente, que no organizada, participación de motociclistas, de policías que aparejaron los saqueos, de *malandros* (delincuentes, según la jerga suburbial venezolana) que iban de escaparate en escaparate reventándolos con una pata de cabra. Y que, luego, cuando el ejército ametralló y allanó los barrios, los *malandros* mostraron una gran pericia de combate, así como un armamento ligero que no le iba en zaga al ejército».

(*Testimonio del periodista* Roberto Hernández Montoya)

La caja de cristal

Ese día tan especial, el funcionario del gobierno de Pérez, Ignacio Betancourt, llegó al palacio presidencial de Miraflores a las 9 de la mañana y en la avenida Bolívar comenzaba el colapso. Cuando subió al despacho del *number one*, llegó una secretaria, Gladis Vásquez, neurótica, exclamando: «Me tuve que venir caminando, pues los motorizados tienen eso trancado. Voy a llamar ya al gobernador de Caracas».

El teléfono estuvo sonando todo el día, desde todas partes. Muchas llamadas eran para solicitar audiencias, otras para saber si ya se había recibido tal o cual correspondencia. Betancourt recuerda hoy, que en la tarde se produjo la llamada de Miguel Rodríguez (ministro de Coordinación y Planeamiento) desde Washington, adonde había viajado el día anterior para firmar los acuerdos con el FMI, acompañado de Pedro Tinoco y Eglé Iturbe de Blanco, ministra de Hacienda que se había sumado al grupo pero no tomaba parte de las conversaciones pues... no sabía hablar inglés. Rodríguez, entre iluso y preocupado, preguntaba «qué carajo está ocurriendo allí, porque los de la CNN nos cuentan que Caracas está dada vuelta».

Sin embargo, a pesar de la información que llegaba desde la calle, el ministro de Relaciones Interiores, Alejandro Izaguirre y muchos de los presentes en Miraflores, incluso el propio Presidente, no daban crédito a lo que estaba aconteciendo en Caracas.

La avenida Francisco de Miranda, en la parte que llega a las proximidades del hiperhabitado barrio de Petare, ya estaba destrozada al mediodía. Al final de la tarde una reducida comitiva se preparaba para viajar al interior del país. CAP, entre iluso y altanero, aprueba confiado su agenda del día 28 y le ordena a Izaguirre hablar por televisión al país. Viaja a Barquisimeto acompañado por los ministros Reinaldo Figueredo, Moisés Naim y Carlos Blanco.

El jefe de la Casa Militar, general Óscar González Beltrán, les dice a Betancourt y al ministro Naim que bajen en sus respectivos coches hasta el aeropuerto, pues el Presidente lo hará en el suyo. Indudablemente, dice el edecán, no es conveniente usar el helicóptero presidencial, pues ya se encuentran francotiradores disparando como gatillos alegres desde los edificios del «23 de Enero». Finalmente, se van todos por la avenida Sucre, porque el popularísimo barrio de Catia estaba tomado por la gente y semejante caravana gubernamental podía terminar siendo combustible valioso para una de las tantas hogueras que ya alumbraban el cielo caraqueño.

El espectáculo que ven entonces es inquietante: todo el mundo iba caminando, ya el Metro había cerrado sus puertas y el transporte público estaba paralizado.

En la rampa 4 esperaba el avión presidencial, el triple cero uno. Un Boeing 737, cómodo para vuelos cortos, pero muy deteriorado. El segundo al mando en la Casa Militar, el coronel Paredes, comenta en tono jocoso un detalle que suena más que intrascendental para el grave momento que se está viviendo; el anterior mandatario Lusinchi, dice, lo usaba poco, y por eso el avión está un poco descuidado. Y acota luego: «En los próximos días lo enviaremos a Estados Unidos para hacerle servicio y de paso aprovechamos para renovar la cabina».

A las 7 de la tarde, cuando llega CAP, le pregunta a sus ministros qué información tenían sobre lo que estaba ocurriendo en la ciudad. Carlos Blanco le hace entonces un análisis bastante cercano a lo que estaba ocurriendo. Le preguntó por el ministro de Defensa y Pérez le dice que había salido de Caracas, que a esa hora debía regresar. El vuelo despega y el Presidente, con rostro increíblemente despreocupado, se encierra en su cabina a revisar papeles. Los ministros, más en el limbo todavía, saborean un JB con hielo.

Poco después, el avión aterriza en Barquisimeto y el gobernador local, Mariano Navarro, acompaña al Presidente al lugar donde se celebraría la reunión. En la *suite* del Hilton algunos de los anfitriones, con un visible estado de depresión que desentonaba con el estilo impasible del recién llegado, le dicen a Pérez que observara la TV para tener una magnitud de lo que estaba ocurriendo en Caracas y otros puntos del país. Las imágenes son bien fuertes, pero CAP quita hierro al asunto señalando, mientras se ve a un grupo numeroso de manifestantes arrasando con todo lo que se les pone al paso y el comedido comentarista televisivo jadea que «esto nunca se vio en este país». No obstante, Pérez da la orden de que se llame al ministro Izaguirre para que informe. Y enseguida vuelve a su campana de cristal: «Okey, todo esto que muestra la TV ocurrió al mediodía, a esta hora ya todo se debe haber calmado. Se tiene que haber calmado».

Minutos después repite la monserga a miembros de la Asociación de Ejecutivos de Venezuela: «No hay que alarmarse de la situación. Vamos a aprovechar la crisis para generar bienestar».

A la hora de emprender el regreso al aeropuerto, el camino fue mucho más largo de lo habitual. La caravana presidencial se vio obligada a dar una tremenda vuelta, evadiendo el centro de Barquisimeto. En esa ciudad la situación también había sido muy grave durante el día.

Cuando el avión llega a Maiquetía, el oficial González Beltrán solicita a Pérez que no baje del Boeing ante el desconcierto de éste. «Estamos esperando información señor Presidente, para ver si subimos por tierra o en helicóptero hasta La Carlota», aconsejó el oficial. «A esta hora ya la gente se tranquiliza», vuelve a insistir el mandatario, asumiendo definitivamente el papel del rey desnudo, negador de una realidad que se hacía cada vez más inquietante. Como no le abren la puerta del avión, levanta la voz con enfado: «Bueno, yo me voy en mi carro, bajen la escalera de inmediato que voy a salir».

Pronto, la limusina presidencial se enfrentó con la ciudad que no quería ver el *number one*, el chófer tuvo que apelar a toda su capacidad de conducción para que el coche no cayera de frente a las numerosas barricadas que se habían plantado en Catia. Luego subieron por la avenida San Martín y desde ésta a la Baralt para poder acceder hacia Miraflores. A uno y otro lado de calles oscuras y donde el lejano resplandor de las hogueras iluminaban a figuras fantasmales que se desplazaban rápidamente, Pérez y sus acompañantes intuían que los incidentes no se habían reducido, muy por el contrario, con el caer de la noche, Caracas albergaba un gigantesco rugido de repudio hacia lo que casi todos entendían que era una agresión lisa y llana de los más poderosos.

La revuelta

«El 27-F fue uno de los días que no podremos olvidar jamás en la vida, la gente del barrio empezó a salir de sus casas bien temprano y las calles se convirtieron pronto en un hormiguero», recuerda Mirentxu Egiguren, una vasca que hace un montón de años partió desde su pueblo de Bidania con la idea de acercarse y ayudar a los más humildes de Latinoamérica, y recaló primero en la fronteriza zona de la Guajira venezolana y luego en ese mundo alucinante que es la caraqueña zona de Petare, donde más de un millón de almas viven «colgados» y al pie del Ávila, el cerro que sirve de pared a la ciudad. «En las cercanías donde hoy está la salida del Metro, la avenida comenzó a llenarse de gritos y consignas contra el gobierno, pero rápidamente los pobladores empezaron a sacar cosas de los comercio», relata Mirentxu.

Cuenta que era algo increíble ver cómo la gente vivía ese momento, unos se llevaban cajones de frutas o de verduras y como hizo Cristo en la última cena, se ponían a repartir entre los que tenían alrededor. Las mujeres se mostraban unas a otras manteles, sábanas y hasta algún televisor que cayó en la redada. Los niños ayudaban a sus padres a cargar las cosas más pesadas, y en todos los rincones se oía algo parecido a himnos de alegría. Era el pueblo haciéndose dueño, por primera vez, de todos los frutos de su esfuerzo cotidiano.

«En las calles no se veían policías y eso, sumado a lo que la gente podía ver en la tele sobre lo que estaba ocurriendo en otros barrios, animó hasta a los más indecisos. Cuando ya se habían saqueado todos los comercios de la parte baja del barrio, se empezó a subir y elegir a los que la gente más rabia tenía, ésos que casi siempre especulan con el hambre y las necesidades de los más humildes, por más que pertenezcan a la misma clase social. Y entonces, *crash*, se rompía el escaparate y se invadía el comercio para vaciarlo en pocos minutos».

Cada nueva *conquista* era festejada con aplausos y gritos de aprobación por los que estaban afuera. Tanto valía un ultramarinos como una tienda de ropa o una mueblería. Lo único que se respetaba, en Petare o en otros barrios parecidos, era el límite geográfico que imponen las clásicas divisiones por sectores. Los de este sector no pasaban a expropiar al otro y viceversa.

«Cuando llegó la mañana del 28, y se vio que la ciudad seguía en manos de la gente y para colmo la *arrechera* (esa palabra tan precisa con que los venezolanos definen el enojo o la bronca) era general por haber escuchado por radio y televisión a los funcionarias *adecos* diciendo tonterías y no dando el brazo a torcer, los saqueos se generalizaron aún más. Era algo así, como decir: somos cada vez más fuertes y no nos van a parar ni mil tanques», apunta Mirentxu.

Petare entero estaba en la calle buscando doblarle la mano a la mala vida que le ofrecían políticos y malos gobernantes.

Otra vasca, la refugiada política María Ángeles Artola, que un buen día de 1984 la represiva política española hacia los militantes populares de Euskal Herria deportó de Iparralde a Venezuela, fue también asombrada testigo de la irrupción popular en las calles de Caracas. «Era algo impresionante ver a la gente marchando masivamente por las calles, sonriendo, hablando entre ellos, sintiéndose fuertes, viviendo su libertad a pleno. Al ver que no había mucha represión en las primeras horas, empezaron los saqueos entre la euforia de los que participaban en los mismos. Esa idea de ser dueños por unos minutos del lugar donde siempre compraban sus alimentos a precios altísimos, daba como resultado un estado de ánimo increíble. Luego llegaron los policías y por último los militares, arrasando a tiros todo lo que se movía. Nos fuimos enterando de las barbaridades cometidas gracias a que trabajábamos con gente de aquí que sabían de muchos muertos. Uno de ellos había estado con el párroco de la zona de Petare recogiendo cadáveres de vecinos acribillados por las balas de los militares. Pero ni incluso ante esa represión la gente dejó de maldecir a Pérez».

La impotencia

La mayoría de los oficiales bolivarianos que se arremolinaban junto a Chávez por aquellos días estaban todos como él, desplazados de las unidades de mando, algunos haciendo cursos y otros en el exterior. El alto mando que dirigía el jefe del Comando Estratégico del Ejército, general Manuel Heinz Aizpurúa, los identificaba a todos ellos como conspiradores en potencia, de allí la renuencia a que participen en contactos masivos con la soldadesca. No por casualidad, el mismo Aizpurúa era el jefe de operaciones dentro del área metropolitana en aquellos días aciagos de febrero del 89.

Wilmar Castro, era uno de los líderes del pensamiento militar rebelde en la aviación, y el día 28 de febrero recibió un aviso desde su unidad advirtiéndole que debían prepararse para proteger la urbanización donde vivían –la misma de Hugo Chávez– porque «hordas de saqueadores podían invadir las zonas para robar o matar».

Con la finalidad de revisar algunas de las casas de los militares vecinos, Castro se dirigió a la de Chávez y lo encontró enfermo y apesadumbrado. El teniente le informó de todo lo que vivió la noche anterior en Tiuna y además le da la mala noticia de que en los incidentes callejeros «han asesinado a Felipe Acosta Carlés», uno de los tres capitanes juramentados con él y Urdaneta, tiempo atrás en Güere para luchar por un cambio revolucionario en Venezuela. Castro se queda frío y calma a su amigo que repite constantemente: «Lo mataron porque no quería arremeter contra la gente que estaba alzada en un barrio, le dieron en el pecho».

La información oficial hablaba de que en los hechos había actuado un francotirador, pero ambos militares sabían –y las posteriores investigaciones ahondaron en este camino– que el hecho era muy confuso. El calibre de la bala era de las habituales que se usan en el ejército, y además era *vox populi* la alta enemistad que existía entre el general Heinz Azpurúa y los bolivarianos. Y de él partió precisamente la orden de que Acosta Carlés participara en los hechos que le costaron la vida.

Los verdaderos culpables

Pocos días después del «Caracazo», Hugo Chávez recordaría al capitán Felipe Acosta Carlés, su camarada muerto, con una de sus poesías de emergencia. Era un homenaje al caído pero también una clara advertencia:

Mataron a Felipe Acosta,
a Felipe Acosta Carlés,
quien lo mató no imagina
lo que vendrá en adelante
y mucho menos sabrán
los verdaderos culpables
de la miseria de América,
de Simón la Patria Grande,
la fuerza que ahora palpita
dentro de la tierra madre,
en el alma de estos pueblos
que tienen siglos con hambre,
buscando sobrevivir
al explotador infame,
ésos, no tendrán perdón,
llámense como se llamen.

El presidente desnudo

¿Pero qué hacía y pensaba Carlos Andrés Pérez en la noche del 27 y madrugada del 28?

En un momento habló con el ministro de Defensa, Ítalo del Valle Alliegro, a quien había requerido desesperado después de regresar de Barquisimeto. Éste le confirmaba todos sus presagios: la situación era más que delicada, la turba de manifestantes era totalmente dueña de las calles. CAP no lo dudó y dio orden de que se movilicen tropas del ejército desde el interior, pues Caracas no contaba con efectivos suficientes para semejante alzamiento popular.

Luego, ya eran más de la una de la madrugada del 28, subió a su cuarto y se acostó para intentar dormir. Antes, pidió que lo despertaran «sólo si sucedía algo muy importante».

El teléfono no dejó de repicar –recuerda ahora Ignacio Betancourt, testigo de lujo de aquella noche y otro de los que vivieron el «Caracazo» como una derrota–, «nos llamaban desde Coche, El Valle, Caricuao, La Vega y otras parroquias caraqueñas. Eran voces de angustia y desasosiego. H*agan algo, díganle a Carlos Andrés que me están destruyendo la casita y me están robando todo*, pedía una compañera de AD desde Antimano. Era cierto, incluso durante toda la madrugada hubo saqueos en las inmediaciones de Miraflores. Frente al liceo Fermín Toro, las hordas tenían una especie de depósito adonde llegaban con las mercancías que alcanzaban a robar por la zona. Los soldados de la Guardia de Honor permanecían inmóviles, custodiando el palacio, atentos, esperando instrucciones sobre cómo actuar. Desde las terrazas del «23 de Enero» los francotiradores seguían descargando bala. A las 4 me fui a descansar a Sabana Grande. Al pasar por el liceo, uno de los *malandros* que estaba frente a su guarida, medio drogado o borracho, sin dirección en la vista, preguntó si yo no iba a *saquiá también*. 'No, *brother*, voy pa'otro lao', respondí para seguir raudo en busca de un taxi».

En la mañana del 28, mientras los saqueos se incrementaban en varias zonas de la ciudad e incluso comenzaban en otros puntos del país, animados por la pasividad con que las fuerzas represivas habían actuado hasta ese momento, se produjo como una reacción conjunta de las fuerzas sostenedoras del sistema. Muchos de sus más eximios representantes llegaron hasta Miraflores, por un lado a testimoniar lealtad al gobierno, y por el otro a exigir mano dura con la chusma desbordada.

En aras de cerrar filas, hasta el presidente de la patronal Fedecámaras, Hugo Fonseca Viso y el titular de la Confederación de Trabajadores de Venezuela (CTV), el burócrata Antonio Ríos, firmaron un acuerdo sobre el nuevo salario mínimo, algo que los había separado durante el último mes. Pérez, mientras tanto, le informaba a la dirigencia política, representada en ese momento por el ex guerrillero y hombre fuerte del Movimiento Al Socialismo (MAS), Teodoro Petkoff, a Andrés Velásquez , de La Causa R y Vladimir Gessen, de Nueva Generación Democrática, que había tomado la decisión de suspender las garantías constitucionales. Petkoff le expresó que el MAS no apoyaría tal decisión si el gobierno no aplazaba su paquete económico impuesto por el FMI.

Poniéndose al margen de mayores consideraciones que le pudiera hacer la oposición, y urgido por empresarios, militares y otros sectores sistémicos, CAP siguió adelante con su decisión y lo anunció por la cadena nacional de radio y televisión desde el Salón Ayacucho. Poco después, con el toque de queda ya declarado y el Estado de Derecho pulverizado, el país entero vio cómo el ministro del Interior, Izaguirre, tartamudeaba en directo mientras miraba a los lados, intentando leer el decreto de suspensión de garantías. Hasta que finalmente no pudo con sus nervios y susurrando un «no puedo seguir» se marchó. Este hecho provocó en la calle todo tipo de comentarios, desde que «el ministro se había cagado en los pantalones» hasta que los militares no lo habían dejado hablar y optó por desaparecer de escena. Era un símbolo más de lo que estaba ocurriendo tras las bambalinas del poder.

Operación masacre

En el atardecer del 28, la gente que durante casi dos días había permanecido ocupando las calles se dio cuenta de que algo malo iba a acontecer. Fue como un mensaje subliminal que llegaba desde el aire, donde durante todo el día se escuchó el ir y venir de aviones y helicópteros. El rumor se extendió como reguero de pólvora desde Pro Patria hasta Petare, circunvaló las calles del «23 de Enero», donde hasta la media noche de ese día todavía se escucharon ráfagas de metralleta y tiros de fusil FAL, y por último, la alerta se escuchó también en algunos barrios del centro, donde cada tanto se encendían nuevas fogatas. «Esto no será sólo un toque de queda, viene la represión», parecía decir la consigna sorda de la autodefensa.

No era para menos. Más de ocho mil soldados de refuerzo, aleccionados a la manera de lo que había descubierto el teniente Chávez en su involuntaria visita al Fuerte Tiuna, habían arribado a la ciudad. Se les había adoctrinado desde la cúspide militar con la consigna de que había que detener el caos «sea como sea». En algunos cuarteles habían vuelto a florecer las lecciones anticomunistas de los años sesenta, con las que se catequizaba a los soldaditos para matar guerrilleros. En otros, el mensaje era escueto pero muy claro: «No podemos dejar que la turba mate y robe a nuestras mujeres e hijos. Todos estamos en peligro de muerte». Como después diría el propio Chávez: «A los soldados, tú los mandas para la calle, asustados, con un fusil, y quinientos cartuchos, y se los gastan todos. La cosa era barrer las calles, los cerros, los barrios populares. Un verdadero desastre».

Tras el bochornoso desmayo de Izaguirre, asumió el control de la situación el ministro de Defensa Del Valle Alliegro, quien por órdenes del general Aizpurúa, se dispuso a ejecutar una de las carnicerías más espantosas que se recuerda en América Latina junto con la matanza de estudiantes en la plaza de Tlatelolco en México y la de Ezeiza en Argentina durante el regreso al país de Juan Perón. Paradójicamente en todos estos casos la decisión de asesinar masivamente al pueblo partió de tres gobiernos «democráticos» llegados al poder con gran apoyo popular.

Desde la madrugada del 1 de marzo hasta la noche del día 5, tropas del ejército y la policía metropolitana recorren palmo a palmo los barrios populares y ametrallan a mansalva a hombres, mujeres, niños, ancianos y todo aquello que representara un blanco para su voluntad de «poner orden». No se respetó a nada ni a nadie. Fueron cañoneados edificios enteros, se destruyeron colegios y hasta alguna iglesia donde la tropa excitada por encontrar saqueadores, subversivos o comunistas, llegó a entrar a la nave central perforando bancos y paredes detrás de sus fantasmales enemigos.

¿Cuántas personas murieron en esas sangrientas jornadas? La cifra oficial habla solamente de 277 civiles fallecidos, pero las investigaciones de distintas organizaciones de derechos humanos e informaciones privadas hacen ascender la cifra hasta nada menos que 10.000, a los que hay que sumar para enmarcar aún más el horror de esos días el hallazgo de fosas comunes y la existencia de desaparecidos. Frente a ello, sólo dos víctimas uniformadas: un agente de la policía metropolitana y el mayor del Ejército Acosta Carlés, cuyo deceso, como ya se dijo, pudiera atribuirse a los mismos que tirotearon al pueblo desarmado.

La resistencia

Ocurrió en una barriada marginal caraqueña cerca de «23 de Enero». Una formación de tanquetas irrumpió altanera en la zona y después de aplastar con sus enormes ruedas de hierro los restos humeantes de las barricadas populares, colocaron sus torretas y metrallas apuntando a las modestas y rudimentarias casonas. Uno de los soldados gritó insultos a un chaval que se refugió entre la montaña de desperdicios que se levantaba desafiante al final de un callejón. Una raída bandera con la efigie del Che Guevara se agitaba, solitaria, en la cima de un poste telefónico, y para completar la coreografía de guerra, la pintada sobre uno de los muros recordaba significativamente a Simón Bolívar en aquella dramática circunstancia: «El Libertador no lo hubiera permitido...».

El silencio era inquietante. Parecía que el barrio entero se hubiera hundido en la tierra, pero precisamente esa circunstancia era la que más inquietaba a ese puñado de soldados a los que se les había ordenado disparar contra cualquier cosa que se moviera «porque de lo contrario el peligro de muerte es inmenso».

De pronto, desde una de las esquinas de una terraza de mediana altura, una figura encapuchada levanta las manos al cielo y arroja con toda su fuerza la taza de un inodoro de loza blanco que se estrella estrepitosamente sobre la parte superior de un tanque, provocando un rápido descenso hacia el interior del mismo de los militares que lo maniobraban.

Como si hubieran estado esperando ese instante, desde todos los rincones de la barriada, se escucharon aullidos de festejo y un grito estremecedor que pudo elevarse entre el fragor ensordecedor de los disparos de respuesta: «No podrán con el pueblo».

Un auténtico genocidio

¿Cómo actuaron el ejército y las fuerzas policiales en las calles desiertas de Caracas? Como si estuvieran invadiendo una plaza enemiga muy bien armada. Entraron a las calles de los barrios con sus blindados buscando, primero, aterrorizar a la población y luego, dispararon a mansalva para escarmiento de los que pudieran osar seguir el ejemplo de los francotiradores o de los constructores de barricadas.

Pero donde más se notó el ensañamiento de las tropas dirigidas por Carlos Andrés Pérez y el general Azpurúa –no tendría sentido disociar estos dos nombres ni quitarles responsabilidad histórica a uno por encima del otro en la masacre– fue en los barrios más humildes, allí donde la gente suele levantarse a las 4 o 5 de la madrugada para ir a trabajar por salarios casi siempre insuficientes por no decir directamente miserables.

Contra esa gente que generalmente trabaja en fábricas o monta desde temprano sus chiringuitos de «buhoneros» (vendedores ambulantes) en cualquier calle populosa del país, precisamente se dirigieron los cañones de las torretas de los tanques y las ametralladoras de los aviones de aquellas jornadas de fin de febrero y principios de marzo de 1989.

Ejemplos del genocidio hay muchísimos, pero quizás valga ilustrar con los más significativos, aquéllos que no pudieron ser ocultados ni por la mentira oficial ni por la férrea censura impuesta en los días posteriores.

Allí está el caso de la familia Moncada, de la Silsa, en el barrio «23 de Enero». En la tarde del día 28, Francisco Moncada se encontraba en la terraza de su casa, con su esposa Alicia Gutiérrez y sus hijos Francisco, de 8 años y Katiuska, de 12, junto a su cuñada Milvia, de 28 años (sordomuda) y otros dos vecinos del edificio. Todos miraban lo que estaba aconteciendo en la calle, donde algunos grupos seguían manifestando su descontento con el gobierno de Pérez. En un momento en que los niños dejaron de jugar, Milvia y el pequeño Francisco se acercaron a la reja de la terraza y un soldado del ejército que se encontraba en el interior de la Compañía de Chocolotes La India, en un edificio adyacente, comenzó a dispararles sin ningún tipo de advertencia previa.

Ambos cayeron gravemente heridos, mientras la familia prorrumpía en gritos de dolor y de rabia. Trasladados al hospital, la joven Milvia fue operada de urgencia para extraerle una bala del cuello, pero el niño murió poco después.

Richard José era un estudiante de tan sólo 17 años y vivía en el barrio Maca, de Petare. El 1 de marzo poco después del mediodía, cuando un fuerte tiroteo se hacía oír en todo el barrio, producto del ataque de varios contingentes de policías metropolitanos contra las casas de la zona, Richard, que se encontraba en la casa de una vecina, decide salir para ir hasta su propio domicilio, ya que suponía que su madre, Hilda Páez, debería estar sumamente intranquila.

El chaval salió por un patio trasero que comunicaba con su casa y los disparos de armas largas arreciaron. A los pocos minutos, varios uniformados de la Metropolitana se hicieron presentes en la casa de la madre de Richard, advirtiéndole que había un joven muerto en su propio patio. Le explicaron a ella y a otros indignados vecinos que el chico había caído desde una altura considerable y se había degollado.

Derrumbado en un charco de sangre, Richard yacía con un balazo que le atravesó el tórax y el abdomen. Casualmente se trataba de una bala del mismo calibre que utilizaba en ese momento la policía de Caracas, pero la corrupta justicia del país nunca pudo –como en la mayoría de los casos de esa matanza– hallar a los culpables.

Cada muerte de un vecino, cada casa derrumbada a fuerza de disparos de cañones o de bazukas, generaban un nuevo rugido de dolor en aquel pueblo que durante 48 horas había construido de manera artesanal una especie de territorio liberado, caótico y hasta por momentos difícil de catalogar, pero donde no mandaban los que siempre lo habían hecho.

A semejante osadía, parecida represión. Ésa es la medida que ya se había aplicado en Argelia y en Vietnam. Una receta que Carlos Andrés le había aconsejado utilizar también a su colega Felipe González para frenar la resistencia vasca. Todo el poder de fuego contra quienes molesten al sistema. Todos los recursos posibles –incluso los más ilegales– para intentar cercenar el disenso y ahogar cualquier rebeldía.

En esos días de febrero y marzo de 1989 los ejecutores de esta táctica no se privaron de nada.

Allí está el caso de la joven Gregoria Castillo, que con sólo 20 años quedó lisiada para toda la vida, cuando efectivos de la policía metropolitana y el ejército llegaron tirando salvas de perdigones a todo aquél que se moviera en el sector La Virgen, en Petare. Asesinaron a sangre fría a su prima Carmen Izquiel, a su amigo José Quintana y a otro grupo de personas que intentaron refugiarse del demencial ataque.

O lo que le ocurrió a Yurima Ramos, de 20 años, perforada por una bala de los soldados que ametrallaron durante varios minutos de manera indiscriminada su casa en la avenida Intercomunal, de Caracas. Cuando los vecinos de otros bloques les advirtieron que en esa casa sólo había familias, un oficial respondió a los gritos: «Métanse adentro, hijoeputas, que a ustedes también les vamos a dar plomo».

Ni qué decir de lo ocurrido a José Miguel Liscano, de 21 años, desaparecido desde aquellos aciagos días. El joven había salido de su casa en el barrio Santa Rosalía, el 28 de febrero, para comprar víveres. El sector estaba bajo la jurisdicción de la policía metropolitana y del ejército. Nunca más regresó y tampoco apareció su cadáver.

En los cuarteles y en las bases operativas del ejército la masacre tenía también contestatarios. Los militares bolivarianos que desde 1980 venían conspirando junto a Hugo Chávez se revolvían contra las órdenes del generalato y algunos, como el capitán Ronald Blanco La Cruz, aguardaron infructuosamente la posibilidad de actuar contra los que habían decidido enfrentar al pueblo con el ejército. Al ver que cualquier tipo de coordinación con sus compañeros del MBR-200 (Movimiento Revolucionario Bolivariano) era casi imposible, La Cruz optó, desde su acantonamiento en Mérida, por frenar cualquier tipo de agresión entre sus tropas y la población civil.

El capitán de aviación, Alfredo Riera, actual hombre de confianza del presidente Chávez, fue también convocado para reprimir, pero se plantó ante su superior: «Yo estoy dispuesto a salir para defender la soberanía pero jamás a masacrar al pueblo que se muere de hambre». Lo arrestaron de inmediato.

Otro de los que posteriormente se encumbraría como una de las grandes figuras de la conspiración militar bolivariana, el comandante Francisco Arias Cárdenas, fue enviado junto a su grupo de artillería compuesto de varios tanques a «restablecer el orden» en las zonas marginales de Catia.

«Esta designación me produce una situación de conflicto, ya que tenía el firme convencimiento de que no permitiría que las armas y hombres que ponían bajo mi mando fueran utilizadas para masacrar a un pueblo desarmado, hambriento, sacrificado y condenado a sufrir los embates de un paquete de medidas económicas injustas y perversas desde todo punto de vista. Estas reflexiones, mejor dicho, mis convicciones ideológicas, chocaban totalmente con la posición de complicidad asumida por los mandos militares y particularmente el ejército, en la persona del ministro de Defensa, Ítalo del Valle Alliegro y el general Heinz Azpurúa, quien se afanó en defender hasta las últimas consecuencias al gobierno de Pérez», le confesaría posteriormente La Cruz a la periodista Angela Zago.

La firme convicción de que no se podía salir a matar a la gente humilde que protestaba por las mismas causas que ellos conspiraban en la clandestinidad de los cuarteles, llevó a Arias Cárdenas a reunir a todo el personal militar a su cargo, frente a los humildes ranchos de Catia, y lanzarles una arenga que hizo historia:

–¡Levanten las manos los que pertenecen al Country Club! –dijo, mientras observaba la mirada de asombro de los presentes.

La respuesta fue un silencio unánime, y Arias Cárdenas repitió la exhortación:

–¡Levanten las manos los que son de Alto Prado, Lagunita Country Club, Altamira! –refiriéndose a los barrios de gente más acomodada de Caracas.

Como ninguno de los soldados se dio por aludido, el comandante sentenció con firmeza:

–Esto quiere decir que aquí todos pertenecemos a barriadas o parroquias humildes como ésta; las personas que viven aquí son como nosotros, nuestros hermanos del pueblo. Quiero decir con esto que nadie dispara contra el pueblo sin autorización, aquí sólo se dispara cuando seamos objeto de un ataque con armas de alto calibre.

Todos los casos mil veces denunciados por los familiares ante organismos locales e internacionales demuestran la vesania con que se procedió en aquellos días, pero hay algunos que realmente desenmascaran contra qué tipo de poder se enfrentaban los venezolanos.

Eleazar Mavares era un deportista integral, gran concurrente al gimnasio y atleta, entre otras especialidades. El 3 de marzo a las 2 y media de la tarde se encontraba conversando con unos amigos en el Puente Miraflores, cuando un soldado que pasó por allí les ordenó correr mediante disparos al aire. Todos se dispersaron como pudieron, pero Mavares fue interceptado por el militar quien, mediante la voz de alto, le obligó a tirarse al piso con las manos en la cabeza, disparándole luego en las piernas.

Quedó tirado boca abajo gimiendo de dolor, hasta que se acercó un contingente de la Metropolitana, y le solicitaron su documento de identidad. Tras comprobar que estaban en orden le ordenaron correr, pero al ver que el chaval no podía levantarse, le dispararon 24 balazos en el cuerpo. «Nosotros no cargamos heridos», fue la explicación que dieron entre risotadas, a los gritos de «asesinos» que les gritaron algunos ocasionales testigos.

Olor a peste

La muerte tiene un olor tremendo, difícil de tapar o de disimular. Cuando ese olor se instala en un lugar, por más que esté enterrado a mil metros de profundidad, puja por salir, se filtra como puede por las grietas, se cuela entre la fronda, se anuncia con pequeños y nauseabundos vahos. «El olor de la muerte puede determinar la medida del sitio del que se está hablando», decía Jacques Prevert, y Julio Cortázar agregaba en una de sus tantas metáforas sobre el genocidio argentino, que Buenos Aires está plantada sobre un cementerio y que en muchas noches de calma, esos muertos aúllan de dolor para llamar la atención de los que por arriba caminan, «y entonces el aire se llena de un olor particular, una peste insoportable de aguantar, algo que solamente se parece a muerte».

En Venezuela, «La Peste» apareció tiempo después de la matanza, cuando el 26 de noviembre de 1990, de manera circunstancial unos caminantes desconfiaron de una enorme zanja de tierra removida. Se trataba de una fosa común adonde habían sido arrojados peor que animales muertos, los cadáveres de 68 personas asesinadas y «desaparecidas» durante el «Sacudón». De los cuerpos exhumados, sólo tres fueron identificados. El resto aún aguarda por un nombre y un entierro digno.

Los venezolanos bautizaron al lugar como «La Peste» y exigieron una profunda investigación sobre el asunto, pero el gobierno de Pérez negó todo tipo de colaboración y desde los aparatos represivos se hostigó de mil maneras a quienes reclamaban justicia.

Como en los campos de exterminio de Auschwitz, los asesinos intentaron borrar huellas pero no pudieron detener el penetrante olor de la muerte, que siempre vuelve para delatarles.

No tengo ningún reproche para las Fuerzas Armadas

Cuando en ese día, con motivo del incremento de las tarifas de los autobuses suburbanos, se produjeron los motines en Guatire y Guarenas, se confió plenamente en que la policía restablecería el orden como aparentemente sucedió. Al alto gobierno no llegaron informaciones que permitieran presagiar los saqueos.

...Las gentes que salieron a la calle no lo hicieron contra oficinas públicas ni contra el gobierno, sino para asaltar abastos y mercados. El ejército entró a actuar sobre unas masas desbordadas. Las Fuerzas Armadas no son aptas para enfrentar motines, su formación obedece a objetivos distintos a los de los cuerpos policiales. Pero en aquellos momentos el ministro de la Defensa no tuvo otro recurso que usar las Fuerzas Armadas en una misión que no les es propia, pero que resultó inevitable. No se disponía de un cuerpo antimotines. Para cualquier gobierno democrático el objetivo debe ser que nadie pierda la vida y que la acción preventiva pueda conjurar suceso como los que hoy comentamos.

Esas horas terribles que vivió entonces Caracas, fueron estimuladas, también, involuntariamente, por las cámaras de televisión. Fue una explosión espontánea, no contra un gobierno que apenas se iniciaba. También es falso que fue una protesta contra lo que se llamó el «paquete». Sólo Caracas fue el centro de esta dramática jornada a pesar de que la televisión llevó imágenes a las otras poblaciones de Venezuela.

No pretendo ocultar la actuación que le correspondió

cumplir a mi gobierno para preservar el orden. No tengo tampoco ningún reproche contra el comportamiento de las Fuerzas Armadas que en tan dolorosas circunstancias hubieron de cumplir con una misión para la cual no estaban preparadas.

(*Carlos Andrés Pérez, en el 10º aniversario del «Caracazo»*)

«Fue un proceso constituyente»

Sin lugar a dudas, el «Caracazo» significó un punto de inflexión en la historia del fin de siglo venezolana. No sólo para quienes salieron a la calle a intentar dar vuelta como sea a una ecuación que no les favorecía, sino para aquellos otros que desde hace tiempo venían conspirando contra el poder bipartidario –el de Acción Democrática (AD) y el del partido Social Cristiano (Copei)– establecido después de la caída del dictador Marcos Pérez Jiménez. Ese día murió un tipo de hacer política y nació, en la calle, entre gritos y descargas, entre consignas y metralla, la idea de que *era posible* dar vuelta a la tortilla. O como se suele decir vulgarmente: intentar coger la sartén por el mango.

«El proceso constituyente nace el 27 de febrero con esa revuelta popular en que 10 millones de personas se alzaron», recuerda hoy el mítico guerrillero Douglas Bravo, ex líder de las Fuerzas Armadas de Liberación Nacional (FALN), que durante los años sesenta tuvieron en vilo a Venezuela y gran parte de Latinoamérica, y actual dirigente del movimiento de izquierdas Tercer Camino.

«No había un programa de lucha pero eso fue un auténtico sacudimiento popular. Ese día fue el inicio –en estos 40 años– de una segunda etapa de un proceso revulsivo. Esto quiere decir que hechos constituyentes nacen en la sociedad, y no esperan a ser paridos por leyes. Son anticonstitucionales todos ellos, como lo fue la Toma de la Bastilla. Son hechos que rechazan el poder constituido, están en contra de la Constitución establecida y en contra de todo el ordenamiento jurídico. En esos días el poder político de Venezuela quedó deslegitimado, sin apoyo de la gente. Seguía mandando pero ya no era igual, ya no lo apoyaba ese 90% de votantes de AD que auparon a Pérez en el gobierno con la ilusión de que otra vez se iba a disfrutar de las rentas del petróleo. Fue un verdadero «hasta aquí llegamos».

Lo que dice Douglas coincide con la opinión de Tarek William Saab, militante del Movimiento Quinta República abogado especialista en Derechos Humanos. «El Caracazo estuvo lleno de causas que lo desencadenaron y en todas ellas pesaba el hartazgo de la gente. El poder judicial estaba corrompido hasta los tuétanos, la Central de Trabajadores de Venezuela (CTV), dominada desde siempre por AD y Copei, era una guarida de negociadores más que un órgano de defensores de los derechos de los más explotados. El presidente del Parlamento y el vicepresidente, eran *adeco* y *copeyano*. Y así se alternaban período tras período. Ambos partidos se habían convertido en centros de negociadores clientelares. Para ser empleado público se debía tener carnet de uno u otro».

Que los tres poderes clásicos estuvieran sin legitimidad, explica, según Saab, el porqué de la rebelión del pueblo en esos días. Fue la expresión de cansancio en contra de un sistema político. No fue como dijeron algunos, entre ellos el presidente Carlos Andrés Pérez, que unos asaltantes quisieron robarse unos kilos de carne o un televisor. Fue una expresión de un contenido revolucionario claro, sin dirección política, quizás el único gran defecto. Este movimiento popular colocó en una encrucijada y definió el carácter autoritario de esa *democracia representativa*.

La maldición de Sísifo

«En Caracas, el 27 F-89, explotó el poder de un pueblo –afirma Hugo Chávez–, el poder constituyente de un pueblo que está ahí, a veces adormecido, a veces congelado. Pero hay situaciones históricas que lo movilizan, que lo despiertan, que lo hacen explosivo y explota. Pero, ¿qué pasó en la Caracas de 1989, que todos vivimos? Que no hubo canales, no hubo liderazgo, no hubo una fuerza consciente que condujera ese poder, digámoslo así, a la transformación de lo existente. Y entonces caímos en una especie de maldición de Sísifo, la roca, la montaña y cuando está llegando arriba, se viene abajo. El poder constituyente se hundió de nuevo».

«Siempre que hay un dilema entre la llamada democracia clásica y el Estado, éste se resuelve cuando un movimiento popular en ascenso pone en peligro la permanencia en el poder de la clase dominante. Entonces, se pasa a la alternativa de recurrir a la institución armada para aplastar a sangre y fuego al movimiento popular. La otra alternativa es permitir de una forma civilizada que haya una transición. Siempre el dilema ha sido resuelto por una represión brutal, utilizando la institución armada como mecanismo de contención. Eso pasó en Venezuela en los años sesenta, y se volvió a repetir a fines de febrero y principios de marzo de 1989. De hecho, con la situación ya controlada, con los llamados «alborotadores y saqueadores» (el pueblo alzado) refugiados en sus casas, disfrutando de esas 48 horas de inimaginable *libertad total*, las fuerzas represivas tuvieron la necesidad de dar un gran escarmiento y desencadenaron la masacre», dice Tarek William.

Y agrega: «Ésa fue la estocada de un proceso de descomposición que comenzó en 1961, cuando se suspenden las garantías constitucionales y se producen fusilamientos, lanzamientos de guerrilleros desde helicópteros, de los juicios breves y sumarios en los campamentos antiguerrilleros a presuntos insurgentes o sospechosos».

No, el 27 de febrero de 1989 no ocurrió por casualidad, fue una respuesta salida desde las entrañas de los que casi siempre tienen poco que perder. Un proceso vital y doloroso (como casi siempre ocurre, todo parto de algo nuevo viene acompañado de un grito desgarrador) que ayudó a poner en marcha la tan ansiada revolución bolivariana de la que se hablaba en voz baja en barrios y cuarteles.

Capítulo II

Una historia de desaciertos

Si bien el «Caracazo» significó un hito en el camino hacia el actual momento de transición revolucionaria que vive Venezuela, es importante tener en cuenta los antecedentes en que se fue cimentando la necesidad real de cambio dentro del propio cuerpo social del país. La historia, si no se la olvida o se la tergiversa, siempre da señales inequívocas para derrumbar las mentiras de quienes la diagraman desde el lado inequívoco de los vencedores.

No es necesario irse más allá de la segunda mitad del siglo XX para empezar a sumar causas y efectos. En diciembre de 1946 se reunió la Asamblea Nacional Constituyente que aprobó una nueva constitución y un estatuto electoral. Al amparo de estas leyes, llega al gobierno, con indiscutible apoyo popular, Rómulo Gallegos, candidato de Acción Democrática. Pero el que fuera figura rutilante de las letras venezolanas, sólo pudo gobernar diez meses. El alto mando militar lo reemplaza por una junta de gobierno formada por los comandantes Carlos Delgado Chalbaud, Marcos Pérez Jiménez y Luis Llovera Páez.

Inmediatamente estallan huelgas y protestas populares contra el golpe, por lo que la respuesta castrense fue tajante:

disolución de la Confederación de Trabajadores de Venezuela (CTV) y otros sindicatos independientes, así como ilegalización del Partido Comunista (PCV).

El 13 de noviembre de 1950, un grupo guerrillero al mando de Rafael Simón Urbina, ejecutó a Delgado Chalbaud, y días después la junta quedó reorganizada con la incorporación de un civil, Germán Suárez Flamerich. Esta operación de maquillaje del poder militar no dio resultados y las huelgas se recrudecieron durante todo ese año y el siguiente. Los estudiantes realizaron una huelga salvaje que terminó con la intervención de la universidad, se produjo un alzamiento obrero en la zona de Turén, Portuguesa, y la represión se cebó duramente con los rebeldes.

El golpe

Tras un intento frustrado de legitimar la junta mediante elecciones, algo que fue calificado generalizadamente como una parodia electoral, el coronel Marcos Pérez Jiménez se hizo con el poder el 2 de diciembre de 1952, y en pocos meses ordenó elaborar una nueva constitución, se hizo elegir presidente constitucional hasta 1958 y encaró una serie de medidas realmente contradictorias, que iban desde un amplio programa de obras públicas y modernización del ejército hasta la represión violenta de las protestas obreras y estudiantiles que le acusaban de autoritario y fascista.

«Pérez Jiménez asume el poder, apoyado inicialmente por el capital petrolero y por los Estados Unidos –recuerda Douglas Bravo– pero paradójicamente desarrolla una política nacionalista de creación de la industria nacional, al estilo de Perón en Argentina, y entra en choque automáticamente con el capital internacional, porque existen «7 grandes» compañías –lideradas por Shell y Creole– que han tenido toda la vida las concesiones en Venezuela».

Pérez Jiménez establece entonces el llamado «bloque de concesiones del Sur del Lago de Maracaibo», otorgando 6.000 millones de dólares, que son acaparados por empresas independientes, algunas de ellas europeas. El otro paso fatal fue otorgarle la concesión de la explotación siderúrgica a la firma italiana Inocenti. El poder económico norteamericano sintió esto como un desafío y los «7 grandes» se pusieron enfrente del gobierno y empezaron a diagramar su caída.

Paralelamente a esta política nostálgica de lo que se conocía en esa época como el «nacionalismo andino», el dictador Pérez Jiménez acentúa la ofensiva represiva contra sindicatos y organizaciones estudiantiles. Deja fuera de la ley a AD y al Partido Comunista, y otorga poderes ilimitados a la policía para que torture y asesine a los disidentes a su política.

La caída

Con ese clima de inminente derrumbe de la dictadura, dirigentes del exilio de AD, Copei y la URD, son convocados en Nueva York para discutir con funcionarios norteamericanos la futura transición del país. Así se firma un pacto que asegura el camino abierto a los tres grandes partidos, con la expresa condición expuesta por los anfitriones de que el Partido Comunista vuelva a quedar fuera de juego.

En enero de 1958, el clima de descontento popular era imparable, una huelga general sacude el país, convocada por una Junta Patriótica, liderada por el dirigente de la Unión Revolucionaria Democrática, Fabrico Ojeda, mientras grupos armados comienzan a operar contra objetivos gubernamentales en varias ciudades.

Finalmente, el día 23 una revolución popular de características cívico-militares, ya que contaba en sus filas con oficiales de las Fuerzas Armadas, sobre todo de la Marina, derroca a Pérez Jiménez y le obliga a huir del país. El ex dictador termina refugiándose primero en la República Dominicana y luego en Estados Unidos, adonde se lleva una inmensa fortuna.

La maldición de «Punto Fijo»

Huido el dictador, asume el gobierno provisionalmente una Junta Patriótica presidida por el contralmirante Wolfgang Larrazábal, que determina la reincorporación de algunos militares que habían sido exonerados por Pérez Jiménez y convoca al regreso de los dirigentes políticos exiliados, entre ellos Jóvito Villalba, Rafael Caldera y Rómulo Betancourt. El 8 de diciembre de 1958, este último obtiene el 50% de los votos y se encarama en el gobierno, contando desde el inicio con el apoyo de su «rival», el *copeyano* Caldera. Nacía así lo que se conoce como el Pacto de Punto Fijo, que no es más que una extensión del Pacto de Nueva York de 1957, un acuerdo convertido en estigma para los próximos 40 años de historia venezolana y precisamente donde residen muchas de las raíces de sus males posteriores.

«El pacto cívico-militar del 23 de enero de 1958 que provocó la caída de la dictadura, fue traicionado y literalmente dejado fuera de juego, cuando Caldera (Copei), Villalba, de la URD y Betancourt, de AD, arman el ignominioso Pacto de Punto Fijo, explica Tarek William Saab, uno de los principales referentes civiles del entorno bolivariano que respaldó y respalda al ahora presidente Chávez.

En ese «Pacto» se diseña un proyecto político que se vio reflejado de manera clara en la Constitución aprobada tiempo después, en 1961, hecha a la medida de AD y de Copei, y donde se le otorgaban poderes omnímodos a los partidos políticos para regir la vida nacional. El bipartidismo –la URD se alejó pronto del gobierno– secuestra así, en nombre de la soberanía popular, la representación, dejando a un lado la participación política de los ciudadanos, y solamente remitiéndola al acto mecánico de votar por un Presidente y por unos parlamentarios, ya que en aquella época era el propio jefe de Estado quien designaba a dedo a los gobernadores y alcaldes.

Nixon non grato

Durante la primera época del mandato de Betancourt, el pueblo ganó la calle para repudiar la visita del presidente norteamericano Richard Nixon, invitado oficial después de la caída del dictador Pérez Jiménez.

Los muros de Caracas se llenaron de pintadas con el tradicional «Yankis go home» y otra más imaginativa en la que se señalaba que «Ni xon buenos, Ni xon vecinos».

Una multitud portando banderas rojas, vivando a Cuba y maldiciendo a los gringos se abalanzó sobre el coche del visitante, debiendo apelar sus custodias a todo tipo de gambitos para que no se produjera un nixoncidio. Como detalle ilustrativo de que aquellos años no eran diferentes a los actuales, apenas trascendió la avalancha sobre el coche del hombre fuerte del Pentágono, la flota norteamericana estacionada en Puerto Rico puso proa hacia Venezuela, mientras los funcionarios de Betancourt se derretían en disculpas y elogios a la «serenidad» del mandatario.

«Esa Constitución del 61 era un cascarón vacío –insiste Tarek William–, ya que en ella no se creaban los mecanismos para que los derechos ciudadanos sean justiciables. No estaban definidas de manera clara las garantías constitucionales para acceder a la justicia, para preservar la seguridad ciudadana, para disfrutar de los derechos políticos, económicos y sociales. Ni siquiera quedaba definido que un hombre o mujer de la calle no pudiera ser torturado por la policía metropolitana para sacarle información.

Esos partidos del *puntofijismo* conformaron un verdadero pacto de clase e hicieron una alianza con el sector militar y económico más reaccionario».

Para ensombrecer aún más el panorama, el citado «Pacto» excluyó del gobierno al Partido Comunista, que había tenido un gran protagonismo en la lucha callejera y clandestina contra Pérez Jiménez, mientras los tres dirigentes coaligados estaban en el exilio.

Douglas Bravo recuerda aún hoy con desaliento que «mientras nosotros dejábamos la piel en las calles o en las cárceles, éramos *compañeros de lucha* del resto de los partidos implicados en la derrota de Pérez Jiménez, pero cuando se produce la caída, como siempre ocurre, se acercaron empresarios y dirigentes de todo tipo queriendo trepar rápidamente al poder. Mientras los dirigentes del PCV y otros partidos populares se encargaban de formar *Brigadas de Orden* para mantener la calma en los primeros días del triunfo, y lograr así que cesaran los saqueos, los jerarcas de AD, Copei y el empresariado se pusieron a formar gobierno. Nosotros funcionando como apagafuegos, haciendo el papel de pendejos, mientras la burguesía de *adecos* y *copeyanos* se repartían el poder».

La hora de echarse al monte

En marzo de 1961, durante el Tercer Congreso del partido, el PCV comienza a dar señales inequívocas de que un amplio sector de la organización puede inclinarse por la lucha armada. En esa tesitura aparecen nombres que luego serían significativos para la lucha o la claudicación en la tumultuosa historia del país: Douglas Bravo, Teodoro Petkoff, Pompeyo Márquez, Eduardo y Gustavo Machado, entre otros.

Eran tiempos donde la épica cubana estaba presente en los corazones, de las balconadas de las universidades colgaban enormes carteles con la efigie del Che, de Camilo Cienfuegos y de Fidel. En los corrillos militantes se discutía a gritos sobre si «era o no necesario esperar que estén presentes todas las condiciones para la Revolución» o si, como sugería Guevara, «los focos insurreccionales podían crearlas».

Castro visita entonces Venezuela –invitado por los militantes comunistas universitarios–, y se producen grandes manifestaciones y un acto multitudinario en el centro de Caracas.

Por otra parte, el sector más radical de AD, indignado con las consecuencias prácticas del *puntofijismo* y el clima de histeria anticomunista que se alentaba descaradamente desde el gobierno, comienza a gestar una ruptura, que tiempo después adoptaría el nombre de Movimiento de Izquierda Revolucionaria (MIR), y que también optaría por la lucha armada. Uno de los líderes de esta nueva organización se llamaba Domingo Alberto Rangel.

El mismo día en que se firmó la Constitución de 1961 se suspendieron las garantías constitucionales, tomando como excusa la lucha guerrillera que ya se insinuaba, liderada por el PCV y el MIR.

«La práctica posterior, de cómo actuó la policía política y el propio ejecutivo liderado por Betancourt, fueron transparentes en cuanto a negar los derechos ciudadanos. Se institucionalizó la tortura, los homicidios extrajudiciales, la desaparición forzada de personas», aclara Tarek William.

«Ya había un compromiso de Betancourt y Caldera –asegura–, de diseñar un sistema donde se estructuraron gobiernos integrados a políticas antinacionales, de exclusión social bien marcada y de una línea de acción totalmente aliada a los intereses de Occidente. Eso ayudó a desviar el proceso instaurado en enero del 58, porque si bien es verdad que la izquierda revolucionaria cometió errores políticos y militares, con el tiempo pudo reivindicarlos como una victoria moral. Eran jóvenes estudiantes y obreros, pero también militares que se alzaron en armas premonitoriamente contra todo un sistema político y un liderazgo nacional, que corrompió todos los niveles de las instituciones del país y deslegitimó la verdadera democracia a la que se aspiraba. No es verdad que la guerrilla no representara a grandes sectores, detrás suyo se agrupaban fuerzas progresistas que militaban en los sindicatos, en la universidad y dentro del movimiento campesino. Por eso, el *puntofijismo* y sus aliados internacionales hicieron todo lo posible por exterminarles».

En 1962 el movimiento guerrillero aparece significativamente en escena y vuelve a profundizarse la ligazón con oficiales rebeldes, algo que está presente intermitentemente en la vida política venezolana. Como antecedente inmediato estaba el de fines de 1956, cuando Douglas Bravo, Eloy Torres, el coronel Arraez Morales, Teodoro Petkoff y otros civiles y militares le habían dado vida a una célula denominada Frente Militar de Carrera en el seno de las Fuerzas Armadas. Se estaban sentando las bases para que años después, con el advenimiento del movimiento cívico-militar bolivariano capitaneado por Hugo Chávez, la experiencia adquiriera un protagonismo espectacular.

En 1962 se materializan levantamientos de oficiales izquierdistas y nacionalistas en Barcelona (hechos conocidos como el «Barcelonazo»), luego en Carúpano, Estado de Sucre (el «Carupanazo») y en Puerto Cabello, conocido como el «Porteñazo».

El «Carupanazo» se produjo el 4 de mayo y en el mismo se levantaron en armas alrededor de medio millar de hombres de la Marina y la Guardia Nacional, comandados por el capitán de corbeta Jesús Molina Villegas, acompañados en la parte urbana por militantes del PCV y el MIR.

Días después, le tocó a la más importante base de la Marina, en Puerto Cabello, donde se sublevaron unos 1.500 hombres de Infantería de Marina y del Ejército, capitaneados por los militares Manuel Ponce Rodríguez, Pedro Medina Silva y Víctor Hugo Morales Monasterios. Como parte de la apoyatura civil se sumaron los dirigentes comunistas Luben Petkoff y Germán Lairet, el diputado mirista Lugo Rojas y varios presos de organizaciones de izquierda, rescatados de la cárcel local. Hubo una lucha cruenta y numerosas bajas. En el manifiesto revolucionario irradiado en esa oportunidad se definían por una política exterior tercermundista, hablaban de suspender la actividad de los partidos políticos por seis meses y exigían la libertad de los presos políticos.

Si bien las asonadas son frustradas por las fuerzas leales a Betancourt, en cada intentona se profundiza la decisión de nuevos oficiales de las tres armas en cuestionar con las armas en la mano al régimen establecido. «Son –según Douglas Bravo– los antecedentes más visibles de lo que serían las Fuerzas Armadas de Liberación Nacional (FALN)». Con posterioridad a estos hechos, más de 50 de esos oficiales se integrarían en las guerrillas, siendo los más destacados Juan de Dios Moncada Vidal –quien llegó a ocupar el Estado Mayor de las FALN–, Manuel Ponte Rodríguez u Octavio Acosta Bello. En todos ellos, existía un profundo sentimiento nacionalista y de compromiso antiimperialista. Consideraban que los altos mandos de las respectivas armas se habían subido a un portaviones de lujo y corrupción.

«Betancourt era un hombre de olfato y mucho conocimiento de los pormenores de la vida castrense. Sabía muy bien que existían sectores patrióticos en las Fuerzas Armadas y es por eso que trata de domesticarlas. Ellos mismos denominaban a este plan encubierto como las *Tres* C: casa, carro y coño. Con esos tres elementos repartidos a discreción por todos los estamentos de las respectivas fuerzas, se podría mantener a los militares apartados de las reivindicaciones populares. Tenían barrios exclusivos, con supermercados, hospitales, escuelas y hasta universidad. Vivían encerrados en cúpulas de cristal y en pleno *dolce farniente*. Eran la elite sumisa y obediente», recuerda el capitán bolivariano Alfredo Riera.

El singular perfil de los militares

El periodista Fabricio Ojeda, que en 1962 abandonó la Cámara de Diputados para incorporarse a la guerrilla, describió rasgos de las Fuerzas Armadas venezolanas que parecen vigentes. Desde la cárcel nacional de Trujillo, escribió en agosto de 1963: «En nuestro país, la inmensa mayoría de los oficiales y suboficiales profesionales de carrera provienen de las capas medias y humildes de la población, lo cual les hace más sensibles ante los problemas populares. Los grandes apellidos vinculados a la burguesía u otros sectores de las clases altas están ausentes de las nóminas militares... Es asimismo cierto que, dadas las condiciones del proceso histórico-militar venezolano, las realidades de una democracia social efectiva, se ha imposibilitado el establecimiento de normas restrictivas que pudieran hacer de nuestras Fuerzas Armadas un instrumento clasista que, como tal, respondiera exclusivamente a la defensa de sus intereses. No se puede hablar, por tanto, de una casta militar en Venezuela, a pesar de estar las FF.AA. al servicio de intereses extraños contra los cuales se comienza a observar profunda reacción. La oficialidad venezolana es, por aquéllas y otras razones, por el alto concepto del patriotismo arraigado en su mayoría, un sector altamente receptivo y asequible a una línea de acción de carácter nacionalista, revolucionario, que tienda a instaurar un régimen democrático, de contenido popular y nacional, para la liberación del país y su desarrollo económico independiente».

El avance guerrillero

La guerrilla empezó a ser un problema para las fuerzas conjuntas antirrepresivas. Un día se capturaban camiones de una repartición oficial y otro eran utilizados para atacar con armas largas y granadas un local de la policía de Humocaro Alto, donde además se recuperaban armas «para la guerra popular». También fueron tomados cuarteles, como el de San Juan de Macaparanas, y cañoneado el de Quebrada Seca.

A veces, se producían acciones de características realmente espectaculares, como cuando un grupo de estudiantes copó un avión DC6 en vuelo y llenó Caracas de octavillas convocando a la insurrección.

Los frentes guerrilleros se desplegaban por el Estado Falcón, donde estaban Douglas Bravo y Teodoro Petkoff, ambos del PCV. Otros destacamentos importantes eran los de Portuguesa, la zona del Charal, en Yaracuy y en Mérida. Y había también núcleos en Carabobo y Lara.

En las ciudades operaban las Unidades Tácticas de Combate (UTC) y entre las principales acciones realizadas se pueden computar la captura del navío *Anzoátegui*, el robo de cuadros de una exposición francesa de pinturas, los incendios de los almacenes Sears y de la misión militar norteamericana en Caracas, la voladura de los oleoductos de la Creole Petroleum y el reparto de víveres en los barrios populares, expropiados de los supermercados de Rockefeller.

El juego de alternancia bipartidista señalaba que en diciembre de 1963 le tocaba el turno a los *adecos*, y así llegó Raúl Leoni al gobierno, jaqueado de entrada por el accionar guerrillero y las protestas populares. Es precisamente durante su mandato que, debido a la presión norteamericana la Organización de Estados Americanos (OEA), decide aislar a Cuba del continente, poniendo como excusa el apoyo que Fidel Castro otorgaba a la insurgencia venezolana. Meses atrás, en Punta Macoya, el ejército había capturado toneladas de armamento enviadas por Cuba a la guerrilla y eso derivó en una denuncia de Betancourt ante la OEA.

En ese mismo año, surgen las FALN, una coalición resultante de la fusión de seis grupos guerrilleros: el Frente José Leonardo Chirinos, comandado por Douglas Bravo y Lino Martínez, y que actuaban en Falcón y Yaracuí, el Frente Guerrillero Libertador, con jurisdicción en la región del Charal, el «Comando Nacional Guerrillero, constituido por grupos menores y por los movimientos de militares que se habían alzado en Carúpano y Puerto Cabello. Otras figuras de la unidad guerrillera eran los hermanos Teodoro y Luben Petkoff, Elías Manuit, Germán Lairet, Pompeyo Márquez y Fabricio Ojeda.

Entre los militares participantes en ese momento en la lucha guerrillera, se destacaban Octavio Acosta Bello, Fleming Mendoza, Vegas Castejón, Nicolás Hurtado, y como le relatara el ex comandante guerrillero Francisco Prada al escritor Alberto Garrido: «Ese sector no le tuvo miedo al radicalismo de los sectores de la juventud que representábamos nosotros. Esos militares se han ido muriendo, sin claudicar». (*Guerrilla y conspiración militar*).

Meses después de crearse las FALN surge el Frente de Liberación Nacional (FLN) como órgano de dirección política de la lucha armada, presidido precisamente por Ojeda.

El cambio

«Cuando asume Leoni, se empieza a dar dentro de las Fuerzas Armadas un proceso de cambio. Ingresamos gente con posiciones nacionalistas y de izquierda. Nuestra primera intención, más que enfrentarnos con los que ya estaban en las filas y tenían posiciones elitistas, fue hacerles ver que había otro mundo, que existía gente que luchaba por cosas más trascendentales que una casa y un carro, y que mucha de esa gente no eran enemigos como se los pintaba en los cursos antiinsurgentes. Que no era posible que Venezuela, con todo el legado histórico que tiene, de ser un pueblo revolucionario que en el siglo pasado promovió la liberación de naciones, tuviera ahora una posición tan reaccionaria», apunta el capitán Alfredo Riera.

La conexión cubana

La enemistad oficial con Cuba, lejos de golpear al movimiento guerrillero, lo dinamizó. Numerosos jóvenes universitarios se alistaron en los distintos frentes de combate, y desde La Habana partió una expedición detrás de otra acercando hombres y armamento, tan necesarios para continuar la tarea de sabotaje armado, consistente en la destrucción de torres eléctricas, tomas de pueblos, secuestros de terratenientes y algunas ejecuciones sumarias de funcionarios policiales ligados a la represión y a la tortura.

En uno de esos desembarcos frustrados llegados desde la isla caribeña, fue capturado en Machurucuto, que era uno de los tres teatros de operaciones antiguerrilleros, quien fuera jefe de la seguridad personal de Fidel Castro, el capitán Briones Montoto.

Uno de los encargados de interrogarlo era el ex comandante William Izarra, en ese entonces oficial de la fuerza aérea. Izarra, como tantos otros militares que operaban en el campo bélico antiguerrillas, recibía a diario charlas y arengas de hondo contenido anticomunista, en las que se identificaba a Cuba como el gran enemigo a destruir.

Cuando Izarra es designado para interrogar al oficial cubano se encuentra con un ser humano excepcional. «Una persona sensible, de buen hablar, y sobre todo con planteamientos cargados de lógica. Gente que sabía por qué estaba luchando. A partir de sus razonamientos comencé a cuestionar buena parte de la educación que recibí en la Escuela Militar», le confesaría al periodista Alberto Garrido. Al día siguiente de esa conversación, Briones Montoto era asesinado de un balazo de fusil FAL en el rostro, por alguno de los compañeros de Izarra, argumentando un intento de fuga. Este hecho marcaría al militar para siempre, y lo colocaría muy poco tiempo después en la vereda de la lucha revolucionaria.

El declive insurreccional

A partir de 1964 la guerrilla empezó a sufrir serios reveses y a la vez comenzaron a profundizarse las desavenencias ideológicas, no sólo por la situación interna sino por lo que estaba ocurriendo a nivel internacional en que la Unión Soviética presionaba a los grupos insurgentes para emprender la lucha política. Paralelamente, desde el gobierno surgen los primeros dardos de ofrecer paz por abandono de las armas y si bien la gran mayoría de la dirigencia cerró filas para rechazar la invitación, no es menos verdad que desde algunos sectores comenzó a estudiarse la tibia propuesta.

A finales de 1965, la mayoría de la dirección del PCV planteó el abandono de la guerra, pero Douglas Bravo se negó y se hizo fuerte junto a Fabricio Ojeda en Falcón.

Desde Cuba llegan refuerzos al mando de Luben Petkoff y se reestructuran las FALN, en cuyo Estado Mayor se alistan Bravo, Freddy Cárquez, Nery Carrillo, Luben Petkoff, Elías Manuit y Francisco Prada.

En 1966 es capturado Fabricio Ojeda, y días después es «suicidado» en la cárcel por miembros del Servicio de Inteligencia del Ejército.

En 1967 y principios de 1968 las fuerzas guerrilleras sufren varios reveses por parte del ejército, en los campamentos militares se tortura sin ningún tipo de contemplaciones y los asesores norteamericanos campean a sus anchas, incluso llegan a participar en las ejecuciones sumarias con el visto bueno del generalato venezolano.

En marzo de 1968, el grupo liderado por Bravo en Falcón –que venía de recibir un duro traspié– es copado imprevistamente por el ejército, resultando muertos una decena de combatientes. Con poco armamento y un desgaste notorio producto de los altibajos políticos, las FALN se enfrentan por primera vez a la disyuntiva de su autodisolución, a que sus integrantes mueran o sean cazados uno a uno por las fuerzas represivas. Un «núcleo de hierro» entre los que estaban Bravo y Freddy Cárquez deciden jugarse al todo o nada, y este último emprende acciones militares en Valencia, ocupando la población de La Trinchera.

La trampa de la pacificación

Sin embargo, el desánimo guerrillero siguió profundizándose, y cuando el *copeyano* Rafael Caldera llega al gobierno el 1 de diciembre de 1968 la situación de los últimos resistentes armados termina por agravarse. El PCV participa de la contienda electoral con otra sigla, pero obtiene menos votos que diez años antes.

Caldera, sabiendo que la situación de la insurgencia no da para más encara un «plan de pacificación», decretando la amnistía para todos los combatientes de las FALN que se avengan a la vía política. Varios dirigentes comunistas que estaban en las cárceles comienzan a recuperar la libertad, y por último, el partido vuelve a ser legalizado.

La «pacificación» termina por asestar un duro mazazo a la izquierda luchadora de los sesenta. Muchos de los inclaudicables, como Douglas Bravo, fueron a parar a la cárcel durante un tiempo, y otros, no tuvieron pudor para empezar a utilizar un lenguaje que luego se haría conocido en todo el universo, el del *pragmatismo*. En nombre de esa palabreja, ex guerrilleros o zigzagueantes dirigentes de la izquierda más radical se calzaron un buen traje y una pintoresca corbata de seda y se alistaron en las filas de la politiquería burguesa contra la que paradójicamente tanto habían despotricado.

La derrota político-militar fue tremenda para todos pero peor fue esa extraña relación carnal que se produce cuando algunos compañeros cruzan hacia el campo *tentador, relajado* y ciertamente *bien remunerado* que ofrecía la democracia *puntofijista*. Eso provoca un reflujo en la izquierda obrera y estudiantil del que costó bastante reponerse. «Sobre esto planeó el sistema bipartidista, que se hizo con las reglas del juego, convirtiendo al pueblo en un convidado de piedra. Esta gente secuestró la voluntad popular, blindaron constitucionalmente de tal manera esa partidocracia, que las cúpulas de Adeco y Copei decidían desde quién iba a ser el Fiscal General de la República, hasta el último miembro del Consejo de la Judicatura. Lo hacía a través del método de delegación, vía el Congreso. Incluso, y eso era lo más duro, con el aval de ciertos personajes de la izquierda que pasaron de la derrota de los años sesenta a ser comparsa en el Congreso de los dos partidos tradicionales. Nosotros la llamábamos la *izquierda permitida*», apunta Tarek William.

El punto álgido que significa para la izquierda revolucionaria ese duro momento de los años sesenta con la «pacificación» *calderista*, da sus últimas estocadas con la primera llegada al gobierno del *adeco* Carlos Andrés Pérez en 1973, tras vencer a la friolera suma de cien partidos. El *boom* petrolero –la «Venezuela Saudita», como era llamada entonces– facilita las cosas, sobran dólares para repartir a quienes pongan cara de buenos y pacíficos muchachos. CAP logra incorporar, mediante becas que ofreció el Consejo Nacional de Cultura, al sector intelectual radical. Crecen como hongos las «bolsas de trabajo», los viajes al exterior, las agregadurías culturales lideradas por *progres*. El *puntofijismo* no escatima esfuerzos para agrandar el corral. Pero siempre que hay discursos edulcorados y política descafeinada, surgen, inevitablemente, polos de resistencia.

El aumento del precio del petróleo, acordado por la Organización de Países Exportadores de Petróleo (OPEP), provoca que la economía venezolana viva su momento de más esplendor, sobre todo a partir de la decisión de Pérez de nacionalizar la totalidad de los yacimientos. Sin embargo, la existencia de una mayor fluidez monetaria para algunos sectores de la clase media y alta, no significaba que la bonanza abarcara a las capas más populares. Era un momento bien contradictorio: por un lado CAP parecía moverse como el pez en el agua, sobre todo a partir de acentuar la cautividad de la dirigencia sindical de la CTV –también a fuerza de lisonjas monetarias– y por otra parte, los movimientos radicales de izquierda comenzaban otra vez a tomar impulso, produciendo algunas importantes movilizaciones.

Otra vez la alternancia

Con el *copeyano* Luis Herrera Campins, que tomó la posta bipartidista en 1978, la situación cambió de manera sustantiva. El precio del petróleo bajó espectacularmente y la OPEP entró en crisis, por lo cual el gobierno apeló a lo de siempre: una política económica de gran austeridad para las clases más humildes, acompañando esta decisión con congelación salarial y aumentos de precios.

Con ese panorama y una deuda externa de 35.000 millones de dólares se encontró el nuevo gobernante de AD, Jaime Lusinchi en 1983. La tasa de desempleo ya había trepado al 16% y desde las barriadas populares y los claustros universitarios empiezan a elevarse rugidos de rebeldía.

Entre marzo y diciembre de 1987, el gobierno se enfrenta a grandes manifestaciones estudiantiles como protesta a la política económica que llegan a poner a Lusinchi entre las cuerdas y le obligan a decretar en 1988 la suspensión del pago de la deuda externa.

Todo está preparado para que arribe un «salvador», alguien que dentro del esquema dictatorial de esta llamada «democracia representativa», ponga su vara mágica sobre el portal de Miraflores y comience otra vez la época de vacas gordas. El elegido es un *adeco* que repite y tiene muy buenos amigos entre la socialdemocracia europea: Carlos Andrés Pérez. Pero en la soledad de los cuarteles, estaba naciendo nuevamente otro concepto de nación, mucho más parecida a la que quiso para América, ese inspirador de la alianza cívico-militar que era Bolívar. Un nombre propio empieza a ser susurrado por lo bajo en los tradicionales corrillos conspirativos de la izquierda y el nacionalismo revolucionario: Hugo Chávez Frías.

Capítulo III

La conspiración militar

En Venezuela la mayoría coincide en que sus Fuerzas Armadas Nacionales (FAN) son bastante especiales. «Distintas» es la palabra que mejor cuela cuando se las compara con el resto de los uniformados de Latinoamérica, generalmente ligados a la burguesía y a los sectores más tradicionalistas del poder oligárquico. En cambio, el componente social de la gran mayoría de los aspirantes a convertirse en oficiales del ejército, la aviación o la marina venezolana, tiene su origen en la clase media y media baja. «Eso es fundamental a la hora de analizar lo que viene ocurriendo en el país en esta última etapa, desde 1970 en adelante. Antes, a los militares se les exigía cierto curriculum y la portación de dos apellidos, luego eso quedó prácticamente extinguido, precisamente cuando entró toda nuestra camada ligada al nacionalismo revolucionario o la izquierda radical. Pero igualmente es comprobable que muchos hombres de armas ya habían participado con alma y piel en los levantamientos guerrilleros de los sesenta», apunta el capitán aeronáutico Alfredo Riera.

Ese componente político-social va a pesar definitivamente a la hora de intentar la difícil tarea de cambiar la mentalidad de los militares tradicionales de las tres armas. Se trataba de demostrar que era posible *acercar los fusiles al pueblo* no de manera agresiva sino como una señal clarísima de que entre ambos sectores, civiles y militares, era posible dar vuelta a esa imposición letal que nació con el «Pacto de Punto Fijo», y que tantas víctimas había costado en el campo popular.

Otro elemento diferenciado es el tipo de educación recibido en las filas castrenses. «Muchos de los oficiales que luego ejercieron altos cargos ni siquiera pasaron por la escuela militar. Venían directamente de ser soldados y de estudiar en colegios o universidades públicas, en contacto con las necesidades, las reivindicaciones y los afanes de lucha de otros jóvenes muy parecidos a ellos. Esto no se da en ningún otro país del continente», apunta Douglas Bravo.

«Nuestras promociones –afirma el comandante Wilmar Castro, figura fundamental en el desarrollo de las ideas conspirativas bolivarianas dentro de la fuerza aérea– venían muy influenciadas por la guerra de Corea y Vietnam, por las atrocidades cometidas por los gringos en ambos países, pero también por la Revolución cubana y la argelina, la música protesta y el *mayo francés*. Claro que también nos llegaban los ecos de la actuación militar en la derrota de la guerrilla venezolana...Todo esto hizo que muchos asumiéramos posiciones contestatarias dentro de los cuarteles y que no fuéramos tan sumisos y obedientes como lo son generalmente los jóvenes de 17 o 18 años que entran en las academias militares. También coincide esta situación con un cambio que desde el punto de vista académico se da dentro de las FAN, que consiste en la homologación universitaria de los títulos que se otorgaban en las academias. Esto permitió que muchos oficiales pudieran tener acceso a las universidades para terminar su especialización, lo que luego también se extendió a los cadetes. En nuestro caso, en la Fuerza Aérea, muchos fuimos a estudiar a la Universidad de Carabobo, que es pública».

Otro oficial revolucionario, el comandante William Fariñas, sostiene que «el movimiento bolivariano recoge una tendencia que yo la ubico a finales de la década de los setenta. Si bien por nuestra juventud no habíamos tenido participación directa de las experiencias revolucionarias latinoamericanas –insurgencias civiles y militares– es evidente que estábamos influenciados por las mismas. Cada uno de esos hitos, desde la invasión norteamericana a Santo Domingo y la lucha resistente de Francisco Caamaño Deno, hasta la caída en combate del Che, nos conmovían y hacían reflexionar. En mi caso personal, yo ya venía participando en movimientos juveniles y estudiantiles de marcado tono progresista. Por eso, al ingresar en la Fuerza Aérea, no tardamos en juntarnos con otros compañeros y comentar tanto el deterioro de los partidos tradicionales como la falta de democracia interna y el estado de corrupción que afectaba también a las FAN. Muchos leíamos materiales de izquierda de manera confidencial, y luego utilizábamos sus enseñanzas en los debates con superiores.

Por estudiar periodismo y sociología me fui conectando con problemáticas cuestionadoras de la sociedad en la que vivíamos. A mediados de la década de los setenta ya empecé a tomar contacto con la conspiración».

De *pitcher* a comandante

Hugo Chávez había nacido en julio de 1954 en Sabanetas del Orinoco, un pueblo situado entre los Estados de Barinas y Apure, donde sus padres trabajaban como maestros de escuela. Él, como la mayoría de sus camaradas de armas, también ingresó «en buen momento» a la vida militar, justamente cuando la escuela se convertía en academia y se abría a la vida de las universidades públicas. Esta apertura lo encontró en primera fila a la hora de asistir a actividades culturales, artísticas y deportivas en diferentes locales y centros universitarios. Se empezaba a dar cuenta de que había pocas diferencias entre una vida y otra, y que como él mismo hoy recuerda: «Del ejército venezolano se podrán decir muchas cosas, pero uno de los signos históricos que se ha mantenido es que es un ejército, que aunque muchas veces va contra el pueblo, se nutre de las barriadas, de los campos, del pueblo en general».

Chávez era además un buen *pitcher* y esa afición por el béisbol que aún perdura, le facilitó las cosas en el ejército y entre sus compañeros de estudio, donde comenzó a hacerse muy popular por lo dicharachero y conversador. Pero había una característica que dentro de todas sus inquietudes le empezaba a surgir a borbotones: no podía permanecer insensible hacia la honda miseria que descubría en sus largas marchas de entrenamiento, ni a la injusticia de tanta «casa de cartón», como cantara quien se convertiría en uno de sus ídolos, Alí Primera. Todas estas *señales* comenzaron a forjar un tipo de actuación que cada vez se haría más notoria. Y tendría rápida respuesta de otros que como él estaban pujando desde el anonimato.

El barrio como escuela

«Yo provenía de un barrio, San Blas, en Valencia, que sin lugar a dudas es uno de los que mayores problemas de seguridad tiene en Venezuela», cuenta el capitán del ejército Eliécer Otaiza, otro de los hombres importantes de la conspiración bolivariana.

«No, no había participado jamás en ningún partido antes de volcarme a la vida militar, pero sí puede decirse que tenía una *militancia* de barriada. Allí había que sobrevivir a la policía, esconderse de la represión y sus abusos. Ésa fue mi gran escuela. Allí me formé con muchos muchachos que además de jugar a las cartas o charlar, como se acostumbra en un barrio, también se preparaban para hacer atracos. Yo los veía a diario prepararse y luego actuar, sabía quiénes eran y qué golpe iban a hacer. Admirábamos su valor y su decisión. Más allá del delito que se cometía, sabíamos que se hacía dentro de un marco de falta de trabajo y miseria. No, nunca actué directamente, pero era una especie de cómplice, que sabía dónde se escondían las armas, las motos, el parque logístico. Además, muchos de ellos repartían el dinero entre la gente humilde, ayudaban a las personas que estaban enfermas, eran lo más parecido a un Robin Hood que veíamos de vez en cuando en el cine. Por eso, sostengo que no todo aquello era negativo, era una forma –dura y violenta– de hacerse más sensible a lo que le estaba pasando a nuestra gente. También aprendí a pelear desde pequeño, a sobrevivir en ese ambiente de drogas, donde muchos de mis mejores amigos se murieron por sobredosis. Varios de mis colegas vienen de historias parecidas, y por eso tenemos un comportamiento político en consecuencia».

Influencias guevaristas

«Cuando entré a la Fuerza Aérea puede decirse que ya venía fogueado de la lucha callejera», confiesa el capitán Riera, que se define asimismo como «guevarista» y con mucho orgullo señala que su hijo «se llama Ernesto, en homenaje al Guerrillero Heroico». «Venía de militar en un partido de izquierda, el PRV, junto a Douglas Bravo y otros compañeros de las guerrillas de los sesenta. Fui presidente del Centro de Estudiantes de Aragua, donde adquirí capacidad de conducir a la gente para los enfrentamientos que casi a diario teníamos con la policía en las manifestaciones reivindicativas que realizábamos. También formé parte de la Coordinadora Estudiantil Interregional, que conectaba a la Federación de Centros de Caracas. Con todo este bagaje llego a la vida militar y me doy cuenta de que allí también había mucho para hacer. Pronto nos fuimos conectando con los que pensábamos parecido, leíamos materiales sobre las luchas latinoamericanas, y también sobre marxismo. Todo esto de manera bastante clandestina por razones obvias. Y en un momento empezaron a llegar mensajes desde otras armas de que algo comenzaba a gestarse...».

De Velasco a Torrijos

En diciembre de 1974, el cadete Chávez vive una experiencia muy especial que también lo ha de marcar para el futuro. Junto con otros colegas viaja a Perú para participar en los actos de celebración del 150 Aniversario de la Batalla de Ayacucho. Allí conoce al general Juan Velasco Alvarado, otro nacionalista que llegó al gobierno del Perú. También cruzó palabras con militares panameños, entre ellos el coronel Omar Torrijos, que en esos momentos era uno de los adalides del pensamiento antiimperialista latinoamericano.

Entusiasmado por la lectura del libro *La revolución nacional peruana* que Velasco le obsequiara, donde se desarrollaba la unidad entre el ejército y los sectores más empobrecidos, incluyendo el movimiento indígena, y con el eco de los duros y precisos conceptos de los militares *torrijistas*, Chávez siente que muchas de las cosas sobre las que farfullaba en los rincones de la Academia, están siendo posibles muy cerca de su tierra. Y por contraste también comprobaba el horror de los otros militares latinoamericanos, los que en vez de reivindicar patria para los indígenas, como el Velasco de los primeros tiempos o enfrentar la prepotencia norteamericana, como Torrijos, asesinaban y torturaban en nombre de la «Doctrina de la Seguridad Nacional».

«Los militares –recuerda Chávez– teníamos el ejemplo de Pinochet, el cual no compartíamos por supuesto. Él representaba a los militares que matan gente, derriban, descabezan, mientras que estos militares peruanos hablaban distinto, hablaban del pueblo, aunque al final la experiencia lamentablemente fracasó por falta de claridad estratégica, quizás, pero al menos hablaban y actuaban distinto».

El reformismo

«Cuando decidimos formar nuestro movimiento –confirma Hugo Chávez–, empezamos a estudiar un poco aquellas experiencias (la peruana y panameña). Y más adelante, cuando vimos que era inminente, que ya no podíamos retroceder, que nos arrastraba aquello, estudiamos bastante el caso de Torrijos y el proceso panameño desde el punto de vista militar y político. Yo recuerdo un trabajo mío de Ciencias Políticas sobre el caso peruano, en el cual una de las conclusiones señalaba que en esa experiencia progresivamente se fue esfumando, debilitando, hasta en los términos utilizados, el propósito revolucionario. Si uno se pone a analizar el discurso de Juan Velasco de 1968, parecía Fidel Castro, pero ya en los años finales era el reformismo en pasta, como dicen, en el discurso y en los hechos. Una de las conclusiones era ésa, la falta de un proyecto popular».[1]

Dos perfiles bien diferenciados

En la historia venezolana siempre existió una alianza cívico-militar de derecha, pero lo original es la aparición en cada uno de los tramos importantes de su derrotero, desde Simón Bolívar en adelante, de otra alianza cívico-militar revolucionaria. Por ello, a lo largo de toda la experiencia de lucha de los

1. Blanco Muñoz, Agustín, *Habla el comandante*, Cátedra Pío Tamayo, Centro de Estudios de Historia Actual, UCV.

sectores más conscientes de la izquierda, no es que se trazara una estrategia tendente a incorporar a los militares, sino que el proceso social exigía a éstos una fusión con los civiles y viceversa.

También es llamativo que la propia burguesía del país no tuviera como estrategia organizar un partido y una fuerza armada a su servicio, como ocurría en otros países cercanos. En Venezuela, Acción Democrática y los social cristianos de Copei, los dos partidos políticos tradicionales que venían practicando la alternancia en el poder hasta que se produce el actual estallido revolucionario bolivariano por vía electoral, siempre han servido al capital internacional y al estamento burgués pero eso no significa que este último los organizara, como ocurre en Chile o en Colombia, por citar algunos de los ejemplos más visibles del continente.

La pregunta que surge de inmediato entonces es ¿de quién han dependido las Fuerzas Armadas nacionales?

Para Douglas Bravo, al ser Venezuela un país colonizado por Estados Unidos, «es evidente que esas FAN han estado subordinadas a los devaneos del capital internacional». Por eso, desde comienzo de siglo, el petróleo ha jugado un papel determinante en los golpes de Estado. Hay ejemplos a montones. En 1908, Juan Vicente Gómez da un golpe de Estado contra el general Cipriano Castro, líder de la llamada Revolución liberal «restauradora». Gómez, que perpetuaría su despotismo en el poder durante 27 años cuenta en dicha empresa bélica con el apoyo de la escuadra norteamericana y las empresas petroleras de ese país, ansiosas de quedarse con la parte del león.

Otro militar, Medina Angarita, que durante su gobierno dio alas a la burguesía nacional y mantuvo una política de defensa del petróleo fue derrocado por un golpe en el que formaron parte los *adecos*, a quien había legalizado, y un grupo de militares, que instalaron en el poder a Rómulo Betancourt. El principal motivo: que el Parlamento de su gobierno aprobara la primera Ley de avanzada sobre hidrocarburos y la Ley de impuestos sobre las rentas. Tras las bambalinas de la asonada, otra vez la embajada norteamericana y las grandes empresas petroleras.

Los subalternos

Gabriel Puerta, de *Bandera Roja*, coincide que en Venezuela a los sectores oligárquicos no les ha importado, o no se han interesado de copar los puestos de mando. «Mucha de la gente que iba a la Academia Militar o que llegaron a tener altos cargos en las FAN, provenían de clase humilde e incluso de sectores muy pobres. Es gente que luego tuvo un vínculo en su barriada, con su gente y termina ligada a las ideas revolucionarias, donde además también se contagia del debate político que se da en la sociedad y que les hace optar por posiciones de enfrentamiento teórico a los planteos antinacionales. Esto es fundamental para que un sector de los militares empiece a tomar partido. Fueron los primeros que se irritaron, lo vieron como algo mezquino e infame, al descubrir situaciones de corrupción, servilismo o rendición lisa y llana ante los cantos de sirena de los partidos tradicionales. De allí, que parte de la oficialidad que surgiera de la camada que ingresó en los años setenta despreciara olímpicamente a sus colegas que cedieron posiciones para convertirse en subalternos de posiciones no sólo de partido, sino también de figurones de los mismos».

Contra el elitismo

A Hugo Chávez seguía sin hacerle nada de gracia las diferencias que se planteaban en los cuarteles para con los que estaban puertas afuera, pero tampoco le agradaban las desigualdades internas, las tendencias elitistas típicas de mandamases sin principios. Por eso confrontaba duramente con ciertas costumbres.

«Te decían –y todavía lo dicen, después de tantos años– que ningún oficial podrá sentarse a la mesa con un soldado a comer. Y yo lo hacía adrede. Cuando estaba de guardia, en la mesa del oficial, yo llamaba: cabo Pérez, venga y siéntese aquí. Sargento tal, siéntese aquí. Pasaba un capitán, un mayor, el comandante, y me decían, teniente ¿y por qué usted come con los soldados? Yo soy un soldado, a mí me formaron para líder militar. Y José Antonio Páez, se sentaba junto con sus soldados y peleaba a lanza, dice la historia oficial. Bolívar decía que saltaba por encima del caballo compitiendo con los soldados. La teoría y la praxis del liderazgo dicen que tú tienes que estar con tu gente, no al frente de ella, alejado de ella».[2]

---

2. *Ibíd.*

Descontento en los cuarteles

El *boom* petrolero de los años setenta viene acompañado por un alto nivel de descomposición dentro de la clase política. Nunca en el país se habían acumulado tantos ingresos y eso generó una especie de ceguera en la clase partidocrática, que a la vez empezó a acelerar un proceso de corrupción institucional. Obviamente las Fuerzas Armadas no escaparon a ese deterioro.

Todos estos factores hicieron que se acumulara un gran rechazo hacia las autoridades militares, por manejos inadecuados, por inoperatividad de los sistemas, por hechos de corrupción, denunciada a voces, en la venta de armas. «Hubo casos –señala el capitán Otaiza– como la compra de armas antimotines por valor de 3.000 millones de dólares, que luego terminaban en la adquisición de unos cuantos cascos y algunas armas casi inservibles. El grueso del dinero iba a engrosar las arcas de uno o varios generales, y el gobierno de Lusinchi avalaba tales acciones delictivas como si nada».

Cuando esas promociones de cadetes de los setenta salen a la calle convertidos en oficiales, el proceso de deterioro se acelera aún más. Hay una crisis económica muy grande en la década de los ochenta, que obliga a hacer un proceso de devaluación compulsiva y esto afecta a las FAN, porque el 98% del material que utilizan proviene del exterior y el mantenimiento hay que pagarlo en dólares. Esto merma la actividad y genera mayor descontento entre los cuadros.

El aviador William Izarra después del impacto ideológico que recibiera interrogando a un oficial del ejército y combatiente cubano y de repetir la experiencia con otra guerrillera y pediatra proveniente de la isla para apoyar a la insurgencia y que fuera capturada por los militares, empieza lentamente a profundizar los cuestionamientos a la estructura de pensamiento de la fuerza, a ese discurso único en el que los «castro-comunistas» eran el demonio y Occidente un paraíso. Su hermano Richard, ligado a posiciones socialistas le abre también otra puerta al debate para contrastar ideas. En una ocasión, al ir a visitarlo a la cárcel adonde fue a parar por publicar una nota sobre la corrupción en las FAN, Izarra conoció a algunos de los guerrilleros de los sesenta que aún permanecían entre rejas: Petkoff, Prada, y Tirso Meléndez, entre otros. Fácilmente congenió con sus puntos de vista.

Ya como piloto de combate, a mediados de la década del setenta, se relaciona con Douglas Bravo y afirma sus relaciones con oficiales a los que transmite ideas de «cambio total de estructuras». Ya hablaba de hacer una revolución, pero pasarían varios años más, hasta 1979, para que comience a impulsar el plan R-83, que debía culminar con un alzamiento militar en 1983. Otra vez junto a Bravo, que en aquel entonces ya estaba en la calle y había formado el Partido Revolucionario Venezolano (PRV), siguió arrimando militares para su causa, a la vez que viajaba a Irak, Cuba y Libia, donde conversó con Gaddafi. En 1983 finalmente funda con gente de la aviación la Alianza Revolucionaria de Militares Activos (ARMA). Es en nombre de esa entidad secreta, y a través del contacto con el comandante Luis Reyes Reyes, que habla por primera vez con Chávez.

Un grupo compacto

«Entre los que veníamos conversando y planteando desacuerdos –confiesa Wilmar Castro– sobre lo que estaba ocurriendo en el país , caracterizábamos con dureza al sector político. Éramos un grupo bastante compacto y sólido en ideas: Chávez, Francisco Arias Cárdenas, el capitán Acosta Carlés, por el ejército, y el actual comandante Luis Reyes Reyes, William Izarra, yo y otros oficiales, por la aviación. Hacíamos contactos, nos reuníamos con sectores políticos y también con gente de la izquierda revolucionaria. Se llegaron a hacer encuentros muy reservados en el Medio Oriente y en Cuba.

Otro núcleo inicial denominado ARMA rompe esa estructura, precisamente por su relación con un sector muy radical de la izquierda, y decide seguir de forma independiente.

Algunos de ellos mantienen relaciones con nosotros, que en esos años –1988– éramos mayoritariamente tenientes o capitanes. No teníamos acceso al mando de tropas con mucha capacidad de fuego, o apenas éramos pilotos de escuadrilla, comandantes de unidades pequeñas. Es allí, cuando en reuniones informales se comienza a diseñar una especie de estrategia para ir afianzando liderazgos sobre todo en aquéllos que eran primeros de promoción».

Bolívar y las tres raíces

Ser número uno o dos dentro de cualquier promoción de las Fuerzas Armadas es algo que se respeta mucho, porque generalmente los mejor puntuados son los que tienen mayor capacidad de liderazgo y mucho ascendiente sobre los subalternos. De allí que la estrategia de los oficiales bolivarianos se basó precisamente en eso, en ir captando a nuevos compañeros que apuntaran como los más meritorios e ir afianzando el liderazgo que cada uno tenía en sus respectivas armas. «Eso fue una decisión conjunta que tomamos en una de nuestras reuniones clandestinas y que nos dio mucho resultado», señaló Chávez.

Así se fue creando una especie de nuevo modelo en el sector castrense, algo que era tomado como ejemplo. «Cada uno de nosotros nos lanzamos a ocupar los primeros puestos en las unidades en que trabajábamos, en base a estudio y más estudio, pero también en función de la práctica solidaria con nuestros colegas», añade Wilmar Castro.

Paso a paso, en el bullicio de los comedores cuarteleros y en las aulas de la Academia Militar comenzaba a nacer una nueva generación revolucionaria, que si bien estaba influenciada por las ideas libertarias de los grandes del pensamiento de izquierda a nivel mundial, fusionaba a éstas con el bagaje autóctono aportado por los próceres locales como Simón Bolívar, Simón Rodríguez y Ezequiel Zamora. El «árbol de las tres raíces», dentro del lenguaje conspirativo.

Lo bolivariano nutre de manera fundamental el pensamiento de los oficiales que desde los años setenta empiezan a preparar las bases para pelear por todos los medios posibles contra un sistema que no sólo ellos consideraban desigual e injusto. Estaban interpretando así el rugido que les llegaba desde los barrios más carenciados, desde los Estados menos arropados por los vaivenes de la explotación petrolera.

Y no es un Bolívar de cuaderno escolar o de monumento de frío mármol el que les interesaba a Chávez y sus hombres, sino precisamente rescatar lo más intrínseco del pensamiento social y reivindicativo del Libertador en su cruzada por rescatar a los pueblos latinoamericanos del yugo colonial español. Su visión igualitaria de la sociedad y el gran anhelo –por el que fue quemando su vida– de unir integralmente a la Patria latinoamericana.

Bolívar, no hay que olvidarlo, planteó la igualdad con el indio, exigió tierra para el campesino, la abolición de la esclavitud, el avance de la educación pública como forma de lograr una sociedad pareja donde nadie se sienta más que el otro, y reclamó que la libertad de los ciudadanos sea un bien impostergable de alcanzar.

El autoproclamado por las masas rurales como «Libertador de América», se movió hace dos siglos en un medio donde existía una casta blanca terrateniente que manejaba a sus anchas todo el poder, y en el otro extremo, mulatos, negros esclavos, el indio, como una subclase explotada y mancillada en lo cotidiano. Bolívar no dudó de qué lado estaban sus esperanzas y lideró a los más desarrapados para luchar contra el godo y construir patrias libres más allá de fronteras impuestas arbitrariamente.

Luego, esa clase criolla despótica fue arrojada del poder a punta de plomo por los campesinos, por los negros y los indios venezolanos. Eran tiempos de la Revolución Federal que encabezó en 1859 el general Ezequiel Zamora. Lamentablemente, con su muerte, otra vez vuelven a postergarse las reivindicaciones sociales.

Y por último está Simón Rodríguez, maestro del Libertador, un hombre innovador, que «descubrió» el mestizaje venezolano y las cualidades del mismo. Un reivindicador nato del ser nacional, fundador de la República con un molde original en el que no se necesitara copiar esquemas foráneos, y que construyó una sociedad más justa y alejada de las discriminaciones que heredaba del colonialismo español.

Todos ellos contribuyen al vademécum ideológico de estos militares que supieron combinar conceptos revolucionarios de su propio pasado y fusionarlos con las ideas básicas de la izquierda rebelde latinoamericana. Lo que se logra así no es ni un «nido de grillos» como deshonestamente advierte cierta izquierda ortodoxa, observadora envidiosa de lo obtenido hoy en Venezuela, ni tampoco una «degradación de las ideas bolivarianas», al decir de la oligarquía local y los testaferros de las multinacionales petroleras. Se trata de otra vuelta de tuerca del nacionalismo revolucionario, anticolonial, antiimperialista latinoamericano.

«Cuando fuimos a la rebelión –explica el comandante

Chávez– ya llevábamos años trabajando en un proyecto ideológico, dentro de esa idea de Simón Rodríguez de que 'o inventamos o erramos'. Es decir, tratamos de ser originales. Claro, no fui yo solo. Yo impulsé el proceso, pero fueron nuestros muchachos, muchos otros y los libros, porque las ideas no son de nadie, andan por ahí y le pertenecen al mundo, a la humanidad. Entonces fuimos recogiéndolas y diseñamos lo que llamamos el *árbol de las tres raíces*, es decir: la raíz bolivariana, la raíz robinsoniana y la raíz zamorana.

Y se dijo que eso era una locura que no tenía ninguna cohesión. Pero yo siempre he insistido y lo creo –y eso ha venido tomando forma– que ésa es nuestra bandera ideológica de este momento: el bolivarianismo. Pero no Bolívar como un Dios, sino Bolívar-hombre, Bolívar-revolucionario. Y lo hemos acompañado de un sistema ideológico original, de Simón Rodríguez, el filósofo, el Robinson americano y de Zamora, un general de hombres libres; algo así como un Zapata es Zamora para nosotros, un revolucionario a carta cabal, campesino ante la guerra federal.

Entonces, el único aporte que yo he hecho es tratar de articular ideas que no son mías y presentarlas como pertinentes en este tiempo. Quizá la virtud o la ventaja es que esas ideas fueron recogidas en un gran esfuerzo de años y fueron colocadas en tierra fértil, porque las ideas pueden estar entre las piedras y nunca germinan. Pero creo que en este momento en Venezuela, sin duda alguna, y ahí está la realidad que lo confirma, cayeron las semillas bolivarianas de nuevo en tierra fértil. Ése, yo creo, es mi aporte, y con ello me sentiré satisfecho».[3]

Bolívar con txapela

Ramuntxo Sagarzazu es un vasco de Oiartzun, refugiado político e hijo de deportado, o sea una síntesis de la represión contra un pueblo que lucha por ser independiente: la del destierro y la de la continua memoria. Actualmente vive en Venezuela con gran entusiasmo todo lo que allí ocurre y sin ser un experto en Bolívar, sabe que representa para el pueblo los mismos valores que Martí para los cubanos.

3. *Ibíd.*

«Cuando Chávez habla de Bolívar está refiriéndose a la solidaridad entre los distintos pueblos, una proyección, un deseo de recuperar su lugar en el mundo, el lugar de los latinoamericanos unidos. Bolívar significa desde ese discurso, bienestar para el pueblo. No se trata de una proyección nacionalista solamente, sino de un contenido popular, la creencia de que lo bolivariano traerá mejores condiciones de vida, cambios sociales. Bolívar es símbolo de revolución».

La fuerza ideológica

«Tratamos de retomar el pensamiento bolivariano por muchas razones –agrega el comandante Wilmar Castro–. En primer lugar porque es la fuerza ideológica que mueve la formación dentro de las FAN, dentro del sector de oficiales. Lo bolivariano estaba por encima de cualquier otra ideología, teniendo en cuenta que durante mucho tiempo las FAN habían combatido a la izquierda marxista y ahora, estábamos allí sentados con muchos de los que nos habíamos liado a tiros. Lo bolivariano unía a unos y a otros. Otro elemento que se toma allí, para darle más fuerza social a este proyecto, es el de rescatar la experiencia de Ezequiel Zamora, que a pesar de que fue un traficante de esclavos y en principio un oligarca, tiempo después se convirtió en un luchador a favor de los esclavos y de las clases desposeídas, y desató una campaña de luchas contra la oligarquía que se estableció después de la guerra de la independencia. Esta lucha antioligárquica, que es la que da origen a la guerra federal que costó muchísimas vidas, sirve también como elemento de motivación para abrirse en un proceso político que marque a fuego a la burguesía. Es una gesta que impide que en Venezuela se afiancen oligarquías reales, como sí ocurre en Colombia, Perú o Ecuador. De allí surge el pensamiento de Zamora que recogemos.

Y además, también nos nutrimos del ideario progresista, académico y abierto de Simón Rodríguez. Éstas son las tres raíces de nuestro árbol revolucionario: la fase inventiva y creadora de Rodríguez, la lucha antiimperialista y de integración de todos los países latinoamericanos de Bolívar, y la lucha antioligárquica de Zamora. Amén de todo lo que aportaron los movimientos revolucionarios contemporáneos de la izquierda revolucionaria».

«En cuanto a Bolívar –advierte el capitán Eliézer Otaiza–, nosotros no coincidimos con muchos historiadores románticos de este país que se encargaron de hacerlo un superhombre alejado de la gente. Por el contrario, rescatamos al Bolívar de carne y hueso, el que cometía errores ortográficos, era mujeriego y a veces pellizcaba sonriendo a los negritos. Con todas esas contradicciones logró una serie de avances muy fuertes, fundó la República, dejó un mensaje claro de antiimperialismo para América Latina.

Este rescate, tiene que ver con un momento histórico que estamos viviendo en Venezuela, en América Latina, y en el resto del mundo. Una de nuestras banderas es Bolívar, la otra es la de la recuperación del mundo indígena, que tanto nos une a todos los americanos. Un universo al que han intentado quebrar penetrándolo con una cultura occidentalista, dogmática y neoliberal.

Tenemos algo muy autóctono, tenemos barro, algo que nos hace ser. Ésta es la base de este movimiento revolucionario. Es el sabor latino. Es decir: tú trabajas, tú haces y eres capaz de estar luchando por tu identidad latinoamericana. Eso es esencial, no es nominal, es lo que estamos tratando de rescatar de todo esto».

Bolivarianismo, marxismo y macartismo

¿Nacionalismo revolucionario bolivariano o marxismo bolivarianista? Los militares rebeldes venezolanos prefieren lo primero y casi todos le agregan la muletilla de «y latinoamericanista». Pero ninguno le saca el cuerpo a reconocer que también han estudiado a fondo el marxismo.

El comandante William Fariñas incursiona en el asunto, aportando además algunos elementos que hablan sobre cómo estos oficiales debieron contrarrestar, en el transcurso de su formación, la tremenda campaña macartista que lanzó Washington para consumo de las Fuerzas Armadas continentales:

«Recuerdo una investigación que hice para la universidad y que por supuesto no publiqué porque eran documentos militares. En ellos se veía claramente cómo toda la tendencia armamentista venezolana estaba encaminada a neutralizar la presencia de Cuba en América Latina. Eran instrucciones, órdenes y textos de gran formación anticomunista. Pero a pesar de recibir toda esta carga, de que muchos de nosotros hiciéramos los tradicionales cursos de la Escuela de las Américas o los seminarios en Washington o en otros centros especiales de Estados Unidos, nos fuimos formando en un pensamiento rebelde, nacionalista, bolivariano. Fuimos adquiriendo el concepto de que era necesaria la independencia política y económica de los imperios.

Ahora estoy convencido de que los países latinoamericanos y del Tercer Mundo tenemos que configurar nuestro propio perfil de intenciones frente al mundo globalizado. Debemos apostar por la autodeterminación, por la independencia de los pueblos. Por eso admiro tanto la lucha que se da en el País Vasco, que en el propio patio de los poderosos se aspire a lograr el reconocimiento como nación.

Siento que los pueblos tercermundistas, pobres, que no hemos tenido acceso a los niveles de desarrollo, tenemos derecho a una vida digna y por eso peleamos de mil maneras para lograrlo. En este contexto, todo lo que ocurre hoy en Venezuela ayuda a otros pueblos. De ahí, la importancia del viaje de nuestro presidente a China, buscando romper la hegemonía económica y política de Estados Unidos».

El ex guerrillero Douglas Bravo recuerda que «cuando nos expulsan del Partido Comunista, a fines de los sesenta, es porque estamos reivindicando los elementos teóricos de Simón Bolívar, de Rodríguez, de Zamora y otros pensadores nuestros que chocaban con los de la ortodoxia del pensamiento soviético. Había planteamientos de Simón Rodríguez que significaban una ruptura con la filosofía que nos llegaba desde Europa. Decir por ejemplo, que era necesario errar o inventar chocaba con un pensamiento que sostenía que ya no había para qué inventar nada.

Nosotros redactamos un documento llamado *Marxismo-leninismo-bolivariano*, donde por primera vez se planteó el problema de la nacionalización del pensamiento revolucionario».[4]

---

4. Garrido, Alberto, *Guerrilla y conspiración militar*, ed. José Agustín Catalá.

Colombia bolivariana

Muy cerca de Venezuela, las Fuerzas Armadas Revolucionarias Colombianas (FARC-EP) festejan el paso adelante dado por Chávez y sus hombres y se suman a la necesidad de rescatar el pensamiento y la acción de Bolívar para Latinoamérica.

El comandante de las FARC, Pablo Catumbo, explica que «La construcción de un ejército de corte bolivariano no es un principio de las FARC-EP, sino un proyecto revolucionario y la espina dorsal de nuestro planteamiento estratégico... Nuestra propuesta apunta a construir un verdadero ejército popular tal como lo soñó y construyó Bolívar, que represente de verdad los intereses de todos los colombianos, que defienda al pueblo y nuestra soberanía, que sea instrumento de liberación y no de opresión de sus propios compatriotas. Bolívar es un ejemplo y una fuente permanente de inspiración en muchos aspectos; no sólo por la lucidez de su pensamiento, sino por su honradez, por su total entrega a la causa de los oprimidos, por su total desinterés material, por la originalidad de su propuesta política y su permanente búsqueda de caminos inéditos en la construcción de la patria.

Por eso creemos que es necesario rescatar del pensamiento bolivariano muchas ideas que aún tienen vigencia, pero sobre todo su espíritu, su entrega y su permanente vocación de servicio desinteresado a la patria».

Bolívar contemporáneo

No. El comandante Hugo Chávez no se equivocó cuando descubrió que uno de los factores fundamentales para unir a un pueblo que está harto de que los políticos tradicionales le engañen y mientan sobre sus verdaderos objetivos, es la construcción de una base ideológica fácil de identificarse. Un cable a tierra que tenga un hilo conductor con las esperanzas y reivindicaciones de este momento pero que se reflejen en el espejo de una historia que pertenece a cada habitante de la Venezuela que se busca cambiar. «Bolívar no era un hombre del siglo pasado –define acertadamente, el diputado Juan Contreras, de la combativa barriada «23 de Enero»– sino que tenía un pensamiento de esta época. Y esto es lo que ha interpretado Chávez. Ha logrado sacar a Bolívar del panteón y los homenajes póstumos, y lo ha instalado en el fin de siglo, entre las casas humildes de Catia y el cemento de Caracas». Ni más ni menos.

Es el eterno drama de ciertos sectores de la izquierda latinoamericana que muchas veces han visto sucumbir proyectos de largo alcance, tenazmente trabajados y por los que muchos militantes arriesgaron vida y libertad, pero que no eran totalmente asumidos por los pueblos debido a la falta de conexión con la realidad cotidiana, con los elementos básicos de la idiosincrasia nacional, con las experiencias rescatables de la propia historia de cada país.

Todavía está fresco en el recuerdo de muchos lo que significaron para algunas experiencias guerrilleras –en la propia Venezuela de los sesenta para no ir más lejos– las presiones recibidas desde la Unión Soviética para que en función de su propia estrategia mundial, se apostara a elevar o a reducir la combatividad contra un enemigo que, eso sí, nunca cambiaba de rostro y agresividad. O la imposición casi natural de esquemas, totems e iconografías que poco tenían que ver con la cultura de la gente a la que se trataba de ganar para una contienda difícil. Esto no significa caer en salidas fáciles en cuanto a la construcción ideológica, ni negar la necesaria importancia del pensamiento marxista en las luchas revolucionarias, sólo apunta a dar por válido un hallazgo que no es ni siquiera original de los oficiales bolivarianos de Venezuela: la Revolución cubana se nutre de las enseñanzas de José Martí y Antonio Maceo y los insurgentes colombianos, como se ve, apuestan por unir el marxismo-leninismo con los principios rectores de Simón Bolívar.

Capítulo IV

La gran ofensiva

Hay un momento de cualquier historia clandestina en el que es necesario pasar de las palabras a los hechos, de lo contrario –y más si se trata de una conspiración militar– se empieza a correr peligro de que la misma sea detectada y se pueda abortar fácilmente por la raíz. Esto precisamente es lo que se discute casi con ansiedad en los cuarteles a mediados de 1982. Por eso no es sorpresa para algunos de los oficiales que finalmente se decida a rodar hacia el futuro, y para ello nada mejor que una sigla unificadora: el EBR-200. «Cuando fundamos el movimiento en 1982, siendo ya capitanes, –recuerda Chávez– era el EBR-200. Allí logramos darle el doble significado a las siglas: EBR, por Ezequiel Zamora, Bolívar y Rodríguez, en cuanto a la trilogía del árbol de las tres raíces. Y además Ejército Bolivariano Revolucionario y 200 por el marco del bicentenario de Bolívar, que se extendió del 24 de julio de 1982 hasta el 24 de julio de 1983. Nosotros fundamos el movimiento el 17 de diciembre. Después pasó –tras el «Caracazo»– a ser MBR-200 cuando se incorpora gente de otras fuerzas y algunos civiles. Y primero fue EB-200 –hago la corrección–. En la evolución de la discusión, hubo mucho recelo en algunos oficiales por la R de revolución, y cuando decidimos poner la R, no fue por ponerla. Fue una discusión que se dio durante varios años, con posiciones duras. Todavía hay gente que me recomienda que quitemos la R. Por supuesto que no se la vamos a quitar, porque no se trata de quitar o poner. Es un signo que identifica a un movimiento revolucionario».[1]

En ese mismo año, Chávez es conectado por su hermano Adán, que era militante del grupo de izquierda Ruptura en Mérida, con uno de los líderes del Partido de la Revolución Venezolana (PRV), Douglas Bravo. Allí se vuelve a hablar de la necesidad de conformar un movimiento cívico-militar que tuviera la tarea de preparar una insurgencia revolucionaria. Y según apunta Bravo, cuando surge el ERB-200 ya existían otros grupos de oficiales conspirando, como es el caso de William Izarra, en la aviación y otros en la Marina. «En realidad, el movimiento de resistencia patriótico, revolucionario y socialista jamás ha dejado de existir en el seno de las FAN, porque es la expresión de una realidad social y política que hay en el país. En 1961 ya contábamos con 170 oficiales ligados al Partido Comunista, una buena parte de ellos con mando de tropa, y cuando nosotros nos vamos a la guerrilla ellos actúan en el Carupanazo y el Porteñazo. La historia de la conspiración en las FAN y su ligazón con la izquierda, es muy larga».

En 1983 se celebraba el bicentenario del Libertador Bolívar y la ocasión fue considerada ideal para que el grupo de oficiales conspiradores diera un paso más adelante en su aún incierta estrategia. En esa época se realizaron los Juegos Panamericanos en el país, y esa excusa permitió que muchos militares llegaran hasta la Academia Militar de Caracas. En los encuentros y conversaciones mucho más formales que las mantenidas hasta ese momento en sus distintas unidades, algunos de ellos se dan a conocer al compañero con el que mantenían una relación exclusivamente profesional. Hablan del país, de la corrupción interna, de los problemas de los barrios que conocen, de las penurias de la gente del pueblo. Surgen preguntas específicas, como por qué se tienen que subyugar al sector político los ascensos de la gente que tiene méritos para obtenerlos de manera directa, o por qué muchos generales actúan a favor o en contra de una propuesta válida

---

1. Agustín Blanco, Muñoz, *op. cit.*

para la relación de la fuerza con la defensa de la soberanía, de acuerdo a lo que le susurra en el oído el político venal de turno.

De ese primer contacto sale enseguida otro en Valencia, localidad ubicada en el centro del país, adonde concurren también grupos políticos progresistas y de la izquierda revolucionaria. La idea que empieza a hacerse carne entre todos es la de organizar una fuerza que pudiera insurgir contra el gobierno de Luis Herrera Campins, que oscilaba entre cierta bonanza económica para los sectores de clase media alta y la corruptela organizada a nivel institucional. Pero pronto el proyecto es descartado por estar muy verde todavía la propuesta organizativa, aunque no las ganas de dar el golpe.

El juramento

A fines de ese año, ocurre un hecho que marcará el futuro del movimiento bolivariano en ciernes. Una mañana, los capitanes Hugo Chávez Frías, Jesús Urdaneta Hernández y Felipe Acosta Carlés, se acercan, haciendo *footing*, hasta un árbol histórico, el Samán de Güere. Al pie del mismo parecen sentarse a descansar pero en realidad conversan sobre el país. Vuelve a repetirse la palabra «corrupción» y también la necesidad de «hacer algo, y pronto», susurrado por Urdaneta. De pronto, los tres militares deciden hacer un juramento. Al igual que casi dos siglos atrás lo hiciera Bolívar y por razones muy parecidas. Era un 17 de diciembre y Chávez, Urdaneta y el impetuoso Acosta Carlés, que luego caería asesinado en los hechos del Caracazo, juran luchar por la patria y el pueblo, contra la corrupción y para dignificar la carrera militar, y recitan en voz alta: «*Juro por el Dios de mis padres / juro por mi patria / juro por mi honor / que no daré tranquilidad a mi alma / ni descanso a mi brazo, / hasta no ver rotas las cadenas / que oprimen a mi pueblo / por voluntad de los poderosos. / Elección popular / tierras y hombres libres / horror a la oligarquía*». «Cuando nosotros comenzamos apenas éramos tres hombres –cuenta Chávez– y un juramento. Más que una logia aquello era una célula. Una secta está siempre destinada a ser una secta. Una célula se dispone a organizar algo de largo alcance».

Posteriormente a ese día se comprometen por los mismos principios Francisco Arias Cárdenas –que ya andaba conspirando con algunos generales–, Ortiz Contreras y otros oficiales, pero además se institucionaliza en el mismo recinto de la Academia Militar caraqueña una Sociedad Bolivariana, que sirve como foro para estudiar a fondo el pensamiento del Libertador, también a su maestro Simón Rodríguez y por supuesto la situación política y económica de esos días.

«El *gobierno forma la moral de los pueblos, los encamina a la grandeza, a la prosperidad y al poder.* ¿Por *qué*? *Porque teniendo a su cargo los elementos de la sociedad, establece la educación pública y la dirige.* La *nación será sabia, virtuosa, guerrera, si los principios de su educación son sabios, virtuosos y militares; ella será imbécil, supersticiosa y fanática si se la cría en la escuela de estos errores. Por esto es que las sociedades ilustradas, han puesto siempre la educación entre las bases de sus instituciones políticas...*» (Simón Rodríguez). Chávez no descansa en leerlo y enseñarlo a los cadetes, pero a la vez no descuida el aspecto práctico y cuando salen de instrucción al campo, aprovecha para realizar simulacros de toma de localidades y combate cuerpo a cuerpo. En una ocasión despliega un operativo de entrenamiento que a cualquier observador circunstancial se le hubieran puesto los pelos de punta, ya que el objetivo era nada menos que la ocupación de Caracas y el asalto a un edificio clave, muy parecido al Palacio Miraflores.

Oligarcas temblad

A diario, en la nocturnidad de la unidad militar en la que se encontraba, Chávez no pierde tiempo para dar mensajes de un simbolismo inequívoco. A la madrugada, cuando muchos cadetes todavía estaban desperezándose para iniciar la jornada, un pelotón de cadetes piloteado por Chávez trotan cantando y gritando para darse fuerza. No es el clásico estribillo que se venía utilizando para estos ejercicios sino el revulsivo *Himno de la Federación*, aquél que entonaban las huestes federales de Zamora, el *Oligarcas temblad*:

El cielo encapotado / anuncia tempestad / y el sol tras las nubes / pierde su claridad / ¡Oligarcas temblad/ viva la libertad! Marchemos liberales / en recia multitud / a romper las cadenas / de vil esclavitud. Las tropas de Zamora / al toque de clarín / derrota las brigadas / del godo malandrín. La espada redentora / del general Falcón / confunde al enemigo / de la revolución. Aviva las candelas / el viento barinés / y el Sol de la victoria / alumbra Santa Inés.

Como reguero de pólvora

En una reunión que se realiza en Maracay en 1987 y en la que participan unos setenta oficiales se incorpora un grueso sector de la Fuerza Aérea, entre ellos Wilmar Castro, el comandante Luis Reyes Reyes y otros. Allí concurren Chávez por el EBR-200 y William Izarra por ARMA, más alguna gente de la Marina y civiles vinculados a la izquierda. En la reunión –recuerda el comandante Wilmar Castro– se formó un Directorio integrado por Arias Cárdenas, Chávez y él mismo, y a partir de allí cada uno asume la responsabilidad de ir consolidando en sus respectivas fuerzas grupos de gente para avanzar en la conspiración. Incluso se habla de editar una publicación formativa dirigida al seno de las FAN. A dicha reunión también asistió un histórico de la alianza cívico-militar, Hugo Trejo, quien participara en el golpe contra Pérez Jiménez.

«Chávez expresó con aplomo –cuenta Douglas Bravo– que había que esperar que el grupo de oficiales comprometidos tuviera mando de tropa para hacer una acción de poder que fuera contundente». Todos se retiraron de allí con la convicción de que se había dado un gran paso, aunque aún faltaba mucho tiempo para que realmente llegara la hora de la acción. Uno de los temas del que se había hablado aquella tarde era la necesidad de dar el golpe cuando gran parte de los conjurados fueran designados comandantes, es decir en el mismo momento en que se reuniera un gran poder vinculado al mando de tropas.

«Hugo (Chávez) venía de estar trabajando en la Academia Militar como instructor y yo –relata el aviador Castro– junto a William Fariñas, habíamos realizado varios cursos en ese mismo aspecto. Eso nos facilitó la tarea a la hora de trabajar con los cadetes para ir formándoles en el pensamiento revolucionario que estaba en marcha. Muchos de ellos se incorporaron al proceso cuando la primera insurrección del 92. En todo este ínterin la Inteligencia del gobierno detecta algo, que ellos llamaron 'Comacate' (Comandantes, capitanes y tenientes), pero no sabían de qué se trataba. En todas las unidades en las que indagaban, la gente les decía que éramos los más trabajadores, los mejor evaluados, los que tenían plena identificación con los soldados, resolviendo problemas cotidianos de los subalternos. O sea que ellos iba a buscar pruebas para destruirnos y la gente nos defendía».

El factor indígena

Los indígenas latinoamericanos padecen explotación y marginación desde que llegaron los conquistadores españoles. Ellos, con su cruz y su espada abrieron la caja de los truenos, pero después vinieron criollos y ladinos para continuar la tarea exterminadora. Por eso es muy común, si se incursiona por cualquiera de los países del continente, toparse con sangrientos hechos protagonizados por escuadrones militares destinados a echar de sus tierras al «salvaje». Venezuela no fue una excepción pero sí lo es el hecho de que muchos de estos oficiales que a mediados de la década de los ochenta buscaba la forma de rebelarse contra el poder establecido, decidieran poner nombres indígenas a sus nacientes Comandos de Áreas Revolucionarias (CAR), organismos clandestinos para intensificar la conspiración. Así surgieron el CAR-Caracas, el CAR-Jirajara (en Falcón y Lara), el CAR-Guajira, en Zulia, el CAR-Timotocuica (en los Estados andinos), el Bariná, en Barinas y Apure, el Cumanagoto, en Margarita, el Piaros, en Bolívar y Sucre. Como el mismo Chávez lo definiera en una oportunidad, poner esos nombres era una forma de rescatar la lucha de unos hermanos que venían resistiendo desde 1492, «Car» simbolizaba el nombre de unos indios que comían tierra porque decían que antes de la batalla, en la tierra estaban instalados sus espíritus y que éstos les alimentaban.

La presencia estudiantil

El proceso de deterioro y corrupción interna en que sumió al país el gobierno de Jaime Lusinchi adquirió en 1987 características superlativas. Todos los sectores de la sociedad se veían afectados por la crisis económica que derivaban en desorbitados aumentos de los artículos de primera necesidad. Si bien el movimiento sindical estaba controlado por la burocracia montada por AD y Copei, de todas maneras, sectores de la izquierda gremial agitaban fábricas y talleres, además de organizar movilizaciones reivindicativas.

Otro sector con una gran historia de combatividad es el estudiantil. De sus filas emergieron en los sesenta muchos de los mejores militantes de la guerrilla, y en casi toda la historia de estos últimos 40 años, los claustros venezolanos fueron un centro de agitación y reclutamiento revolucionario, cumpliendo a rajatabla esa máxima del Che, cuando convocaba a los estudiantes a «que la universidad se pinte de negro, de mulato, de obrero, de campesino».

Elías Jagua, diputado constituyente por el Polo Patriótico y ex líder estudiantil, recuerda cómo a partir de 1987 el movimiento estudiantil empieza a recorrer una nueva etapa de lucha. Ese año, en la ciudad de Mérida, en los Andes venezolanos, un abogado de AD, con larga fama de corrupto, asesina a tiros a un estudiante por el único delito de estar orinando frente a su casa. Esto hace estallar la indignación en la Universidad de los Andes. Se producen serios incidentes y en menos de 48 horas todas las universidades del país estaban plegadas a la revuelta popular. «Estos hechos que se conocieron como el 'Marzo merideño', significaron el despertar de un movimiento que estaba algo estancado con respecto a lo que le pasaba al resto de la gente, quizás nos habíamos amurallado demasiado en nuestras propias reivindicaciones. Pero allí cambió todo», señala Jagua.

En 1988, en pleno fragor electoral, se producen otros hechos que convocan la respuesta estudiantil, que por aquellos tiempos estaba liderado por Bandera Roja, la Unión de Jóvenes Revolucionarios y diversos movimientos de izquierda independiente, entre ellos el denominado Movimiento 80.

En la frontera son masacrados por el ejército 15 campesinos a quienes se acusa de ser guerrilleros de las FARC de Colombia. En realidad se trataba de humildes pobladores que estaban comiendo un *sancocho*, típica comida del país. La movilización popular, donde el concurso estudiantil fue decisivo, arranca la verdad y los hechos no pudieron quedar en la total impunidad.

Tiempo después y a pocos días de asumir el gobierno Carlos Andrés Pérez, estudiantes y obreros vuelven a ganar la calle en protesta por derechos laborales atropellados.

El regreso de CAP

En ese proceso de agitación popular y en el que el núcleo militar conspirativo seguía desarrollándose con decisión, sobreviene el segundo gobierno de Carlos Andrés Pérez y se produce la insurrección popular de 1989, el «Sacudón» o «Caracazo». Para el pueblo venezolano ésa fue la mejor prueba de que la democracia a la que estaban apostando cuando votó a CAP era el atajo más rápido para destruir todas sus conquistas y lo que resultó más duro de admitir: la vía hacia el aniquilamiento físico. Para Hugo Chávez, esos acontecimientos significaron la confirmación de que el enemigo contra el que se habían juramentado era mucho más falaz y criminal de lo pensado. En la soledad de su habitación, el 1 de marzo de 1989, afiebrado por una circunstancial enfermedad que terminó por salvarle la vida, no dejaba de pensar las razones por las que el jefe del ejército y rival a muerte de los oficiales bolivarianos, el general Heinz Azpurúa, había decidido que el capitán Acosta Carlés fuera enviado a El Valle, una barriada donde había incidentes, para tratar de poner orden. Acosta Carlés era jefe del Servicio de la Academia Militar y eso es lo más llamativo del caso. «Un jefe de Servicio no puede salir de las instalaciones y menos de la academia –recuerda Chávez-, porque en caso de conflicto es el último sitio que toca el ejército». Sin embargo, Azpurúa le ordena y el oficial cumple. Azpurúa había afirmado tiempo atrás –cuando en 1986 descubre por una delación que había oficiales rebeldes– que iba a hacer lo posible por disolver el binomio Chávez-Carlés. Al capitán le pegan un tiro y se acusa al hampa del asesinato, pero tiempo después cuando varios oficiales, entre ellos Chávez, tratan de investigar, son amenazados de muerte anónimamente. La trama negra de los *halcones* de las FAN no podía permitir más disidencias. Pero el tiempo se encargaría de demostrar lo contrario.

El «Caracazo» fue un mazazo y un estímulo para los oficiales bolivarianos. Lo primero porque muchos de los involucrados en los escarceos conspirativos sintieron la masacre como el resultado de sus propias indecisiones para pasar a la acción contra el gobierno. Ese sentimiento de culpabilidad generó a su vez una reacción en cadena. Varios altos oficiales se presentaron en los días posteriores al 27-F a quienes identificaban como jefes rebeldes y les hacían saber su decisión de no tirar nunca más contra el pueblo. Pero los que más habían acusado el revulsivo fueron los sargentos y tenientes ya que a ellos precisamente les tocó salir a la calle en esos aciagos días.

Según Chávez, esos hechos aceleraron los tiempos y definieron a mucha gente que estaba en la cuerda floja, a sumarse «a nuestras filas».

Había una sensación de vergüenza propia porque otra vez «la *miserabilidad* de ciertos políticos», como los definió Tarek William Saab, sus idas y vueltas detrás de principios determinados en Washington y no en las necesidades del país, habían arrojado a las Fuerzas Armadas al peor de los crímenes: enfrentar al pueblo, bombardearlo, destruir sus viviendas, acorralar sus ansias de libertad.

«Después de la matanza –dice el comandante Castro– nuestro grupo se consolidó. Hubo una especie de autocrítica y de solidaridad total con la población. Incluso hubo compañeros que durante el propio «Caracazo» fueron a arrojar panfletos de paisano a los alrededores de la universidad y del Palacio Miraflores, con consignas que señalaban la solidaridad con el pueblo alzado».

Mujeres con charreteras

A la luz de estos acontecimientos, hubo un aluvión de alistamientos a la revolución que se ponía en marcha. Un caso singular es el de la teniente Guillermina Céliz. Un día Céliz se presenta ante Wilmar Castro, que es el que la formó en la Escuela como oficial. Se planta firme ante su jefe y le dice: «Yo quiero hablar con usted, porque me interesa saber qué vamos a hacer desde la fuerza frente a la corrupción que se vive en el país. No es posible que salgamos en contra del pueblo que se está muriendo de hambre». Castro trató de calmarla, intentando que sus expresiones no fueran escuchadas por oídos indiscretos. Tiempo después le presentaba a Chávez y a Arias Cárdenas y la teniente se incorporaba de pleno al movimiento, al que terminó acercando a otros oficiales.

El horror del perdón

«Después de la masacre de los primeros días de marzo quedó un profundo miedo en el pueblo», recuerda Pablo Medina, ex guerrillero, ex fundador de La Causa Radical (La Causa R) y actual máximo dirigente de Patria Para Todos. Pero lo peor de aquellas miles de muertes, fue, como añade Medina, «el perdón sordo, nacional e internacional» con que se premió al gobierno de Pérez. «Nadie fue juzgado, ni siquiera hubo detenidos, después de una masacre tan horrenda. Entonces uno se pregunta con qué clase de hipocresía se acosa a Cuba en nombre de los derechos humanos y sin embargo aquí, con aquella situación sangrienta en primer plano, todo se archivó en los organismos internacionales».

Surge el Movimiento bolivariano

A mediados de 1989 el ERB-200 pasa a llamarse MRB-200, y otra instancia cívico-militar empieza a desplegarse paralelamente a los movimientos clandestinos que estaban ocurriendo en los cuarteles. El incansable Douglas Bravo convoca a un numeroso grupo de figuras, entre las que estaban Luis Miquilena, Manuel Quijada, William Izarra, Tarek William Saab, Lino Martínez y alguna gente del ejército y la aeronáutica. Allí se explica que es necesario sacar adelante una estructura amplia donde pudieran encontrarse distintas formas de pensar pero con el mismo punto en común: insurgir revolucionariamente contra CAP.

Nace así el Polo Patriótico, desde donde se elaboran dos documentos de situación y análisis histórico y se empieza a hablar de algo que con el correr de los años sería la bandera fundamental del movimiento bolivariano y del propio Chávez: la convocatoria de un proceso constituyente que permitiera reabrir el proceso de transición pacífica.

El 6 de diciembre de 1989, se produce una redada ordenada por la superioridad del ejército y son detenidos Chávez y otros bolivarianos bajo la acusación fraguada por el general Heinz Azpurúa de que querían acabar con la vida del Presidente. Luego, los arrestados son enviados al interior del país, quitándolos de sus medios naturales de influencia. Desde ese momento hasta mediados de 1991, fueron múltiples los avances y retrocesos del proceso conspirativo. Delatores que intentaban quebrar la cadena de mando rebelde, militares infiltrados que sonsacaban información a algunos oficiales jóvenes y poco expertos en estos trances, y hasta algunas –escasas– deserciones, fueron parte de un particular teatro de operaciones montado por los mandos ligados a CAP.

Sin embargo, el hilo fundamental de la estrategia golpista seguía estando en pie y bastante sólido. En agosto de 1991, en la medida que cada uno de los principales implicados en la estrategia rebelde fueron recibiendo comandancias militares, como era su objetivo original, se decide dar luz verde al «plan Ezequiel Zamora» que consistía en reactivar los contactos políticos y militares para un eventual y pronto alzamiento.

Por esos días Chávez es convocado de urgencia a Maracay donde sus superiores le advierten sobre una muy probable y próxima invasión a Haití, adonde él y muchos de sus hombres irían en primera línea. Chávez, que para ese entonces ya usaba varios nombres falsos (José María, Luz, José Antonio) toma contacto con su gente y comenta la posibilidad de que se trate de una encerrona. «Si nos envían nos alzamos ese mismo día», le cuenta a Pablo Medina, añadiendo que «lo que quieren es matarnos allá». Pero finalmente la orden no se produjo.

La situación de terror para la población, que había visto cómo las fuerzas represivas mataban sin piedad, se extendió casi hasta fines de los noventa; luego se produjo un despertar. La dura situación económica puso las cosas al rojo vivo. Como recuerda Pablo Medina, cuya organización política, La Causa R, supo estar al frente de conflictos muy importantes en todo el país y en especial en Guayana –donde dirigió las luchas de la importante empresa Sidor– «entre julio y diciembre de 1991 ocurrieron más de mil quinientas manifestaciones de diversa naturaleza. Aquél fue el período de mayor movilización popular en la historia contemporánea de Venezuela. Todo el país protestaba todos los días contra el *paquete* de Pérez, que consistía en la aplicación del recetario del Fondo Monetario».[2]

De los claustros a los barrios

Después de un largo reflujo debido a que habían sufrido numerosas bajas en incidentes callejeros –unos 50 muertos en sólo un año–, los estudiantes otra vez empezaron a pasar a la ofensiva. En esos momentos se produce un avance organi-

2. Medina, Pablo, *Rebeliones*, edición del autor.

zativo en el movimiento de educación media y se recrudece la lucha. «Era impresionante ver a muchachitos de 12 y 13 años –cuenta el ex dirigente Elía Jagua– encabezando las protestas. Todos los días había manifestaciones en los liceos de educación media que se coordinaban con los universitarios. Sin duda, en el año 1991 había un ambiente preinsurreccional en el país. Encapuchados en las calles, barricadas de fuego en todas las ciudades periféricas, violencia permanente en las confrontaciones con la policía y la Guardia Nacional. Otra vez tuvimos que desempolvar los manuales de lucha urbana de Marighela».

En Maracay, los estudiantes se lanzaron a la calle para protestar, y el generalato militar, siguiendo órdenes de Pérez, quiso repetir los hechos del 27-F: imponer orden a punta de bala. El general Marichales envió para allí a Hugo Chávez y su unidad. Éstos, desplazados por la ciudad tuvieron que soportar insultos y duras reconvenciones de los estudiantes, pero no cumplieron la orden de tirar. Siguiendo órdenes de Chávez, los soldados apuntaron los cañones de sus fusiles a tierra. «Ya lo habíamos dicho: no vamos a matar jamás a un trabajador o a un estudiante. Somos parte de este mismo pueblo que se rebela contra la injusticia», les aclaró el oficial bolivariano a su tropa.

Además del levantamiento estudiantil, se fueron incorporando a la acción amplios sectores sociales, donde los barrios jugaron un papel fundamental. Así surgió una experiencia llamada la Asamblea de Barrios, donde los núcleos poblacionales más importantes del país comenzaron a articularse frente al problema del agua y otras reivindicaciones, pero de allí surgieron las bases para sumar esfuerzos a la futura insurrección cívico-militar. Barriadas como «23 de Enero» o los distintos sectores de Petare, en Caracas, jugaron un papel destacado en estos episodios previos.

«El golpe estaba ya en todos los corrillos –recuerda Jagua– y nosotros tomamos contacto con los sectores militares y políticos que se preparaban a salir. Se nos asignaron labores específicas para cuando se produjeran los hechos, aunque no sabíamos cuándo porque todos los días se decía una fecha. Nuestras tareas tenían que ver con una posible ocupación de radios, protestas en la calle, movilización de manifestantes hacia algún punto determinado, e incluso empezamos a participar en entrenamientos militares que nos daban algunos militares con los que teníamos relaciones desde tiempo atrás. Por supuesto que entre algunos de nosotros había aprehensiones sobre el hecho de que sean precisamente militares los que dirigían la intentona, pero nos daba confianza saber que importante gente de izquierda, como Douglas Bravo, la gente de Bandera Roja y otros, estaban en el tema. Finalmente nos dijeron la fecha del 10 de diciembre, pero por razones internas de los oficiales, se levantó a último momento».

La conspiración civil

«Nosotros entramos con dudas a la conspiración –señala Gabriel Puerta, de Bandera Roja–, ya que había cosas que no veíamos claro. Nos relacionamos por dos vías con el Movimiento, una fue la de los partidos de izquierda. Esta gente nos trajo la información y básicamente se habló del plan militar. Nosotros queríamos conocer el programa del Movimiento, lo que se planteaba hacer en caso de triunfar, el tipo de alianzas, la orientación política y económica del nuevo poder. Y es por eso que junto con otros sectores redactamos, como aporte, nuestros puntos de vista. La otra vía de contacto fue un militar ligado a nuestra organización que nos conectó directamente con Chávez, Arias Cárdenas, el capitán Banco La Cruz y Rojas Suárez. Por ellos nos enteramos de la situación del Movimiento, de sus contradicciones internas. Nosotros nos dimos cuenta de que había gente en las fuerzas que querían hacer la insurrección sin Chávez, y abogamos en ese momento por la unidad. Eran capitanes y tenientes que, hipotéticamente, se lo plantearon pero que nunca lo lograron plasmar en algo político. Nosotros ayudamos a que eso no tuviera curso. Yo les señalé a los que hablaron conmigo, que era necesario definir qué es lo que el Movimiento debía ser. Una vez resuelto esto, dejar de discutir si Chávez era o no el comandante, porque establecía una cierta rivalidad con Arias Cárdenas. Lo otro era poner término a las discusiones sobre el cuándo realizar la acción, y poner una fecha concreta, ya que las dudas significaban un gran desgaste para las organizaciones políticas que estábamos participando, y también había problemas de seguridad evidentes. Nosotros habíamos creado un cuadro bien favorable a nivel de masas, pero eso nos costaba una cantidad de heridos, presos y hasta estudiantes muertos. Se daban una infinidad de acciones en las que participábamos y de alguna manera dirigíamos. Se había constituido un frente de organizaciones políticas, al calor de esas luchas».

El hartazgo como acicate de la rebeldía

Venezuela a mediados de 1991 bullía protestas por los cuatro costados. La situación económica se había agravado y las continuas denuncias sobre corrupción institucional ganaban las primeras planas de la prensa. Los jubilados se lanzaron varias veces a la calle a pedir aumentos para sus cada vez más empobrecidas pensiones y como respuesta recibieron palos. Varias organizaciones de mujeres de barrios marginados realizaron «caceroladas» exigiendo agua potable, ya que sus niños se contagiaban de dengue y otras enfermedades por tener que verse obligados a beber en acequias y sitios de agua estancada. Decenas de encapuchados peleaban, un día sí y otro también, cuerpo a cuerpo con la Guardia Metropolitana en los alrededores de la universidad reclamando mayor presupuesto para estudiar. Desde el FMI se exigían más y más esfuerzos a cambio de agrandar cada día la descomunal deuda externa, y las consecuencias se palpaban de inmediato. Un país que en esos momentos tenía 18 millones de habitantes, mostraba cifras contundentes de su derrumbe: el 43% de la población sufría desnutrición crítica, un millón quinientos mil niños vagaban por las calles abandonados o entregados –bajo los puentes– a llenarse la cabeza con los sueños letales de «huelepega», esnifando pegamento de cajas de cartón. El 77,4% de los trabajadores pertenecían al sector mano de obra no cualificada, más de ocho millones de personas vivían en barrios donde la pobreza golpeaba cualquier insensibilidad, y para poner la guinda de la tarta, estaban los cinco mil casos de corrupción denunciada, probada y hasta casi admitida, pero jamás juzgada.

En los barrios de clase alta de Caracas se gastaba más en una noche que lo que podía consumir en un mes una familia de Petare.

Presión sobre los aviadores

Frente a ese panorama social muchas miradas se volvían hacia los cuarteles, pero lamentablemente el engranaje conspirativo no se movía todo lo rápido que exigían las circunstancias. En la Fuerza Aérea el reclutamiento era más ralentizado que en el ejército. El coordinador en el arma, Wilmar Castro, se encontraba, a la hora de hablar con muchos oficiales, con ciertos recelos ancestrales que existen en la relación con el ejército, pero de todas maneras se avanzaba. En medio de esta actividad hombre a hombre, se produce una investigación por parte de los altos mandos, y a Castro lo destinan imprevistamente a una misión exterior, primero a Centroamérica y luego a las Naciones Unidas, por lo cual se rompe el contacto que venía manteniendo con Arias Cárdenas.

En ese tiempo se suma a la conspiración el general Visconti y reafirma su compromiso el comandante Reyes Reyes, ambos de la aviación. Castro, que tenía que regresar en octubre, no es autorizado; a esto se suma que empieza un operativo para disgregar a la gente de la fuerza aérea a quienes interrogan sobre presuntas actividades clandestinas. Lo mismo ocurre con el ejército. Los plazos se acortan y muchos oficiales señalan la necesidad de pasar a la acción «antes de que nos descubran a todos y por otra parte el pueblo nos acuse definitivamente de cobardes». En la puerta de algunos cuarteles habían aparecido durante todo este año simbólicas bolsas de maíz, con leyendas inequívocas: «Gallinas, cuando van a actuar», o «¿No hay nadie que se levante contra el Gocho?».

Diversas intentonas

En diciembre de 1991 hubo varios intentos frustrados de insurrección. Paralelamente a los planes de Chávez y su gente, otros capitanes y mayores conspiraban con sectores de izquierda en algunos Estados. Y lo peor es que ambos movimientos no estaban coordinando el alzamiento. Inexplicablemente, los servicios de Inteligencia de Pérez no llegaron a captar este zafarrancho clandestino –«demostraron ser los peor informados del planeta», opina un destacado miembro de la actual inteligencia estatal–, pero había ruido de sables por todas las unidades. Esta situación caótica, justamente cuando se estaba a punto de llegar al día D, enervó a Chávez, e hizo que muchos de los bolivarianos se pusieran firmes y convocaran a su propia tropa a encuadrarse en los planes ya prefijados. Así se llegó al día 10.

Una obsesión que taladró permanentemente la cabeza de los insurgentes era la captura de CAP. Chávez lo consideraba esencial para facilitar los planes de insubordinación de un grupo grande de unidades que estaban indecisas y que mantenían con el Presidente y con los generales que le eran leales, una relación muy estrecha. En algunas reuniones de planificación hubo algunos oficiales que iban un poco más allá y hablaban de «matar a Pérez», lo que no tenía consenso en la mayoría.

Así las cosas, el 10 de diciembre, Chávez planifica un golpe de mano contra el Presidente en la base Libertador, de Maracay, en donde debía efectuarse una demostración de destreza de los paracaidistas y a la que iban a asistir el mandatario y toda la plana mayor de las FAN.

«Era el día de la Fuerza Aérea, y nosotros acostumbrábamos a saltar en paracaídas a las 8 de la noche en la base Libertador –apunta Chávez– en un espectáculo que siempre se hace. Ahí estaba CAP y todo el alto mando viendo aquello. Teníamos el plan de capturar a Pérez allí. Pero el factor más importante que nos llevó a detener eso fue primero, que no estábamos completos. Segundo, Arias Cárdenas, por ejemplo, estaba en Israel. Me costó muchísimo frenar el plan, y debo confesar que hubo un sector militar que pensó en matarme, convencidos por algunos sectores de afuera de que yo me había rajado y que había hecho un pacto con el generalato, justificado con documentos falsos. Una noche en San Joaquín, a medianoche, llegó un oficial invitándome a una reunión que no estaba prevista. Yo voy a Cagua, a una cervecería, nos tomamos unas cervezas. Eran cuatro hombres y yo. Y me doy cuenta de la actitud agresiva que tienen para conmigo, yo no entendía todavía. Tiempo después en la cárcel, uno de ellos me confesó que me iban a matar esa noche, pero no tuvieron el valor de hacerlo. Todos esos factores causaron mucho daño a la hora de la rebelión, gente que no salió a pesar de estar comprometida».[3]

El levantamiento de la operación salvó al grupo operativo y en buena medida al resto del Movimiento de un fracaso que hubiera podido ser definitivo. Al parecer, los altos mandos militares y el propio Pérez estaban al tanto de la intención golpista. Hubo detalles que denotaban que si los comandos de Chávez actuaban iban a sufrir una emboscada en toda la línea. El día anterior, la jefatura de la base dispuso el desplazamiento de varios aviones hacia otra unidad; además durante los actos de homenaje, el espacio aéreo fue sobrevolado a

---

3. Blanco Muñoz, Agustín, *op. cit.*

gran altura por varios F-16, acompañados de un reabastecedor para casos de emergencia. Y por último, en la pista, presenciando las maniobras no sólo estaban los militares y funcionarios: se había facilitado la entrada al público en general y decenas de mujeres con niños seguían admiradas las maniobras de los paracaidistas.

Con este panorama, sólo resta imaginarse en qué habría acabado aquel espectáculo si Chávez y su gente, como estaba planeado, después de tocar tierra, se hubiera dirigido con las armas en posición de tiro hasta el palco presidencial, intentando capturarlo.

Y llega el fin de año de 1991. El mismo día 31 los rumores sobre la caída de Carlos Andrés Pérez ganan la calle. Era un hervidero de rumores de lo más encontrados. Unos hablaban de que habían visto tanques en Catia, otros que habían escuchado una radio clandestina anunciando la inminente renuncia del Presidente. Incluso, en la medianoche, cuando en Caracas estallaban petardos de festejo por el nuevo año, hubo quienes llamaron a alguna radio anunciando que estaban ocurriendo tiroteos en varias barriadas entre militares golpistas y leales. Estos espejismos se parecían mucho a expresiones del deseo popular para que realmente la situación diese un giro de 180 grados.

El 1 de enero, Chávez se reúne con Pablo Medina y otros civiles que ya estaban subidos a la trama golpista. Se discute –así lo recuerda Medina– «quiénes podían formar parte de la Junta Cívico-Militar, y cómo debían actuar... Hugo o Pancho (Arias Cárdenas), uno de ellos, asumiría la jefatura de la Casa Militar, el otro sería el comandante de Caracas. También discutimos que cinco civiles y cuatro militares en retiro, integrarían la Junta de Gobierno».

Vencer la desconfianza

La presencia de los civiles en la conspiración era un factor que generaba contradicciones y en ese aspecto las opiniones de los implicados son tan diversas como diferentes las relaciones que fueron forjando al correr de los años de rebeldía que vivió cada uno. Los militares reconocen que por toda la historia de las FAN hubo momentos de pleno encuentro y otros de gran discrepancia con los civiles que se acercaban a los cuarteles para conversar con los «nacionalistas». Si bien siempre hubo uniformados en las filas de la izquierda y hasta en la guerrilla, también es cierto que los que tenían las armas desconfiaban de sus aliados a la hora de definir la entrega de las mismas. En algunos casos se argumentaba que podría generarse un caos peligroso de controlar, y en otros pesaban los recelos típicos hacia la izquierda.

«Las desconfianzas provenían de varios factores –dice Wilmar Castro–. Primero porque no todo el sector de militares golpistas tenía identificación con la izquierda, a pesar de que se mantenían buenas relaciones. Lo mismo ocurría con la gente de izquierda hacia nosotros. A estos últimos, siempre les recordábamos esa frase del Che, cuando planteó que la guerrilla en Venezuela era un exabrupto, *porque el ejército venezolano proviene de las clases populares, y el trabajo que hay que hacer es conquistarlo*».

Por otra parte, Douglas Bravo, que mantuvo su última reunión con Chávez en octubre de 1991, apunta que a éste no le interesaba mucho la participación activa de la sociedad civil. «Él prefería que el golpe fuera militar y que luego los civiles se sumaran», dice, pero este extremo es matizado por Tarek William Saab, ex compañero de Douglas en el PRV y en Tercer Camino, quien afirma que «las desconfianzas entre ambos sectores eran lógicas. Los militares no estaban dispuestos a que por una actitud anárquica de algún sector civil se fuera todo al diablo. En ningún momento tuvieron una posición elitista, muy al contrario, agradecían el apoyo que les pudiéramos dar».

Los sectores de izquierda que alentaban el golpe, Douglas y su Tercer Camino, Bandera Roja, la gente de La Causa R (aunque el partido a nivel oficial no quiso participar, sí lo hicieron militantes dirigidos por Pablo Medina y el ex guerrillero Alí Rodríguez, que actualmente es ministro de Minas, de Chávez), la Liga Socialista, diversas organizaciones barriales, como las del «23 de Enero» y otras por el estilo, se inclinaban por la necesidad de comenzar las acciones con una huelga general, apoyada por una insurrección militar. Hubo coincidencias en que ésa sería la forma ideal de participación popular pero desde el lado militar también se dejó claro que podía haber muchos imponderables que hicieran acelerar los plazos. En ese caso, se trataría de hacer coordinaciones de emergencia y canalizar la participación de las fuerzas civiles adictas.

Pablo Medina, recuerda, que en un momento de enero Chávez les comunica que el alzamiento será el 1 de febrero, aprovechando unos ejercicios militares que estaban programados en la zona de Cojedes. Allí se sugirió que se entregaran las armas a los civiles un poco antes pero no hubo acuerdo, y eso, según el dirigente de La Causa R, dificultó que alrededor de 300 militantes que ya estaban preparados «para lo que sea», pudieran participar más activamente.

Finalmente, al levantamiento militar se le pone una fecha definitiva: primera semana de febrero. Por encima de las razones de seguridad que obligaban a salir cuanto antes, más allá del reclamo de amplios sectores de la población que a gritos estaban pidiendo «que se haga algo para acabar con la dictadura de los *adecos*», surgió un detalle que hizo acelerar todos los relojes. A Chávez le comunican que a mediados de febrero iba a ser trasladado a la frontera con Colombia, a la zona de El Guayabo, y en julio sería reemplazado del mando de su batallón. Esta novedad obliga a convocar una reunión de urgencia y se decide que el propio Chávez decida qué día será el indicado para insurgir. Todo dependería del momento en que regrese Pérez que se hallaba de viaje.

Se dan las últimas instrucciones a mandos militares y civiles de la rebelión y se plantea un alerta desde el día 30 de enero. Ya no habría retrocesos: la suerte estaba echada.

Capítulo V

Febrero, tiempo de insurgencia

Domingo 2 de febrero. Hugo Chávez sale temprano de su casa y al mirar las primeras planas de los diarios en los que se anuncian nuevos hechos de corrupción gubernamental, maldice en voz baja: «Ya les queda poco», y piensa que si el movimiento insurgente no muestra sus dientes ahora, la población terminará dándoles la espalda, por cobardes. Por la tarde, se encuentra con la gente de la Fuerza Aérea, Reyes Reyes y Visconti en una gasolinera de la Panamericana. Allí les expone el plan político y militar del golpe y agrega una frase definitoria de la situación que se vive en esos momentos: «Ya no podemos aguantar más, o salimos o salimos». Sin embargo, se va desanimado al no ver en sus interlocutores la decisión que buscaba.

Una vez en su casa, poco antes de la medianoche, se produce la llamada que tan ansiosamente estaba esperando. Desde el Palacio Miraflores, un oficial bolivariano infiltrado en pleno corazón del monstruo confirma en clave la fecha y hora de llegada de Pérez desde Suiza. «Es el momento», casi grita Chávez, entusiasmado. Abraza a su esposa, le entrega el último dinero que les quedaba y que horas antes había retirado del Banco Latino, y empieza a hacer los primeros contactos telefónicos con sus compañeros. Era la madrugada del lunes y ya empezaban a escucharse los típicos rumores de la gente que salía hacia sus trabajos habituales. Venezuela estaba despertando de un largo sueño.

«Yo iba vestido deportivo en la mañana –cuenta Chávez–, me detuve en los monederos (teléfonos públicos) del peaje de Tapa-Tapa, de ahí llamé a Francisco (Arias Cárdenas), y recuerdo que teníamos una clave para el día 'D', la hora, las 12 de la noche, la hora '0'. La clave era esta: 'Bueno jugamos pelota, ayer hicimos el juego que estaba pendiente, el *score* quedó 2 a 1'. 2 a 1 es igual a 3 para indicar el día, o 5 a 2 sería el día 7. Y le dije en clave: 'Pancho, el juego quedó 2 a 1'. Esto era porque el movimiento comenzaba a las 12 de la noche, pero como se desarrolló en la madrugada, siempre se recuerda el 4 de febrero. Eran como las 7 de la mañana, de ahí me fui a otros monederos en el Parque Aragua, y llamé a otros batallones en Maracay, otros en la frontera, todos con la misma clave, llegó el día».[1]

La «Operación Ezequiel Zamora» empezó a ponerse en marcha durante toda la mañana del lunes. De una unidad se llama a la otra dando la alerta, en algunos regimientos los oficiales ordenan puesta a punto de carros blindados, limpieza de armamento, y todo lo que se necesita para una actividad bélica inminente.

Los conjurados saben mejor que nadie que sus movimientos son observados por muchos ojos, que el golpe «está en el aire» y que se habla de él tanto en los pasillos de la universidad como en los despachos de algunos políticos tradicionales, sin embargo, siempre hay huecos para jugar con el factor sorpresa. Y a Chávez se le ocurre utilizar como tapadera una ejercicio militar puesto casi en bandeja por esos días. El 4 de febrero se tenía que realizar una gran exhibición en las inmediaciones de El Pao, en el Estado Cojedes. Allí asistiría el ministro de Defensa y un buen número de generales, y hasta habría el típico *show* de los paracaidistas saltando acrobáticamente. Esto permitiría mover equipos, tropas y armamento con la excusa de asistir al evento. A nadie le llamaría la atención que un numeroso contingente de soldados se movilice por la ruta, y que de pronto ponga rumbo hacia Caracas.

---

1. Blanco Muñoz, Agustín, *op. cit.*

Lunes 3, al mediodía. Todo es movimiento en el viejo cuartel Páez, de Maracay. Después de ordenar la salida de uno de sus oficiales al mando de tropas hacia El Pao, Chávez decide burlar a los informantes de la Disip que día y noche vigilan las unidades por si se produjeran movimiento extraños, comunicando él mismo la partida a su superior. Luego, parte hacia el cuartel San Jacinto, sede de la brigada de paracaidistas, donde se encuentra con otros tres comandantes de la primera hora de la conspiración bolivariana. Junto a Yoel Acosta Chirinos, Jesús Urdaneta y Jesús Ortiz Contreras, discuten los próximos movimientos. Juntos vuelven a caminar bajo la sombra de los frondosos samanes donde diez años antes, cuando sólo eran capitanes, discutían ardorosamente las posibilidades de cambiar el destino de Venezuela. Junto a ellos, en aquel momento, estaba un amigo muy querido que cayó de bruces por las balas traicioneras en el Caracazo. Y precisamente a él, al vehemente Acosta Carlés, recuerdan antes de ponerse definitivamente en marcha hacia lo que definen como un encuentro «con nuestro propio honor».

La próxima cita era vital. Terminar de convencer a los aviadores de la Base Libertador, a los que tan dubitativos había visto el día anterior, de la imperiosa necesidad de participar en la intentona. Habla con Visconti y éste le sugiere postergar la salida por un tiempo más. Chávez insiste, y sólo logra un apoyo a medias: la aeronáutica garantiza «neutralidad activa». Una palabreja que significa que si se movieran aviones para bombardear a los insurgentes, ellos lo impedirían atacándoles previamente. Se despiden con un abrazo y vuelve a su unidad a seguir conectando con otros insurgentes. Allí recibe buenas y malas noticias. Por una parte, la confirmación de que Maracaibo ya estaba insurrecto al mando de Arias Cárdenas, lo mismo que los regimientos comandados por Urdaneta y Acosta Chirinos. Pero el rostro del comandante se enturbia cuando por teléfono le responden negativamente algunos hombres que no podían fallarle. Son las «deserciones de último momento las que más te duelen» recordaría tiempo después desde la cárcel, «ésos con los que uno habla y habla y parecen estar de acuerdo con todo lo que les dices y de pronto, llegada la hora D, piensan más en lo personal, en las prebendas que da el poder, y se rajan. Es como una puñalada en el estómago».

En marcha

En Caracas, mientras tanto, la cobertura civil del golpe –unos 300 hombres y mujeres ligadas a varios grupos de izquierda y en especial a La Causa R y Bandera Roja– estuvieron acuartelados 48 horas antes del día esperado. Aguardaron la contraseña en clave pero la llamada telefónica no se produjo. La falta de noticias el sábado y el domingo volvieron a hacer pensar que otra vez se había postergado todo, pero el lunes por la tarde, en el cuartel general de Pablo Medina, alguien desde Maracay dijo sólo «Caridad viene en camino» y ninguno de los presentes pudo ocultar el júbilo que esto producía. Rápidas carreras, llamadas en cadena y la trasmisión de la cita para recomenzar el operativo de alistamiento. «Parece que ahora va en serio», le susurró Medina a uno de los compañeros del «23 de Enero» que llamó para pedir novedades. Y la noticia se expandió por Catia, Petare, los centros estudiantiles y todos los rincones de la clandestina insurgencia cívica caraqueña: «Ya vienen, ya vienen...».

A partir de las 8 de la noche, comienzan a salir los autobuses con tropas desde el cuartel Páez por la autopista Valencia-Caracas hacia el objetivo final, en el Museo Histórico de Miraflores. Cuando las tropas llegan allí, se enteran de que horas antes alguien había delatado el golpe y que por lo tanto quienes debían ocupar objetivos en Caracas no lo pudieron hacer y ahora estaban detenidos. Más aún, una unidad de comunicaciones que iba a instalarse en el museo, indispensable para las tareas de enganchar a cada uno de los oficiales sublevados, fue inutilizada por las tropas leales a Pérez apenas se pusieron en marcha. De allí que cuando Chávez y un puñado de hombres se dirigieron confiados hacia la entrada del Museo fueron recibidos con ráfagas de metralleta. Así explica el comandante aquellos momentos: «No entendíamos nada. Éramos cinco hombres y el resto aún permanecía en el autobús. Ese puesto debía haber estado tomado desde las 10 u 11 de la noche por las tropas de Caracas y controlado todo. Pero resulta que se encontraban en él las tropas del museo, que casi nos barren».

Chávez encara al jefe atacante e intenta convencerle de que sus tropas iban como refuerzo porque había rumores de un alzamiento popular. El coronel duda y no tiene mejor idea que encender el televisor para ver si se está dando algún tipo de información sobre lo que afirma su interlocutor. Lo primero que ve, es que en el canal 4 está el Presidente denunciando la maniobra golpista. Chávez se queda helado.

«En eso –recuerda– el grupo de oficiales me miran de reojo, y yo les digo: *Sí, éste es un golpe de Estado, y están ustedes rodeados*. Mentira, el rodeado era yo: *Usted está rodeado mi coronel, y entreguen las armas, porque si no comenzará la matazón entre nosotros mismos*. Por buena suerte llegó el mayor Centeno con una reserva de dos autobuses y me grita desde el patio. Entonces, yo le digo al coronel: *Ahí están mis hombres, entregue las armas y ponga a los hombres bajo mi mando*. De ese modo nos apoderamos de ese puesto, casi a las 2 de la mañana. Ya la acción inicial sobre Miraflores había fracasado, los muchachos hicieron lo que pudieron. Ahí empezó la incertidumbre».[2]

Con La Casona en la mira

Otro de los objetivos claves de ese día era La Casona, la mismísima residencia de CAP, donde se produjeron duros y cruentos tiroteos entre los golpistas y las tropas de la Guardia Presidencial. Sobre el lugar convergieron dos importantes oficiales bolivarianos: el capitán Ronald Blanco La Cruz y el capitán Carlos Rodríguez Torres.

«La misión era capturar vivo al dictador –señala Blanco La Cruz, que previamente había llegado con sus tanques a un regimiento y habían capturado a varios altos oficiales– pero el azar de la vida le dio otra oportunidad, se fue por un túnel, el cual por un tanque accidentado no pudimos bloquear. Fue en el momento en que vi a CAP a pocos metros de nosotros, cuando recibí un balazo en la cabeza. Si hubiéramos tenido alguna intención de matarlo lo hubiéramos hecho: teníamos las armas necesarias para matarlo, pero las órdenes eran arrestarlo para que fuera juzgado limpiamente y no como se juzgaba a diario a cientos de venezolanos que no tienen oportunidad de una defensa honesta».[3]

Lo cierto es que según testimonió también el capitán Ro-

---

2. *Ibíd.*
3. Zago, Ángela, *La rebelión de los ángeles*, Warp Ediciones.

dríguez Torres, Pérez se salvó por los pelos, ya que las tropas llegaron a La Casona en el mismo momento en que la comitiva presidencial lograba esquivar raudamente a los autobuses y blindados. El capitán lo vio pasar ante sus propias narices y alcanzó a maldecir en voz alta: «¡Se nos escapó el degenerado!».

Después de ser herido, Ronald La Cruz es curado de urgencia por sus soldados y subido en una tanqueta avanza hacia el barrio de Lídice, donde mediante un altavoz convoca a los vecinos a sumarse a la lucha. La gente se vuelca a la calle y algunos reconocen a ese oficial y empiezan a vitorearlo. A gritos, La Cruz explica que el golpe es contra la prepotencia y la corrupción gubernamental y en defensa de la democracia. La gente pide armas pero ya no hay suficientes como para entregarlas y la adhesión sólo consiste en acompañar el andar de las tropas de un barrio a otro.

En las cercanías de La Casona, las tropas de Rodríguez Torres son atacadas por varios flancos por hombres de la Disip y de la Guardia Presidencial y Metropolitana. Y a pesar de que los soldados luchan con un coraje impresionante, el alto número de muertos y heridos hacen que el capitán decida la rendición, teniendo en cuenta además que las tropas de refuerzo no llegaban y las comunicaciones seguían interrumpidas con otros focos de la insurrección.

En La Casona ocurrieron hechos gravísimos. La gente de la Disip actuó de manera cruel con muchos detenidos, a quienes golpearon y maltrataron enrostrándoles duramente su decisión de voltear a Pérez. Uno de los casos más recordados y todavía impune es lo ocurrido al joven subteniente José Carregal Cruz, que demostró hasta qué punto podían llegar los odios que generaban en la camarilla militar y policial de los *adecos* la insurgencia bolivariana. Los mismos esbirros uniformados que torturaron salvajemente a decenas de estudiantes y obreros que protestaron contra las medidas del «Paquete» fondomonetarista, ejercieron toda su violencia contra estos soldados rebeldes.

Carregal Cruz fue herido en la pierna derecha y capturado por varios agentes de la Disip. Para su sorpresa, mientras trataba de parar con una improvisada venda la sangre que a borbotones le brotaba de la herida, vio que uno de sus captores era una mujer. Ésta se comunicó por teléfono a con un superior, pidiéndole instrucciones sobre qué hacer con el capturado. «Jodan a esos carajos», fue la orden. Sin dudar sobre semejante indicación, la mujer cogió su ametralladora y le disparó al subteniente a bocajarro, metiéndole 9 disparos en el cuerpo y la cabeza. Otro subteniente, llamado Fernando Cabrera Landaeta, rendido y desarmado, fue fusilado de la misma manera. Así de eficiente era la democracia representativa del socialdemócrata Carlos Andrés Pérez. Así de letal era la eficacia de sus cuadros bélicos, acostumbrados a la impunidad que les daba el poder omnímodo de su jefe. Chávez definiría con posterioridad estos hechos con absoluta precisión: «Cuando llegó la Disip a La Casona, se rompió el honor militar, el respeto a la vida humana, el acatamiento a las leyes, como siempre ocurre con la Disip».

Una «Rambo» en la Disip

Mientras los bolivarianos estuvieron presos en el cuartel de San Carlos, después del golpe frustrado del 4 de febrero, todos los que iban a visitarles se detenían en una foto de mujer joven, rubia, alta, bastante fornida. Al pie figura un nombre: Laura de Armas. Es una de las grandes asignaturas pendientes de los oficiales y soldados rebeldes. Fue la mujer que ametralló a corta distancia al subteniente Carregal, rendido y apoyado en un árbol donde trataba de reponerse de una herida de bala en la pierna.

La mujer, cuadro militar de la Disip, al parecer había pasado previamente por la policía en la ciudad de Sucre y de su violento comportamiento con los detenidos le vino su nombre de Rambo. Una vez pasados los efectos represivos que sobrevinieron al levantamiendo de Chávez y su gente, un amigo de la familia investigó hasta las últimas consecuencias el caso y demostró palmariamente –con el apoyo de un juez decente– que Carregal efectivamente había sido ejecutado. Sin embargo, la Disip nunca entregó el arma ni aportó pruebas. Más aún, entorpeció la investigación. Con el correr del tiempo, se supo que la uniformada asesina había sido trasladada a Centroamérica, como suelen hacer casi todos los mandos policiales y militares latinoamericanos con sus torturadores y asesinos más fichados.

Confusión e incertidumbre

Las horas pasaban y el golpe bolivariano, sobre todo en el estratégico objetivo de Caracas, parecía diluirse en decenas de pequeñas acciones y el enorme y confuso panorama que creaba la falta de comunicación entre los insurgentes. La apoyatura civil seguía esperando en vano. Pablo Medina relata aquellos momentos tensos vividos en la madrugada del 4 de febrero: «No teníamos las armas que teóricamente nos iban a ser entregadas previamente. No sabíamos qué estaba pasando. Tratamos de comunicarnos con la gente nuestra del «23 de Enero»...Llamé por teléfono en varias oportunidades, diez, quince, veinte veces, marqué el número que me había dado Hugo. Repicaba y repicaba, pero no contestaba nadie. No funcionó el teléfono. Entonces ensayamos otro mecanismo. Nos comunicamos con compañeros del Oeste, Albert y Cleo, les dijimos que fueran hasta el Museo Histórico como avanzada y vieran si ya estaba tomado por Chávez...o, al menos, saber quién estaba allá para después poder ir nosotros. Lo hicieron. No los dejaron entrar. Regresaron y nos llamaron. Eran ya más de las 3 de la madrugada, y estábamos prácticamente desarticulados. A Hugo no le funcionó la comunicación con nosotros, ni con la mayoría de oficiales que estaban en pleno desarrollo de los combates».[4]

Pero no todo había sido frustrante en aquel intento revolucionario. En Valencia, las tropas bolivarianas al mando del comandante Urdaneta se alzaron siguiendo las indicaciones emanadas de la dirección «chavista», ocuparon gran parte de los puntos estratégicos de la ciudad y repartieron armas –según lo convenido– a sectores civiles adictos. Allí no fallaron las comunicaciones, ni los aliados, y sí sobró coraje cuando en los momentos más álgidos comenzaron a llegar malas noticias desde la capital. En las calles hubo también lucha intensa y corrió sangre patriota en los enfrentamientos.

«Gente nuestra estuvo en Carabobo –recuerda Gabriel Puerta, de Bandera Roja– junto a los soldados, tomaron juntos la armería de las FAN y con esas armas combatieron como leones hasta después de que ya se hubieran rendido las fuer-

4. Medina, Pablo, *Rebeliones*, *op. cit.*

zas nacionales. Tal fue el grado de *profesionalidad* que demostraron, que incluso lograron una salida digna, sin que nadie fuera detenido, aunque hubo que lamentar cuatro estudiantes asesinados a mansalva por la policía».

Borrar al tirano

Uno de los jefes de la rebelión bolivariana en Valencia es el capitán Luis Valderrama, quien recuerda que: «En compañía del capitán Pedro Jiménez Yusti, me enteré del mensaje timorato y nervioso que daba por vía televisiva el tirano al bravo pueblo venezolano. Sin embargo, ello no desanimó en absoluto nuestro deseo de mantener los objetivos conquistados. Ya de vuelta al Comando bolivariano, alguien sugirió desactivar la antena que trasmitía la señal de TV, que portaba la imagen detestable del Presidente ilegítimo. Así se hizo. El amanecer del nuevo día anunciaba a través de emisoras locales bajo control del MBR-200, las razones que motivaron nuestro pronunciamiento. La reacción del estudiantado y el pueblo fue de apoyo total a las acciones... Incluso, una vez rendidos, un pequeño grupo disperso, perteneciente a nuestras fuerzas, acompañado de jóvenes y valientes estudiantes fue atacado inescrupulosamente por las fuerzas represoras del gobierno ilegítimo, asesinando a mansalva a algunos de nuestros aguerridos compatriotas civiles y militares, olvidando la sabia enseñanza del mariscal Antonio José de Sucre: Honor al vencido».

La rendición

Convertido en un león enjaulado, con el desconcierto pintado en su rostro por la falta de coordinación con los otros alzados, y como buen militar, sabedor en las primeras horas de la mañana de que el movimiento insurreccional había fracasado, el comandante Chávez discute con sus mandos qué hacer frente a la cadena de dificultades que se les presenta. En esos momentos, le llega la noticia de que otro de sus hombres más queridos, el capitán Eliécer Otaiza, que estaba en la seguridad del comandante del ejército, había sido detenido. Su misión era una de las «difíciles»: desarmar y detener a su superior, en un ejercicio combinado con sus compañeros que iban a sitiar La Casona.

Al Museo Histórico llega entonces, en horas de la madrugada, el general Santeliz Ruiz, asesor del ministro Ochoa Antich, a plantear la rendición. Chávez se niega, pero más tarde, ante un nuevo intento del emisario oficial y viendo que el intento revolucionario ha fracasado se plantea por primera vez deponer su actitud. Son aproximadamente las 7.30 de la mañana

Se discuten las fórmulas más adecuadas de entregar las armas en medio de una tensión evidente. Algunos oficiales insisten en continuar, pero Chávez se da cuenta de que el derramamiento de más sangre sólo hará empeorar la situación de los complotados, y señala que acepta rendirse pero que tanto su fusil como su arma reglamentaria las entregará en el Ministerio de Defensa. El general Santeliz acepta y en ese momento Chávez recibe el llamado de un coronel amigo que le advierte: *Si sales solo te van a matar, ya han plantado un francotirador en los alrededores.* La exigencia a partir de ese momento es salir con Santeliz como acompañante y así se hace.

Horas después, en el Ministerio de Defensa, entrega sus armas, una granada de mano y un aparato de radio. Pide un café y tabaco y por primera vez en toda esa larga noche, se desploma sobre un sofá. Está golpeado pero no vencido.

Desde Miraflores se le exige un llamamiento público para que se rindan todas las unidades rebeldes. Después de largas cavilaciones, Chávez acepta. Así recuerda aquellos tensos y definitivos momentos: «Yo sabía que Urdaneta no iba a rendirse a menos que yo pudiera hablar con él. Comenzamos a discutir ahí: que escriba lo que va a leer. Yo les dije: yo no voy a leer nada, yo voy a dar un mensaje de rendición a mis compañeros, yo ya estoy rendido. No, que usted puede dar un llamado a que el pueblo salga. Yo di mi palabra de honor. En fin, llegamos al puntico cero. Ahí está la prensa, mi general, dijo un coronel. Toda la prensa en el salón de al lado, y yo estaba discutiendo con ellos si iba o no el papel. Me pusieron papel y lápiz, y les reiteré: yo no voy a escribir nada. Entonces, que se retire la prensa, dijeron. Que se retire, dije yo. Yo no voy a escribir, voy a hablar. Y además, me dan mi boina. Accedieron y así fue como me presenté.

En esos momentos que mediaron a partir de que el comandante insurrecto se coloca su boina roja y se planta ante las cámaras de TV, la cabeza de Chávez empieza a funcionar a toda velocidad. *¿Qué decir para que me entiendan? ¿Y qué no decir para lo mismo?* El destino de la futura revolución bolivariana estaba en sus manos, y luego, a tenor de lo ocurrido, quedó demostrado que fue la clave que permitió que todo lo andado durante esos años de conspiración no quedara definitivamente enterrado. El gobierno de Pérez, sus generales corruptos y petulantes, que en esos instantes se consideraban vencedores totales de la situación, cometieron el más grande error de todo el proceso que finalmente los llevó a la caída estrepitosa. Dejar hablar a un hombre como Chávez en directo. Permitirle expresar, como él sólo sabía, en base a gestos y silencios lo que muchos venezolanos estaban esperando oír desde hacía muchísimos años. Y fueron sólo dos palabras que hicieron historia. Que aún siguen repicando en los ranchos más humildes del país, en la furia de los que no tienen voz y que por un instante hablaron con la fuerza que logró sacar de sus entrañas su máximo jefe.

«Por ahora»

Así habló Hugo Chávez durante 1 minuto y 12 segundos aquel aciago 4 de febrero de 1992: «*Primero que nada quiero dar buenos días a todo el pueblo de Venezuela, y este mensaje bolivariano va dirigido a los valientes soldados que se encuentran en el Regimiento de Paracaidistas de Aragua y en la Brigada Blindada de Valencia. Compañeros: lamentablemente, por ahora, los objetivos que nos planteamos no fueron logrados en la ciudad Capital. Es decir, nosotros, acá en Caracas, no logramos controlar el poder. Ustedes lo hicieron muy bien por allá, pero ya es tiempo de reflexionar y vendrán nuevas situaciones y el país tiene que enrumbarse definitivamente hacia un destino mejor. Así que oigan mi palabra. Oigan al comandante Chávez, quien les lanza este mensaje para que, por favor, reflexionen y depongan las armas porque ya, en verdad, los objetivos que nos hemos trazado a nivel nacional es imposible que los logremos. Compañeros: Oigan este mensaje solidario. Les agradezco su lealtad, les agradezco su valentía, su desprendimiento, y yo, ante el país y ante ustedes, asumo la responsabilidad de este movimiento militar bolivariano. Muchas gracias.*

El pueblo no se equivoca

Cuando Chávez terminó su discurso, en las barriadas de la periferia de Caracas, en la zona céntrica, y hasta en los alrededores de Miraflores, estalló la tensión contenida durante esas pocas pero agotadoras horas que duró la insurrección. La gente comenzó a salir a la calle. Muchos lanzaron gritos vitoreando la rebelión militar, otros destacaban el hecho de que indiscutiblemente el jefe rebelde había dado dos pasos definitivos. En primer lugar, ese «*por ahora*» significaba para cualquier buen entendedor que «*la lucha continuaba*», y por otra parte, el hecho de responsabilizarse por el levantamiento, instalaba en la alicaída cultura política venezolana un antecedente importantísimo. Por fin, después de tantas trastadas de los políticos de turno, del repetido y ligero manejo de la crisis global que afectaba a la población, alguien, un hombre de mirada frontal y hablar elocuente, se había plantado ante la historia para decir su verdad. Una especie de «*yo fui y doy la cara, toda la responsabilidad es mía*». Qué podían entender los taciturnos ocupantes de La Casona, los políticos venales de AD y Copei, los entorchados generales del *establishment* socialdemócrata. Ellos poco pueden saber del significado de ese gesto de Chávez dando amparo a sus soldados, a los combatientes que en situación desigual, se habían batido por cambiar el curso del país antes de que fuera demasiado tarde. En cambio, el hombre y la mujer de a pie, el obrero harto de que su sueldo se reduzca a polvo, el estudiante que trabaja para estudiar y estudia para poder dignificar su trabajo, el *buhonero* que vende baratijas a sol y sombra para intentar sobrevivir a la miseria, la mujer que sale a la calle a ganarse el sustento y es discriminada, maltratada doblemente, por ser pobre y por ser mujer, todos ellos sí que entendieron el mensaje de ese militar revolucionario. Porque con ese *por ahora*, también estaba dejando abierta la puerta al futuro.

De allí que se escucharan ruidos de cacerolas, bocinazos prolongados y en algunos muros de la avenida Sucre, manos expertas plantaran las primeras pintadas: «Viva Chávez» o simplemente P*or ahora*. El pueblo había escuchado y multiplicaba la palabra de su nuevo líder, a su manera.

«También ocurrió algo que en aquellos momentos de derrota y soledad –afirma Pablo Medina–, ayudó mucho... Unas pocas emisoras de radio se salieron del bloque oficial y algunos periodistas se atrevieron a hacer encuestas a la gente en la calle... ¡Hay que ver lo que es la intuición del pueblo!, la gente comenzó a apoyar la rebelión... De manera instintiva, espontánea, se estaba gestando un mar de fondo favorable al proceso de lucha. Eso ocurrió el mismo 4 de febrero. Aquellas emisoras fueron allanadas por las fuerzas leales al gobierno. Días después suspendieron el derecho constitucional que consagra la libertad de prensa y la libertad de expresión. Pero ni así lograron ocultar la poderosa victoria política que ya empezaba a circular en boca del pueblo. Yo me fui a San Antonio de los Altos a redactar una proclama, que luego repartí de mano en mano en el Congreso, también a los periodistas. En una sola cuartilla de papel firmada por Hugo Chávez como Comandante del Movimiento, se explicaban las razones de la rebelión y sus objetivos... Creo que fue una hermosa proclama... Había que diferenciar las cosas, no se trataba de un golpe al estilo Pinochet en Chile, o de militares argentinos... No, lo nuestro tenía fines liberadores, no de opresión contra el pueblo. Se trataba de una rebelión cívico-militar, para luego convocar elecciones y provocar un cambio en la estructura política y económica».[5]

Desde el asombro

Eugenio Barrutiabengoa, *Arbe*, refugiado político vasco, llegó deportado en 1984 desde Francia y con el correr del tiempo se fue insertando con su compañera María Ángeles Artola en ese país asombroso que les había caído en suerte en la siniestra lotería del destierro. Pronto se fue dando cuenta de qué catadura eran los políticos y gobernantes latinoamericanos que se llenaban la boca con la palabra «pueblo» y traicionaban casi de inmediato las promesas electorales. A Arbe le hacían recordar mucho a los Suárez o Felipe González del país vecino a su entrañable tierra de Euskal Herria. «Para entender el fenómeno Chávez hay que remontarse a 1992, cuando la gente estaba desengañada de los políticos. Después de la masacre del Caracazo, el golpe del 4-F fue como una brisa de viento fresco. Todo el mundo se cuadró con el comandante, no sólo la gente humilde sino grandes capas de la clase media. A nosotros el levantamiento nos sorprendió. Estábamos escuchando la radio y la gente llamaba para decir que estaba harta de Pérez y que *muy bien por esos soldaditos* que luchaban por el cambio. Con mi compa salimos a ver, a recorrer las calles. Sabíamos enseguida –eso se huele– que no era un golpe de los clásicos que se dan en América Latina, no eran derechistas y eso nos animó a meter la nariz en todos los lugares donde estaban los militares tratando de avanzar hacia

5. *Ibíd.*

Miraflores. Cuando se anunció la derrota, todos quedamos un poco frustrados pero al ver a Chávez por TV diciendo el «por ahora», nos dimos cuenta de que todo recién empezaba».

Tarek William Saab no participó de lleno en los hechos del 4 de febrero, por las típicas descoordinaciones de ese momento, pero de todas maneras los servicios de Inteligencia lo pusieron en una lista y lo pasó bastante mal. «Ese día el gobierno empezó a manejar una tesis en la que decían que sectores de la izquierda radical estaban vinculados al movimiento militar. Entre los nombres que la policía política publicitó por radio, prensa y TV, como parte de esa conspiración, estuvo el mío. Eso significó allanamientos y más allanamientos. Pero más allá de estos avatares, lo importante es lo que había sucedido. Ese hecho de cambio en la mentalidad de la gente que pudo ver a un grupo de militares patriotas jugarse la vida para echar al tirano. Frente a la figura de Chávez, viendo su rápida pero contundente intervención televisiva me di cuenta enseguida de que estábamos en presencia de un verdadero hecho revolucionario. Era gente que no sólo quería tumbar a Pérez sino que quería introducir grandes cambios. Ese día se impone un liderazgo, que era necesario para representar el momento político de inflexión profunda que rompió y fracturó la *democracia representativa*.

Un tal José Antonio

En el año 1991 –dice Tarek William– conozco que el líder del Movimiento Militar Bolivariano se llamaba José Antonio, uno de los tantos nombres de guerra que utilizó Chávez. Por eso, cuando veo a ese militar apareciendo por TV anunciando la rendición, me consolé imaginando que José Antonio seguía sin ser capturado y por lo tanto había más esperanza. Hasta que un compañero me sacó del limbo: el José Antonio del que hablás es ese coronel con la boina roja, el propio Chávez.

Días después, en una reunión de la dirección de Tercer Camino que se dio en San Felipe, Estado Yaracuy, en una granja, y a la que asistieron numerosos civiles sugerí que todos los grupos y sectores más avanzados del movimiento revolucionario de izquierdas tenían que disolverse e insertar sus militantes y todo su esfuerzo en el MBR-200. Lo concluyente fue que para los miembros de Tercer Camino era inaceptable asumir el liderazgo de Chávez, lo que para mí fue un grave error.

Días de resaca y autocrítica

Apenas concluidos los acontecimientos del 4 de febrero, y mientras los sublevados eran trasladados a la prisión militar de San Carlos, comenzaron a realizarse distintos análisis de las razones del fracaso de la acción, a pesar de que se había estado preparando durante tantos años. Indiscutiblemente, lo que saltaba a primera vista era la ausencia de la aviación en las fuerzas insurrectas. Es evidente que por recelos profesionales, o por mala coordinación e información –se da el caso de figuras de importancia como William Izarra, que tiene un largo historial en actividades de conspiración cívico-militar no estaba convenientemente avisado de los hechos– la Fuerza Aérea se mantuvo más bien ausente del conflicto, y en algunos casos –como ocurrió en Valencia– bombardeó a las tropas de Urdaneta.

Chávez ya podía imaginar después de las charlas con el general de la aviación Visconti, que iba a ser muy difícil el concurso del arma, pero a pesar de todo se especuló con que el levantamiento por sí mismo iba a actuar como efecto multiplicador y muchos pilotos intentarían romper la disciplina de mando. Esto es verdad que se produjo en algunos casos, como el de una docena de aviones que volvieron a sus bases después de negarse a bombardear Valencia, pero fueron la excepción que confirma la regla.

El otro punto negro de ese día fue el de las comunicaciones. Por razones atribuidas a mala coordinación entre los sublevados, pero también gracias a la delación de un capitán, muchos de los pasos a recorrer para instalar instrumentos adecuados en algunos puntos clave abortó la comunicación interna. A esto se suma la otra parte vital: comunicar a la población de manera veloz y fidedigna qué es lo que estaba pasando. Al fallar los enlaces con la apoyatura civil del golpe, muchos de los objetivos a ser ocupados (radios, televisión, Telefónica y otros puntos similares quedaron intactos.

El hecho es que existió un delator, algo perfectamente previsible en un golpe tan anunciado, pero cuando ocurre destroza por completo los principales planes insurgentes. Y algo más, desmoraliza. En este caso, el soplón fue el capitán René Gimón Álvarez, yerno del director de la Academia Militar, quien comunicó a su suegro todos los planes de los insurrectos.

¿Y los civiles?

La otra gran discusión sobre el fracaso militar del alzamiento tenía que ver con la participación de los civiles. Los militares en sus análisis aceptan que hubo poca y mala coordinación. Reconocen el recelo mutuo a la hora de decidir la entrega de las armas, aunque hubo excepciones que funcionaron y donde los civiles se jugaron el cuerpo con la misma decisión que los uniformados.

Desde un sector de la izquierda (Bandera Roja, Tercer Camino y otros), la dificultad radicaba en la desconfianza militar para participar en una acción cívico-militar de envergadura. «Este tipo de relación nunca ha sido un entronque armónico –afirma Gabriel Puerta– que de verdad diera la seguridad de una fuerza. Siempre se ha planteado el reparto del armamento para el último día, y esto complicaba la cosa, ya que te quedas con un grupo de gente concentrada, que como máximo podían ser insurrectos desarmados. Y un insurrecto desarmado es un manifestante, no un combatiente que pueda enfrentar a un tanque. Esto se dio el 4 de febrero».

Menos duros en la crítica, otros militantes populares adjudican el error a fallos de coordinación y también a que mucha gente que hubiera participado estaba bastante «quemada» de las continuas postergaciones. «Esto hizo que algunos compañeros cuando les llamamos para acuartelarse, nos contestaron, irónicamente, que primero querían oír la noticia en la radio y recién allí se meterían en la acción golpista», relató un dirigente de la Liga Socialista.

Chávez asegura que en Maracaibo y en Caracas los civiles no aparecieron. «Yo tenía cerca de Miraflores un camión lleno de fusiles para ser repartidos a quienes los pidieran. Si bien es cierto que no controlamos los medios para lograr apoyo popular, también es cierto que había gente que sabía que esa noche se daría la operación, gente que sabía detalles como la contraseña para pedir armas: *Páez* por *Patria*, pero no se presentaron. Nosotros contábamos con que la parte civil del proyecto entendía la idea de la fusión cívico-militar, y no fuimos capaces de explicarlo mejor. Imagino que sería el viejo temor a los militares, la división entre la izquierda y la derecha, los viejos izquierdistas que no desean saber de la izquierda nueva, etc. Divisiones que nos afectaron a nosotros internamente. Hubo de todo».

«La evaporación del agua»

«En varias ocasiones hacíamos pruebas –apunta Chávez–, les solicitábamos a sectores civiles convocar manifestaciones en localidades del interior, y estudiábamos el poder de convocatoria, de movilización. La idea más estratégica y de fondo, fue un planteamiento que hice yo, en ocasión de un viaje a Panamá, donde vi en acción dos Batallones de La Dignidad y me traje esa idea, que consistía en formar batallones, incluso hasta cuadros organizativos de escuadra, manuales de instrucción para batallones de combates en localidades. Recuerdo gente en Puerto Cabello, que debía cerrar la subida de Valencia y finalmente fue cortada por grupos civiles. En Barquisimeto también con grupos de 50 hombres. En Barinas, con casi cien hombres.

Teníamos que considerar que esos grupos civiles pequeños, deberían actuar como motores de un movimiento de masas, y reforzaríamos con los mensajes en los medios... Esto no fue una actividad improvisada. Se dio en algunos casos, pero siempre existió gente –y sigue existiendo– que duda de la capacidad de los militares para incorporarse a un proceso revolucionario, sectores que juegan a ganador, con la tesis de la alianza táctica para después desplazarlos y asumir el poder. Todo esto se vio, pero de verdad siempre tuvimos la visión de la participación del pueblo, sin esa participación, no se lograrían esos 100° para la evaporación del agua. Es por esa razón que hacemos mayor énfasis en el trabajo de los barrios, con los campesinos, los trabajadores, los estudiantes, en la calle, en el ámbito donde se mueve la masa».[6]

Una victoria política

La lucha guerrillera de los años sesenta terminó en una derrota político-militar, pero con el tiempo toda esa rica experiencia logró rescatarse como una victoria moral de aquéllos que se echaron al monte y a pesar de las tentaciones y prebendas ofrecidas desde el poder, no transigieron, no se rindieron, no aflojaron en sus principios. En contraste, puede afirmarse con seguridad que estos acontecimientos del 4 de

6. Blanco Muñoz, Agustín, *op. cit.*

febrero, finalizados con la derrota militar de los oficiales bolivarianos, derivaron en un impresionante triunfo político para los alzados en armas.

El rescate del mensaje de Chávez dejando claro que él se hacía responsable por todos sus subordinados caló hondo en una sociedad donde ningún político tradicional jamás había tenido una actitud parecida. La gente de la calle lo tuvo claro y lo expresó en pintadas callejeras de tono humorístico. Como ésa que apareció en una pared del centro de Caracas por aquellos días: «*Yo no me hago responsable ni de mí mismo. Carlos Andrés Pérez*».

Pero no sólo eso. La rebelión militar abrió una compuerta emocional en muchos venezolanos que vieron en ese hombre, e incluso en ese uniforme, un toque de dignidad que ya creían perdida para siempre. Chávez y los bolivarianos encarnaban la rebeldía contra tanta frustración y engaño, contra esos miedos que suelen introducirse en el cuerpo de una sociedad a punta del terror estatal. Por eso, a pesar del desánimo tremendo de aquellos momentos en que tuvo que poner el cuerpo frente a las cámaras y dar su mensaje de derrota, el jefe del Movimiento comprendió enseguida que se había puesto en marcha un proceso imparable y que sólo iba a concluir cuando se asaltara el poder para ese pueblo tan maravilloso que ahora se aprestaba a rodear las cárceles de afecto para rendir homenaje al coraje bolivariano.

Capítulo VI

El poder de los barrios

Bolívar bolivariano
no es un pensamiento muerto
ni mucho menos un santo
para prenderle una vela.
Un niño de Venezuela
tuvo un encuentro con él
puede ser imaginario
pero pudo suceder.[1]

La historia del «23 de Enero» está íntimamente ligada a la lucha de los sectores revolucionarios no sólo de Venezuela sino de toda Latinoamérica, a sus grandes alegrías pero también al dolor de sus derrotas y frustraciones. Contarla e ir descubriéndola paso a paso, año a año, es posicionarse inevitablemente sobre los grandes acontecimientos de la larga batalla del aguerrido pueblo caraqueño por su liberación, desde los primeros escarceos guerrilleros de los sesenta, pasando por el «Caracazo», los golpes bolivarianos del 4 de febrero y el 27 de noviembre y la marcha triunfal de Hugo Chávez hacia

1. *Canción Bolivariana*, de Alí Primera.

el gobierno. En todos estos hechos, el «23 de Enero» ha sido y es una referencia ineludible

Por eso, este capítulo especial para una historia también muy especial, en que el relato externo de lo que se ha hecho y aún se sigue haciendo, sale de la palabra de sus propios protagonistas.

Ubicado en una zona elevada de la parte oeste de la ciudad de Caracas, puede considerarse una barriada fundamental desde todo punto de vista. Desde allí es muy fácil acceder al puerto internacional de La Guaira, pero además el «23» está cruzado por la importante avenida Mariscal Sucre, que une el este con el oeste de la capital. En su contorno se hallan instalados el Observatorio Meteorológico y la Academia Militar.

Cerca de 500.000 personas pueblan la zona, lo que le ayuda a convertirse de hecho en «una ciudad dentro de otra» con todo lo que eso conlleva.

El «23» es en suma una zona estratégica, para bien y para mal. Todo movimiento de izquierda que se precie ha tenido que ir a trabajar políticamente allí, patear sus calles y aguantar los fracasos, para que con el correr del tiempo se pueda reivindicar como victoria el sólo hecho de ser admitido por los vecinos. Pero también, el barrio ha sido y es disputado por los partidos de derecha, por los vendedores de droga dura, por los *malandros* y delincuentes habituales, por la policía, deseosa de instalar sus «chivatos» fijos y móviles. Por la vida en suma, en blanco y negro.

El «23» es también una gran referencia cultural. Hasta allí llegan gentes de muy diferentes Estados del país y con ellos, todas sus costumbres y tradiciones. Por eso, en las callejuelas humildes de la barriada no es raro encontrarse, de acuerdo a la fecha del año que se elija, con los típicos sonidos de la salsa, la música de gaitas navideñas de la zona del Zulia, el colorido de la fiesta de Zembrina, o la solemnidad de la tradicional Semana Santa.

Los ruidos, los olores, las vestimentas, las sensibilidades hacen a la idiosincrasia del «23 de Enero», pero lo más interesante, como sucede en Cuba, es el calor de su gente. De esos personajes que día tras día dibujan una forma muy personal de salir a pelear la vida. Obreros cualificados y circunstanciales, «buhoneros» y hasta clase media baja con hijos universitarios, ayudan a armar el mapa sociológico de la Parroquia, palabra con que los venezolanos definen a estas grandes barriadas.

Construido en la época del dictador Pérez Jiménez, como experiencia piloto de asentamiento popular –edificios de interés social y bastante modernos para la época– el «23» primero se llamó «2 de diciembre», fecha en que dicho militar produjo el golpe militar que lo llevó al poder, y a la caída de éste, producto de una insurrección popular en la que muchos de los vecinos jugaron un papel decididamente protagonista, el barrio trocó su antigua denominación por la de «23 de Enero», en homenaje, precisamente al día en que se acabó la dictadura.

Y esto lo conversaron
Bolívar y el carajito
debajo de un arbolito
que se salvó de la quema

Niño: *No es verdad Simón Bolívar*
que al hacer tu juramento
histórico en Monte Sacro
no pensaste que tu brazo
hoy se sintiera cansado
de tantos que se han colgado
para escudarse en tu nombre.

Hablar del «23 de Enero» es contar la historia de sus luchadores, de los que estuvieron en todas, a las buenas y a las malas, de aquellos hombres y mujeres que pelearon contra los narcotraficantes pero que también se alzaron en armas llegada la ocasión para defender el cambio revolucionario en Venezuela. Los que acompañaron las experiencias guerrilleras de los sesenta o los que vieron la continuidad de aquellas patriadas en el lenguaje y pensamiento de los oficiales bolivarianos de Hugo Chávez y Francisco Arias Cárdenas. Ese protagonismo los hizo saltar a la fama internacional cuando durante los sangrientos hechos del «Caracazo» o en los sucesivos levantamientos cívico-militares, los televisores de todo el mundo mostraban a jóvenes encapuchados y algunas veces, armados, levantar barricadas y plantar banderas de guerra en la aguerrida zona oeste de Caracas.

Hay cientos de nombres propios de los que se podría hablar y contar historias increíbles, pero quizás el de Juan Contreras, diputado por el Polo Patriótico de Hugo Chávez, militante de la izquierda revolucionaria «desde siempre», uno de los líderes de la potente Coordinadora Cultural Simón Bolívar y hombre comprometido con el momento de cambio actual que vive Venezuela (que necesariamente hay que extenderlo por toda Latinoamérica), sirva de mejor ejemplo para ilustrar qué puntos calza el «23 de Enero» en la gesta rebelde de Venezuela.

En las últimas dos décadas, puede asegurarse que el «23 de Enero» ha sido cuna de todos los movimientos armados e insurreccionales.

Al calor de la Revolución cubana y de otros movimientos armados que surgieron en el continente, también en Venezuela aparecieron organizaciones insurgentes. Todas ellas hicieron proselitismo político en el barrio: el PRV, el MIR y sus posteriores dos divisiones, la Organización Revolucionaria (OR) y Bandera Roja. También un grupo que fue entrenado en Cuba, denominado Punto Cero, en homenaje a la escuela de instrucción en la isla, y uno de cuyos jefes fue un personaje mítico del «23», Antonio Olivero, *El Cabezón*.

El «23» se prestaba para el trabajo insurreccional que se levantaba como banderín de enganche de la revuelta de los años sesenta. En sus calles siempre había movidas de todo tipo y en las azoteas, los francotiradores hacían puntería contra el invasor que osaba intentar horadar el barrio. Eran tiempos en que se impuso la consigna del «ojo por ojo», traducida por la gente del «23» en: «Un estudiante muerto, un policía muerto». Y vaya si la llevaron a la práctica.

«Cuando el repliegue de los setenta –explica Juan Contreras, que carga sobre sus espaldas la friolera de 49 allanamientos e innumerables detenciones–, después de que la guerrilla fuera diezmada tras haber querido copiar el modelo cubano, llegó la hora de estudiar los porqués de la derrota. Se fracasó fundamentalmente porque la gente no entendía las razones invocadas para derribar una democracia, que evidentemente no era buena, pero había sido elegida por ellos mismos.

Desde 1976 en adelante, irrumpimos nosotros como una nueva generación pero que también recogíamos, para bien o para mal, la práctica de esas organizaciones. Sin mucho análisis político, realizamos ese año y hasta muy avanzados los ochenta, un torbellino de acciones de protesta. Era la época de Luis Herrera Campins, y abundaban los enfrentamientos armados en el barrio. Recuerdo, que si asesinaban a un estudiante en el liceo Fermín Toro, del centro de Caracas, nosotros la montábamos enseguida aquí.

Hacíamos barricadas, nos encapuchábamos y atacábamos a diario el puesto policial que existe en el '23'. Eran verdaderos combates a tiros y lanzamientos de bombas *molotov*.

La efervescencia popular subió mucho con la Revolución sandinista y con la lucha de El Salvador, ya que si hay algo que siempre tratamos de mantener entre nuestra gente fue la solidaridad internacionalista. Aquí se organizaron comités de solidaridad, y en 1978 hicimos un gran acto donde proyectamos una película llamada *La historia prohibida de Pulgarcito*, sobre la rebeldía salvadoreña. La gente conectó tanto con lo que estaban viendo, que cuando terminó la función se hizo una manifestación y se dirigieron a incendiar el cuartel policial».

Bolívar: *Hay razón en lo que dices*
Yo frente a Simón Rodríguez
juré libertar a mi patria
y tal vez por inocencia
no la soñé gobernada
por indignos de mi herencia.

En 1979-1980, la temperatura de la rebeldía bajó bastante. Los grupos más activos, como alguna escisión del Partido de la Revolución Venezolana y la gente de Bandera Roja eran los únicos que aún seguían tratando de recomponer una situación de franca crisis en la militancia. Juan y sus compañeros eran jóvenes de entre 13 y 15 años pero con una veteranía que asombraba a quienes los conocían por primera vez. Tratabar de formarse como podían y en su ansiedad por dar respuestas al silencio generalizado de la izquierda, idearon la conformación de algún tipo de estructura armada que pudiera sustentan la larga tarea que les esperaba en el camino de organizar la lucha en la Parroquia. «Dentro de nuestro principismo –recuerda– pretendíamos tomar el cielo por asalto. Como otras experiencias anteriores, empezamos la búsqueda de dinero, hombres, armas. En un momento formamos las *milicias populares*, donde reunimos a gente que provenían del MAS y Bandera, chicos muy jóvenes y decididos».

Las primeras acciones tenían que ver con los problemas del propio barrio, que lentamente y desde afuera había comenzado a ser inundado por la droga. Detrás de ésta, como siempre sucede, venía enganchada un aumento de la delincuencia y también de la delación al servicio de los jerarcas policiales de la zona, quienes estaban empeñados en quebrar la resistencia del barrio. «Fue un momento clave: decidimos aumentar nuestro poder a nivel de armamento porque la batalla iba ser contra los *malandros*, y éstos no son un hueso fácil de roer», dice Juan.

Lo primero que surgió como idea fue expropiar las armas a los propios narcotraficantes, que las tenían y en gran cantidad. Todas las noches se daban duros enfrentamientos en las desiertas calles del barrio o en las casas que los *malandros* usaban como tapadera.

«Eran épocas en que fuimos aprendiendo a golpes. La policía nos puso un nombre que tenía historia, los Tupamaros, quizás porque comparaban nuestros métodos de guerrilla urbana con la de los uruguayos. Fuimos siempre muy anárquicos y auténticos autodidactas. Aquí nadie dio un curso de nada pero con el tiempo todos sabíamos armar y desarmar *hierros* cortos y largos, levantar un carro y cambiar rápidamente de identidad. Nosotros mismos, constituidos en células cerradas, diseñábamos nuestro esquema de trabajo, partiendo de la premisa de que ninguna mala acción del enemigo debía quedar sin respuesta: desde un estudiante apaleado hasta un guerrillero latinoamericano asesinado. El barrio ardía por los cuatro costados».

En los años 1980-1981, los «combatientes populares» del «23» empezaron a salir del anonimato, en función de darse cuenta de que el aislamiento clandestino podía terminar por marginarles de sus propios vecinos. En diciembre de 1980, se realiza una protesta en el bloque 7, en el sector denominado Monte Piedad. Allí son «secuestradas» varias unidades de transporte para protestar por el estado calamitoso en que estaba el barrio en relación a los servicios públicos. De esta manera se paralizaba la circulación por una de las calles más concurridas de la zona. Tiempo después se repite la operación y a cambio de devolver los vehículos se exige el arreglo inmediato de varios bloques de viviendas que estaban muy deteriorados, y que además se solucione el tema de la basura. Llegan las fiestas navideñas, que en Venezuela adquieren un clima bastante particular, ya que la mayoría de los barrios son inundados por la música de gaitas, un ritmo muy parecido a la salsa, proveniente del Estado del Zulia. Esto hace que a fines de noviembre prácticamente se paralice la vida política del país, y el «23 de Enero» no era una excepción.

En enero, la lucha callejera adquiere mayor virulencia. Se secuestran alrededor de 30 unidades de todos los servicios públicos que pasaban por la zona y se bloquean entradas y salidas del barrio. La policía invade la zona –como en Euskal Herria, si hay algo que abunda en Venezuela, son distintas clases de policías, la Guardia Nacional, la Metropolitana, la Municipal y muchas más– y hay corridas, gases y pelotazos durante horas. Pero finalmente, la presión popular logra lo buscado y empiezan las negociaciones con el Instituto de la Vivienda para que se reparen los pisos más afectados por el deterioro. «Allí nos dimos cuenta de que nuestra actividad *guerrillera* daba resultados, y además habíamos pasado de ser unos pocos a estar encabezando una gran manifestación popular», dice Contreras.

«En esa búsqueda de contacto con la gente –cuenta Juan–, volvimos al asunto de los secuestros de vehículos para solucionar el problema de la falta de agua. Descubrimos también que teníamos que marchar en dos niveles: mantener una fachada cerrada, clandestina, armada. Pero a la vez, para proteger nuestro accionar político, tendríamos que construir un gran movimiento social reivindicativo. Con el recrudecer de la actividad de los *malandros* y de la policía, nos dimos cuenta de que teníamos que pasar a niveles mayores de lucha.

Antes, todo era de tipo espontáneo, subíamos a las azoteas las botellas con gasolina, las bombonas de gas y otros elementos contundentes, y desde allí manteníamos a raya a la policía, pero siempre teníamos muchas bajas. De lo que se trataba ahora era de planificar otra forma de combate. Ir mejor preparados a los enfrentamientos. Así, planificamos operaciones de respuesta armada a la policía y se dieron grandes batallas en las que los obligamos varias veces a retroceder y abandonar el barrio. Cuando esto ocurría la gente festejaba con gran bullicio y nosotros nos convertíamos en un referente importante para cada persona que quisiera luchar».

Niño: *Al pueblo tratan de quitarle la memoria*
por eso al gringo Henry Clay
quien te insultó en tu vida y en tu muerte
le levantaron una estatua en nuestra Patria
y la doctrina latinoamericana que acrisolastes
en tu carta de Jamaica
le han disminuido su esencia
patriota y libertaria,
¡ah! Si vieras el destino
de los pueblos que liberó tu espada
su mayor libertad
es la de morirse de hambre
pisoteados por la bota norteña
sobre la que nos alertastes.

En 1983, cuando ya estaba por irse Luis Herrera Campins, empiezan a promoverse asociaciones de vecinos, pero Juan y sus compañeros deciden no participar del tema ya que se trataba de simples estructuras controladas por los partidos tradicionales. Más aún, en el barrio dichas asociaciones tuvieron un carácter definidamente parapolicial. Vecinos ligados a las mafias de la droga o directamente acostumbrados a *soplar* para la policía, se montan en la iniciativa. «Así se dieron experiencias como la de Cornelia Ruiz, en el bloque 3 y 4, la de Centella en el bloque 30, o la de Diógenes Caballero, en El Mirador», recuerda Juan. Sujetos todos que empiezan de manera incipiente a penetrar en las estructuras que se habían organizado a nivel popular, los grupos culturales, los comités por bloque, y les pasan información a los cuerpos de seguridad del Estado. Obviamente, la parte que sigue es un acentuamiento de la represión contra los militantes revolucionarios.

«La respuesta popular fue contundente –evoca hoy el diputado Contreras–: a Cornelia se le voló la casa y le echaron tiros por todas partes, a otros les metieron plomo en el frente de sus habitaciones, y hasta se incendiaron sus coches. Pero paralelamente, también dimos alternativas de lucha en el campo político». Así se crearon grupos culturales y deportivos, en los que la gente comienza a participar activamente. «Nos dimos cuenta de que por esa vía podíamos integrar a los jóvenes del barrio y crecer. Se hicieron cosas muy *chéveres*, encuentros culturales, actos de solidaridad, teatro, proyecciones de cine».

La Parroquia de «23 de Enero» había sido intensamente trabajada por Acción Democrática, con ese estilo tan particular que tienen los partidos tradicionales. Promover el clientelismo y premiar a los más obsecuentes. Prometer mil y una solución para las reivindicaciones más sentidas, y luego terminar frustrando la expectativa puesta en cada gestión. Para este tipo de militancia, la existencia de otra que camine en sentido contrario, ligada a las demandas populares y dispuesta a pelear por todos los medios su consecución, provoca indefectiblemente una ruptura violenta. En la práctica se tradujo en bandas de *adecos*, ligados a las diversas policías intentando quebrar las propuestas y actividades de la izquierda radical. Pero ninguna agresión quedó sin su consiguiente represalia, sobre todo porque era necesario demostrar a los vecinos que el único camino decente era el de la lucha.

«Entre 1984 y el 1985, empieza a crearse un movimiento independiente de los partidos, no porque nosotros no creyéramos en dicho tipo de organización política, ya que como tal apostábamos a una estructura leninista de partido, pero nos parecía que había que dar guerra a las agrupaciones tradicionales. Un año después, varios de nosotros ingresamos en la universidad y allí se plantea bifurcar el accionar de nuestro grupo. O sea, teníamos una guerra cotidiana y muy particular en nuestro barrio, pero también nos incorporamos a la euforia de la lucha estudiantil. Lo más interesante es que ya veníamos con una formación de combate callejero de la que podíamos dar lecciones a muchos que recién se iniciaban en tales actividades.

«La lucha contra los *malandros* se profundizó en 1998, en pleno gobierno corrupto de Lusinchi. Dimos una gran batalla para rescatar el espacio que los delincuentes, a fuerza de violencia, nos habían quitado. Eso nos iba a permitir en lo inmediato fortalecernos a nivel social, porque la gente estaba influenciada por su doctrina macartista: *cuidado con este tipo que es comunista, no te acerques a él que es tupamaro*, le decían a muchos de los que podían ser gente muy cercana a nosotros. Por eso, un día decidimos largar –como hicieron los combatientes argelinos en la Revolución– una consigna que corrió de boca en boca: *Todo aquél que consuma o venda marihuana, heroína o algo de bazuko, será desalojado del barrio por la fuerza.* Decirlo era una cosa pero después había que poner el cuerpo para sacar a los indeseables. Allí nos jugábamos nuestro prestigio ante la gente. Y así fue. Un día desarmamos a un grupo de *malandros*, y luego ellos vinieron con refuerzos y cagaron a tiros a nuestros compañeros. Desde los otros sectores bajamos a solidarizarnos. Pero por primera vez lo hicimos a cara pelada y con las armas en la mano. Fue un accionar continuo y en todos los flancos: de día les metíamos palo y de noche los rociábamos a tiros. La gente se daba cuenta de que éramos los mismos, pero algo nuevo e importante estaba pasando: nadie nos delataba. Eso nos animó, redoblamos los ataques pero a la vez intensificamos la organización social de los vecinos. Y crecimos, golpeándonos con la policía, con los *malandros* y con quien se nos pusiera adelante, pero crecimos. En eso, nos sorprendió el «Caracazo».

Bolívar: *Los Estados Unidos parecen destinados*
por la Providencia a plagar la América
de miserias en nombre de la libertad.
Niño: *Hoy acudimos a tu idea visionaria*
al antiimperialista pensamiento de tu frente
disculpa que te trate de tú
pero para ser mi Libertador
tuviste primero que ser mi amigo
grandioso capitán navegando hacia Angostura
con la cara mojada por el Padre Río
jamás en la historia de la Patria
hubo tantos borrones
sobre un papel escrito
y el amor por el pueblo llevado a tanta altura.

«Muchos de nosotros estábamos en la universidad, y el *Sacudón* se nos vino encima por más que calculábamos que algo iba a pasar. Había mucho descontento popular, pero nunca nos imaginamos que se podía llegar a tanto. Ese nivel de insurrección en que toda la gente sale a reclamar lo que le pertenece y aún más. Por eso no podemos decir que levantamos al barrio, sino que nos sumamos al levantamiento. Hubo barricadas, francotiradores y todo tipo de acciones a las que ya estábamos acostumbrados, pero esta vez multiplicadas por cien y por mil. Como dijo un compañero esa noche, a la vera del fuego de una barricada: *Todo Caracas está convertida en 23 de enero.*

Para ser sinceros, no medimos tampoco la magnitud que

podía adquirir la represión. Aquí mismo cayó herido de muerte el jefe de la policía que controla el barrio, y ninguno de nosotros que estábamos muy fichados, optó por esconderse, sabiendo que en estos casos caen con todo a buscar sospechosos. Y así fue: a mí, me detuvieron pronto, irrumpieron un montón de policías encapuchados y nos golpearon salvajemente. Me llevaron a patadas hasta una dependencia de la Disip y mientras un grupo entraba a allanar mi casa, otros me tiraban en uno de esos calabozos de castigo que aquí se conocen con el nombre de *tigritos*. Son tan pequeños que casi tienes que permanecer de pie sin moverte, todo el día iluminado por una bombilla, para que termines perdiendo la noción del tiempo.

«Después de la masacre que significó el 'Caracazo', nos llega la información por varias vías, de que estaba en marcha un golpe militar nacionalista. Nos lo cuentan varios compañeros que estaban trabajando con un grupo de militares revolucionarios, y la verdad, la primera impresión que nos causó fue de duda: *Coño, es imposible que a esta altura queden militares revolucionarios*. Pensábamos, que muchos de ellos estaban formados con concepciones occidentales y que incluso habían pasado por la Escuela de las Américas. Lo otro que pensábamos es que después de la derrota político-militar de la izquierda en los sesenta, poco había quedado, más allá de los levantamientos de Carúpano y Puerto Cabello. Sinceramente no nos imaginábamos tantos flecos. Sin embargo, nos metemos en la conspiración. Con reservas, pero decididos a apoyar.

Las negociaciones con los militares fueron muy de tira y afloja, sobre todo por el asunto de la entrega de armas. Había gente decidida a encabezar el golpe y estaban convenientemente armados y equipados, los militares, y otros, que desconfiábamos de todo y estábamos desarmados, nosotros. En esos días, pedíamos hablar con los jefes para saber si realmente la cosa iba en serio. Nunca llegamos a la cima, aunque en alguno de los escalones, estuvimos con Baltasar Ojeda, un ex guerrillero experimentado, que estuvo con Salvador Allende en su guardia personal, luego con las Brigadas Rojas italianas, y finalmente recaló por aquí y lo vimos con la gente que tomó el cuartel de La Carlota». También conectamos con la gente de La Causa R, que nos puso al tanto de lo que se venía y nos pidieron participar. Lo gracioso es que con cada grupo que hablabas te decía que tenía 300 combatientes preparados para todo, pero después te dabas cuenta de que siempre eran los mismos 300».

Y Bolívar sonreído
y lleno de comprensión
le saltaba el corazón
por lo que estaba escuchando.
Y mirando fijo al niño
del escolar sin escuela
dijo: Toma mis espuelas
que hay que jinetear de nuevo
tú te vas de pueblo en pueblo
a despertar a la gente
que alcen más y más la frente
para merecer la gloria
de hacer de nuevo la historia
liberando al oprimido
que si el pueblo está dormido
nunca ganará la gloria.

«Después de 1989 la situación del país comenzó a acelerarse en su deterioro. Las protestas eran diarias y hubo un momento en que en un mes se llegaron a contar más de 500. Todos los gremios protestaban y creo que los únicos que no salieron encolumnados fueron los que venden *perritos calientes* en la calle. Nosotros utilizamos esa época para entrenarnos militarmente. Cuando nos mandaban la policía a la universidad, le entrábamos a tiros y nos dábamos cuenta, con alegría, de que muchas veces ellos retrocedían. Eran vulnerables, sólo que había que empujarles.

Un buen día nos enteramos de que el golpe ya era un hecho. Nos cuentan cómo van a llegar a Caracas, que se van a establecer en el Museo Histórico y hasta nos dicen el santo y seña para tomar contacto. Nosotros debíamos decir: *Los centauros de Páez* y ellos contestar: *Los centauros de los llanos*. Todo esto nos inquietó aún más, siempre que la gente común sabe algo tan secreto quiere decir que lo saben hasta las moscas. Conclusión: si esto fracasa, la represión que se vendrá va a ser peor que la de los países del Cono Sur. Nos dijimos entonces: vamos a participar pero a la vez elaboraremos un plan de ofensiva-defensiva. Entrar en las primeras horas del golpe y luego replegarnos en el barrio, que era nuestro terreno conocido, para así defendernos de una eventual represión».

Los milicianos del «23 de Enero» eran unos 150 dispuestos a todo, a coger un arma y luchar cuerpo a cuerpo. Por la experiencia de otros compañeros suyos que habían estado en la guerrilla, empezaron a entrenarse, a armar el morral, a hacer ejercicios diarios de gimnasia para estar en forma. Los que sabían manejar el fusil FAL le daban clases a los más novatos. Finalmente, llega el 3 de febrero de 1992, los citan en la universidad y les dicen: *Todo empieza esta noche*. Horas después, en el barrio hay zafarrancho de combate. Empieza la concentración. A las once y cuarto de la noche ven pasar por la avenida Sucre las primeras camionetas y autobuses, son las tropas de Chávez que minutos después son recibidos a balazos muy cerca de allí, en el Museo Histórico.

«A medianoche tomamos contacto con un compañero de La Causa R y nos dice que esperemos, que ellos están tratando de conectar con el mando golpista. A la madrugada vemos a Carlos Andrés saliendo por televisión y nos quisimos morir. Ansiosos, como estábamos, mandamos a un par de compañeros al museo. Fueron, tiraron el santo y seña y nadie les respondió. Eso nos asustó y decidimos replegarnos, pensando en la que se nos venía encima. Organizamos la retirada, puteando en voz baja porque finalmente las armas no habían llegado. Entonces, en esa vieja costumbre de estar siempre al borde del peligro varios de nosotros nos fuimos, eludiendo milicos y policías, hasta Miraflores. Allí estaba lleno de tanquetas y no nos dejaban pasar. Tiramos otra vez la contraseña y nuevamente la respuesta fue el silencio. Allí llegamos a la conclusión de que por alguna razón los militares habían decidido estar solos en el levantamiento. Volvimos al barrio, eran cerca de las 7 y allí ocurrió algo impresionante, muy revelador de los tiempos que vivíamos. La gente que iba ganando la calle, empieza a comentar el golpe y a dar muestras de apoyo total. Muchos llegan a decir que hay que salir a vitorear a los militares y cosas por el estilo. Cuando Chávez habla por TV, confirma la rendición y lanza el simbólico *por ahora*, la gente se vuelca más aún. Allí decidimos ponernos al frente de ese sentimiento y encolumnados salimos a la calle, marchamos hasta la avenida Sucre, donde había muchos soldados y empezamos a solidarizarnos a los gritos. Era algo muy raro, nosotros, que hasta hacía unas horas éramos golpistas a la espera de armas, estábamos en plena avenida, como espectadores. Queríamos participar y no nos dejaban... Ellos tenían su guerra solos... pero claro, estaban llenos de razones».

Niño: *Bolívar, en Birongo*
allá por Barlovento
hay una placita con tu nombre
y prohíben visitarla sin camisa
para que veas que nuestras leyes
las dictan los de frac y de levita
en contra de los descamisados.
Bolívar: *...Y se olvidan que yo usé camisa prestada*
cuando estuve en Santa Marta...
Niño: *Y lo peor es que a mi pueblo*
ya lo están dejando sin Bolívar.

Después de la «derrota» las cosas cambian. Se abre un espacio impresionante de solidaridad con los golpistas, y en esa iniciativa la gente del «23 de Enero» estuvo a la cabeza de expresar sus sentimientos y su rabia contenida. «Cacerolazos» diarios, manifestaciones, apagones, visitas masivas a los detenidos en el cuartel de San Carlos o en Yare. Esa milicia irredenta del «23» mostró otra vez sus dientes a la represión y se dio el caso de que muchas veces la policía debió abandonar los puestos de custodia habituales debido a la que se le venía encima por las noches, en la que los *ponches* de gasolina iluminaban todo el contorno. Cuando los *maderos* locales eran rebasados, entraba en acción la Guardia Nacional, un cuerpo idéntico a la Guardia Civil española, experto en torturas y aniquilamiento físico de los militantes y muy violentos a la hora de la pelea callejera. Sin embargo, ellos también se llevaron sus buenos «regalitos», como cuando desde una azotea del Bloque 22 les arrojaron la puerta de una nevera y media docena de *molotov* a una patrulla nocturna. Desde los muros gastados de la Parroquia, Bolívar parecía sonreír admirado por tantos buenos discípulos.

Fueron días de gloria y aprendizaje para una vecindad dispuesta a no tragarse más las penas. Cientos de pequeñas acciones enmarcadas en una sola reivindicación: apoyo activo a los militares bolivarianos y repudio total a las maniobras políticas y económicas de un Presidente cada vez más orientado hacia lo que exigía Washington y las multinacionales del petróleo.

«Hicimos tres grandes 'cacerolazos', pero con distintas variantes. No sólo salir a golpear las ollas o las tapas de las alcantarillas sino también acompañar esa acción con apagones, y lanzamiento de fuertísimos petardos que hacían temblar todo el barrio. Una noche salimos a cortar todas las vías principales de acceso al barrio e incluso llegamos hasta muy cerquita de Miraflores y nos liamos duramente con la policía. En realidad, no había un día en el que no hiciéramos algo. Nos estábamos preparando para lo que se venía, ya que en el aire otra vez había rumores de golpe y esta vez no queríamos que nos agarrara tan en pelotas como el 4 de febrero.

Finalmente llegó el mensajero. La cosa parecía realmente seria, teníamos contacto directo con los que se estaban moviendo en el tema y nos dieron instrucciones precisas.

Empezamos con las concentraciones de gente, instrucción acelerada, desempolvamos los morrales, las botas que no usamos el 4-F, y hasta preparamos unos buenos botiquines de primeros auxilios. Teníamos el presentimiento de que ahora sí llegaba la hora de demostrar todo lo que habíamos aprendido a nivel pre-insurreccional en estos años».

Bolívar: *¿Lo están dejando sin dinero, carajito?*
Niño: *Sin conciencia Libertador, sin conciencia*
El pueblo en su engaño cree, que la alta burguesía
va a llevarte flores al Panteón Nacional
cada aniversario de tu muerte.
Bolívar: *Y entonces ¿a qué van pequeño compatriota?*
Niño: *A asegurarse que estés bien muerto*
Libertador, bien muerto.

En todos estos preparativos para el segundo alzamiento del 27 de noviembre, los militantes populares del «23 de Enero» van redescubriendo en la práctica muchas de las contradicciones que abarcaban a la izquierda de aquellos tiempos. Se estudia la historia de los militares venezolanos, desde Bolívar en adelante, y se llega a la conclusión de que muchas veces la ortodoxia cerrada y la dependencia de los modelos que venían de afuera fueron ensombreciendo un panorama que no era tan difícil de entender. «Aquí siempre hubo militares que hablaban del socialismo, que incluso realizaban acciones de una gran osadía vinculadas a reivindicaciones que siempre alentamos desde la izquierda (el caso de William Izarra o Guillermo García Ponce, por mencionar a algunos) pero como eran militares, muchos de nosotros no les dábamos luz verde. Si hubiéramos comprendido esto, si la izquierda no se hubiera cerrado tanto en consignas de desconfianza, este frente insurreccional habría surgido mucho antes. Todo eso nos fue abriendo los ojos, y nos dimos cuenta de que ahora sí estábamos en el buen camino», señala Contreras.

«Llegó el gran día. El 26 de noviembre a las 5 de la tarde nos dan el aviso del levantamiento. Esta vez todo venía mejor organizado y un grupo de compañeros parte para un objetivo difícil: atacar la prisión y liberar a Chávez. Que ellos se marcharan nos indicó al resto que ya todo estaba en marcha. A las 10 de la noche, otra vez nos empezamos a preocupar, ya que no pasa absolutamente nada. Las primeras horas de la madrugada nos sorprende concentrados, sin contactos y con las armas listas para entrar en acción. Lo primero que nos pasa por la cabeza es que *otra vez se habían olvidado de nosotros*. Pero de pronto, a la madrugada nos avisan que está Chávez hablando por televisión. La euforia fue grande y enseguida, entre los gritos de la gente se empiezan a escuchar los primeros disparos cerca de Miraflores. La radio anuncia que en La Casona (la residencia presidencial) se está combatiendo y que la base aérea está tomada. Fue como un despertar de la esperanza que ya estábamos perdiendo y nos aprestamos para salir a la calle. Armamos las primeras barricadas en la zona del Bloque 15, muy cerca del Metro y cerramos la avenida Sucre como ya estaba preestablecido. Visto desde afuera era todo un espectáculo: encapuchados, con las *molotov* en la mano, armados con fusiles y pistolas, mientras la gente del barrio que no estaba en el grupo se empezaba a acercar de a poco. La insurrección estaba en marcha y los del '23 de enero' esta vez no íbamos a quedarnos afuera».

«A la 3 de la madrugada se nos viene encima un escuadrón de Policía Metropolitana y empiezan los primeros enfrentamientos a tiros. Nos dividimos en escuadras y les metimos plomo a discreción. Por encima de nuestras cabezas empezaron a pasar los primeros aviones y nos avisan que la gente de la Marina ya había ocupado el Museo Histórico. Fue entonces cuando decidimos mandar a un grupo de compañeros para que tomen contacto con ellos y les pidan más armas y balas porque se nos estaban acabando y cada vez había más polis intentando quebrarnos en dos. Por otra parte, la gente del barrio ya había formado un grupo grande y compacto. Nos traían comida, café y alentaban cada ataque que hacíamos contra la poli. Cada vez que hacíamos blanco estallaban en aplausos. Ellos lo estaban viviendo como una batalla pero también como una fiesta del pueblo, esas cosas que suceden una vez en mil años y hay que aprovecharlas con todo.

En un momento nos dimos cuenta de que con esa gente había que hacer algo más, y los empezamos a organizar –sobre todo a los reservistas– en escuadras, los registramos uno a uno y les entregamos las armas que nos sobraban. Una vez que los Metropolitanos se retiraron por nuestros ataques, unos 150 nos dispusimos a marchar hacia el museo donde estaban los marinos. Allí nos topamos con un coronel que nos dijo que él no tenía pruebas de que fuéramos revolucionarios, pero los gritos que daba nuestra gente y la intervención de otro militar solucionó el tema y nos ofrecen entregarnos todas las balas que queríamos pero no las armas. Repartimos munición a nuestros nuevos milicianos y volvimos a nuestro *puesto de mando*. Así aguantamos casi 10 horas de combate. Un mes después cuando se analizaban las causas de la derrota militar de los revolucionarios bolivarianos nos enteramos de que a las 9 de la mañana ya todos sabían que el golpe había sido aplastado. Nosotros, sin esa información vital, fuimos los últimos mohicanos. Los que no levantamos bandera blanca hasta el final».

Y Bolívar sonreído
y lleno de comprensión
le saltaba el corazón
por lo que estaba escuchando.
El resultado es claro
La burguesía es hija de la colonia y viceversa
la opresión está reunida en maza
bajo un solo estandarte
y si la lucha por la libertad se dispersa
no habrá victoria en el combate,
que si la lucha se dispersa
no habrá victoria popular en el combate.

Los combatientes del «23 de Enero» protagonizaron en esas jornadas una gesta muy especial dentro del frustrado levantamiento militar del 27-N. Desde la madrugada de ese día hasta pasadas las 2 de la tarde defendieron sus posiciones, combatieron contra la Guardia Nacional, organizaron militarmente a casi 1.500 personas mientras eran apoyados por otra cantidad similar que seguía los enfrentamientos desde los alrededores. Desde allí también, en un momento del fragor de la lucha, salió un autobús hacia Miraflores para apoyar a los militares que combatían contra las fuerzas leales a Pérez. Sabían que los hubieran podido matar a todos pero la gente no se asustaba, muy al contrario, frente a cada ataque armado del enemigo, la moral de lucha aumentaba. Era el pueblo en armas sin ningún tipo de condicionamientos. Estaban protagonizando lo que tanto habían soñado los primeros organizadores de la revuelta de esa combativa barriada. Todo lo que habían sembrado a lo largo de los años estaba dando sus frutos, en la solidaridad de sus convecinos. Como ocurría con aquella mujer del Bloque 3 que bajaba unas *arepas* calientes o con los gritos de alerta de los chavales del Bloque 15, avisando de la llegada de más policías armados por la retaguardia. Juan y sus compañeros no podían creer lo que les estaba pasando...

«Lo más importante de esa experiencia fue que finalmente pudimos salir con las armas a la calle, organizados en escuadras, peleando hasta el final. Habíamos roto el círculo de las cuatro paredes del barrio y sacamos nuestra rabia y capacidad organizativa al exterior. Todo los que pensábamos que era necesario hacer en los años ochenta lo efectivizamos en ese momento. Organizamos a las masas y les dimos un porqué, un cómo y un cuándo a su energía. Tal vez parecerá *pendejo*, pero en Venezuela organizar 1.500 personas en armas es algo bien *arrecho*. Que la gente te pida un fusil o una pistola, que diga que se quiere *cagar* a tiros con el enemigo y que en esa pequeña batalla puede recibir un plomo en la cabeza, no es cosa fácil. Ahorita todos son revolucionarios de la primera hora, pero en esos momentos sabíamos que la cosa era bien, pero bien jodida».

Los días siguientes se dedicaron a recoger todo lo sembrado. Las estructuras de poder local en el «23» no daban abasto para albergar tanta gente que se les acercaba. Los vecinos los palmeaban y hacían los típicos comentarios: *Yo lo conozco, usted estuvo en la Sucre metiendo plomo tupido.* Eran ni más ni menos los que *echaron bolas en la calle* y eso en los códigos de barrio tiene un valor inimaginable. Un buen día, Juan, Freddy y todos los que venían caminando juntos desde siempre, se deciden a darle más organización a la conciencia popular y conforman una herramienta que todavía sigue haciendo historia: la Coordinadora Cultural Simón Bolívar. Algo más que una expresión para difundir cultura, no la de las élites sino la de los trabajadores, la cultura tan sentida de los de abajo. Un canal necesario para seguir fusionando teoría y acción. Desde allí reivindican el nacionalismo revolucionario bolivariano y la izquierda radical latinoamericanista, de cuyas expresiones más combativas se siente hijos y parte.

Como dijo el propio comandante Hugo Chávez cuando visitó el barrio después de salir de la prisión: «Ustedes son parte de las mejores razones de toda nuestra lucha y también el motivo que nos obliga a no retroceder jamás ante las adversidades. Como hizo este heroico pueblo que salió a la calle a pelear el 27-N, haciendo honor a lo mejor de las tradiciones bolivarianas».

Bolívar bolivariano
no es un pensamiento muerto
ni mucho menos un santo
para prenderle una vela.
Un niño de Venezuela
tuvo un encuentro con él
oigan sonar sus espuelas
va cabalgando otra vez,
oigan sonar sus espuelas
va cabalgando otra vez.

Capítulo VII

El fenómeno Chávez

Si algo quedó claro el 4-F es que el pueblo no salió a la calle en defensa del gobierno de Carlos Andrés Pérez. Ni siquiera lo hicieron los propios militantes de su partido. La población vio al Presidente por televisión en horas de la madrugada y mantuvo silencio, pero posteriormente, cuando el jefe revolucionario fue presentado en sociedad para anunciar su rendición, sí hubo grandes sectores que expresaron su simpatía con el vencido.

Esta contingencia dramática caló muy hondo en la dirigencia política que ese mismo día se reunió de urgencia en el Congreso para manifestar su condena al intento de golpe de Estado y además para decidir la inmediata suspensión de las garantías constitucionales, un fantasma que en el país siempre trajo represión y detenciones masivas.

Entre los parlamentarios y políticos presentes estaba Rafael Caldera, que hasta esos momentos mantenía un notorio bajo perfil. En respetuoso silencio, el ex mandatario escuchó los encendidos discursos de sus colegas, muchos de ellos quejándose amargamente de la falta de conciencia cívica de la población por no defender explícitamente a la democracia y sus instituciones. Luego pidió la palabra y descubrió sus cartas.

En un discurso preciso, el entonces dirigente histórico de Copei aprovechó la coyuntura y señaló, respondiendo a sus colegas que echaban la culpa al pueblo por su pasividad: «Yo quiero decirle desde esta tribuna y con toda responsabilidad al señor presidente de la República que de él, principalmente, aunque de todos también, depende la responsabilidad de afrontar de inmediato las rectificaciones profundas que el país está reclamando. Es difícil pedirle al pueblo que se inmole por la libertad y por la democracia cuando piensa que la libertad y la democracia no son capaces de darle de comer y de impedir el alza exorbitante en los costos de la subsistencia; cuando no ha sido capaz de ponerle un coto definitivo al morbo terrible de la corrupción que a los ojos de todo el mundo están consumiendo todos los días la institucionalidad venezolana».

Cuando terminó y escuchó los sonoros aplausos de algunos diputados y observó las caras largas del entorno del presidente Pérez, se dio cuenta de que había dado en el clavo.

Viejo zorro y andador de muchos caminos, el dirigente socialcristiano sabía que era necesario hacer un guiño a las simpatías que había recogido la intentona de Chávez, sin quedar necesariamente *pegado* con los golpistas. Menos de dos años después, cuando ganaba las elecciones generales, habrá recordado el efecto de este discurso.

Entre rejas, pero conspirando

Después de la sublevación, fueron a parar a la cárcel sus principales líderes, los comandantes Chávez y Arias Cárdenas, Acosta Chirinos, Ortiz Contreras y varios tenientes coroneles. Precisamente es en el viejo cuartel militar de San Carlos donde comienza a desarrollarse la segunda etapa del proceso. Hasta allí se acerca Tarek William Saab y otros abogados para encarar la defensa de los jefes revolucionarios, instancia que en todo momento contempla la necesidad de rescatar el valor político de la acción y convertir los testimonios de los inculpados en una gigantesca denuncia al sistema *puntofijista*.

El nombre de Chávez y sus hombres comienza a convertirse en símbolo de la devoción popular. Diversas mediciones de la opinión pública otorgan un 80% de aprobación popular a la rebelión, el porcentaje más alto que ha logrado una acción o un líder político en Venezuela.

Pero además, la cárcel donde los oficiales bolivarianos se encontraban confinados se transforma en un punto de atención permanente. Hasta allí se acercan decenas, cientos y luego miles de personas para manifestar su apoyo a los golpistas. Humildes mujeres y hombres de ascendencia campesina llegan hasta San Carlos con huevos, pollos, verduras y todo tipo de regalos para los militares. Desde todos los confines del país, cartas garabateadas con trazo inseguro y de difícil lectura testimonian la esperanza de un pueblo que está harto de embustes y manipulaciones.

Un golpista solitario

A finales de febrero se iba a dar otro hecho resonante. Solo, decidido y hasta con un toque de humor, el teniente Raúl Álvarez Bracamonte penetró en el Fuerte Tiuna y tras escribir una nota dirigida a sus superiores y tropa, se marchó con un camión cargado de armas largas. En el escrito –casi un parte de guerra– señalaba que «lamentablemente no había podido participar en los sucesos del 4 de febrero» y que debido a eso, para solidarizarse con dicha lucha se llevaba las armas para ser utilizadas «cuando el pueblo lo pida».

Formado en la disciplina militar y recibido de teniente con excelentes clasificaciones, Bracamonte había participado años atrás en la lucha antiguerrillera, pero con el tiempo se fue dando cuenta, como el resto de los oficiales rebeldes, de que era precisamente desde el poder y con la anuencia de muchos integrantes del generalato que se estaba llevando al pueblo a la desesperación. Eso le hizo tomar partido por el MBR-200 aunque no pudiera ser del grupo que insurgiera a principios de febrero.

Su acción, recibida por el conjunto de la población como una nueva burla al gobierno, causó gran simpatía. Y sobre todo, su búsqueda se convirtió en objetivo número uno para las fuerzas represivas. Hasta el mes de mayo de 1992, cuando un sábado su rostro se hace conocido desde las primeras páginas de un periódico al que había concedido la primicia de una declaración explicando los motivos de su solitario alzamiento. «El símbolo de la resistencia», como lo denominaban sus compañeros del MBR-200 fue otro gran acicate para los que habían decidido seguir la lucha. Y sus palabras incluso fueron volcadas en alguna furtiva pintada callejera: «Las armas son del pueblo. Teniente Álvarez Bracamonte».

El valor de los símbolos

El teniente Álvarez Bracamonte envió, desde la clandestinidad, una grabación en la que señalaba por qué se había alzado contra el gobierno y expropiado armas para la causa bolivariana. Éste es uno de sus párrafos:

«Las armas de la Nación son para defender al pueblo y no para usarlas en contra de él. Ésta es la idea que debe permanecer y estar siempre clara y firme en el pensamiento de los miembros de las Fuerzas Armadas. Desde ese día (el de la expropiación) esas armas han estado guardadas bajo mi control, pero prestas y operativas para ser utilizadas cuando el pueblo lo requiera para su defensa y protección, ante las acciones de violencia que el gobierno se ha acostumbrado a dirigir contra éste; y cuando la conciencia de cada venezolano señale el momento preciso en que deberemos dejar de asumir el papel de sumisos y fieles tolerantes de todos los problemas que han creado las personas que tuvieron o contaron con el apoyo y confianza del pueblo, y que han respondido a éste con esa actitud desleal, porque sólo se han preocupado por su beneficio personal y por enriquecerse indiscriminadamente mediante sus cargos, con el dinero del patrimonio público.

Nos atrevimos a dar el primer paso: continuemos seguros de llegar al final, donde nos espera el triunfo deseado por todos».

Preparando un nuevo escenario

«Después del 4-F y de la falta de presencia de la Fuerza Aérea en la rebelión, puede decirse que pusimos primera y aceleramos el proceso de captación en el arma», señala el capitán Alfredo Riera, refiriéndose a la necesidad que se planteó de golpear nuevamente a un amplio sector de la aviación. Riera conecta con el comandante William Fariñas y se entera por éste que por otros conductos similares el golpe empieza a moverse. A la vez, toma contacto con Chávez, primero en San Carlos y luego cuando lo trasladan a la prisión de Llares. El método utilizado para no levantar sospechas era bastante original: tanto Riera como su esposa son contadores públicos, y se llevan a trabajar con ellos como colaboradora del despacho a la esposa del capitán Gerardo Márquez, también detenido. A través de ella entran y sacan información de la prisión sobre la marcha de la nueva conspiración.

El estruendo del «cacerolazo»

En medio de estos primeros preparativos el clima de la calle se caldea al máximo. Se producen movilizaciones campesinas y los estudiantes vuelven a ponerse los pasamontañas y llenar de barricadas los alrededores de la Universidad Central en Caracas y en Mérida.

En los primeros días de marzo de 1992 se da otro momento importante, de ésos que Douglas Bravo definiría como «hechos constituyentes». En los diversos frentes de trabajo y militancia comienza a correr como un reguero de pólvora una fecha. El 8 de marzo. Ése sería el momento de realizar un gigantesco «cacerolazo» que cubriría dos objetivos: por una parte, manifestar la adhesión popular a los rebeldes presos y por otro, protestar ruidosamente contra la agudización de la crisis económica, exigiendo directamente «que se vaya» Pérez. La consigna era sencilla y pegadiza: *El 8 a las 8 fuera El Gocho*. En pocos días, los muros de la ciudad lucían la advertencia y cientos de miles de panfletos, octavillas, pegatinas y hasta «pins», acompañaban la llamada.

La militancia barrial puso todo su empeño en la convocatoria. Todos sabían que la proximidad del levantamiento militar y la sensación de frustración podían jugar a favor o en contra. Nunca se sabe, hasta que ocurre, cómo una sociedad saca afuera sus dolores y frustraciones, pero en función de la justeza de la propuesta, nadie se quedó quieto en esos días. En Petare se formaron grupos de discusión y convocatoria y hasta hubo «ensayos» en algunas zonas de Catia. Las instrucciones apuntaban a que había que hacer el mayor ruido posible durante el período más largo de tiempo.

Cuando llegó el día elegido, durante la mañana y primeras horas de la tarde, la ciudad de Caracas era puro comentario. Las mujeres que iban al mercado se lo decían al verdulero, y éste a sus colegas de la carnicería y hasta al chaval que lustra zapatos. A *las* 8, y el eco repetía lo mismo: A *las* 8.

El «cacerolazo» empezó puntualmente y duró más de dos horas. No faltó nadie a la cita, mujeres, hombres, niños, ancianos, estudiantes, obreros y hasta los campesinos de los lugares más apartados golpearon lo que consideraron más ruidoso. Enseguida llegaron noticias de que no sólo ocurría esto en la capital sino que espontáneamente se habían unido los habitantes de otros Estados. Pero lo más emocionante fue «ver» y escuchar ese estruendo que parecía salir de la propia tierra. En las casitas que cuelgan del monte Ávila y en los gigantescos edificios de la City, las luces se apagaban y prendían a la vez que se oía el batir de cacerolas, botellas y otros utensilios diversos.

«De norte a sur, de este a oeste, en barrios y urbanizaciones ocurría lo mismo, al mismo tiempo. Era como un rugido metálico que mantuvo suspendida la vida cotidiana de varios millones de personas, durante un largo tiempo», recuerda Pablo Medina, que en esos momentos discutió a gritos con algunos dirigentes de su partido, que «no veían claro» sumarse a la protesta.

En varios puntos de la alterada geografía venezolana empezaron a ocurrir serios incidentes. En Maracay, mucha gente rodeó los cuarteles con sus cacerolas, en el Táchira se marchó por las calles aporreando todo lo que estaba a mano, en El Silencio, se habló de un conato de insurrección. Pero en la barriada del «23 de Enero», como siempre, hubo de todo. En esa ocasión nadie quiso estar ausente, y se golpeó todo lo que tuviera eco. Cuando llegó la Policía con la intención de acallar tanto jaleo, estalló otro tipo de protesta, a la que tanto estaban acostumbrados los vecinos de la zona. Se incendiaron barricadas en algunos accesos y rápidamente las azoteas fueron ocupadas por francotiradores de todo tipo de objetos. Piedras, trozos de hierro, algún bloque de cemento, balas de todos los calibres y hasta alguna maceta con su respectiva planta que cayó sobre un oficial de la Guardia Nacional. Para animar la función los milicianos locales colaron dos o tres granadas de mano caseras, que hicieron retroceder a las primeras tanquetas. Por todos los rincones se escuchaba el grito de *Fuera, fuera*, sumado a imaginativos insultos a CAP, su familia y todo su equipo de gobierno.

El gigante se agita

El «Cacerolazo» fue un paso adelante –recuerda Gabriel Puerta– en la lucha de masas de este país. No sólo se levantaron los barrios populares de Caracas sino los de muchos Estados del interior. Fue de tal magnitud que hasta en las urbanizaciones de lujo sonaban las cacerolas, pero lo más gracioso, si todo esto no fuera una tragedia, es que mientras la gente reclamaba que el Presidente se fuera, que dimitiera, él salía por las radios haciendo declaraciones en el sentido contrario. '*La gente se está expresando en libertad*, decía. '*Me están aplaudiendo*'. Hasta en La Casona, había fogatas y las calles se poblaban de gritos. Era de noche y la ciudad parecía un gigante que se agita, porque entre el apagar y el prender de las luces y los ruidos, el espectáculo era único. La contundencia de la gran participación multisectorial daban una medida de que el régimen estaba enterrado. Un mes antes había obtenido una victoria militar frente a los rebeldes pero ahora, la gente se vengaba y decretaba su derrota política».

Uno de los objetivos del «Cacerolazo», aparte de expresar masivamente la rabia contra el gobierno, apuntaba a elevar las voces de solidaridad con los militares encarcelados en San Carlos. Y por eso muchos vecinos de la zona se acercaron con sus ganas de hacer ruido hasta los alrededores del cuartel, para que el *plan, plan* de las cacerolas se colara por todas las grietas de los muros y estremecieran el silencio del penal. Allí también hubo bullicio, ya que los oficiales bolivarianos presos se sumaron a la protesta golpeando todo lo que encontraban. Ellos también querían expresar su desprecio pacífico a un Presidente y un gobierno que, nunca mejor dicho, hacía oídos sordos a la población. En la historia de este gran movimiento de rebeldía cívico-militar, el 8 de marzo ya ha quedado incorporado como una de las páginas más entrañables para todos los que pudieron ser protagonistas de la misma.

Otra vez a la calle

Días después serios incidentes en distintos puntos de Caracas dieron una pauta de cuál iba a ser la actitud del gobierno frente al repudio de la población: incrementar la mano dura y reprimir de raíz cualquier intento de disidencia. Los estudiantes habían convocado una movilización en el barrio de Petare. Reclamaban la restitución de las garantías constitucionales. La Policía cargó violentamente y decenas de muchachos fueron ferozmente golpeados e incluso uno de ellos padeció graves heridas al ser embestido por una furgoneta de la Metropolitana.

No muy lejos de allí, una manifestación de periodistas y fotógrafos frente al Congreso terminaba de la misma manera. Los incidentes se fueron extendiendo a otros barrios y los policías, al verse superados, entraron en pánico y golpearon y atacaron a todo lo que se movía. Un grupo de ellos invadió las instalaciones del hospital Pérez de León arrojando granadas de gas mostaza. Médicos y pacientes huían por los pasillos desesperados y varios de ellos cayeron intoxicados por los efectos del gas.

En medio de toda esta serie de graves disturbios, varios policías agredieron cerca de allí al entonces diputado Pablo Medina (de La Causa R), y en un momento, éste desenfundó una pistola para intentar hacer huir a los agresores. Al día siguiente, la prensa vinculada al oficialismo la única imagen que mostró de todo lo sucedido en aquella brutal jornada fue la de Medina con el arma en la mano. No importaban las docenas de heridos de bala –entre ellos una joven estudiante que murió tiempo después– ni los intoxicados del hospital Pérez de León. Así funcionaban las cosas en la democracia representativa de Carlos Andrés Pérez.

Un mes después del «Cacerolazo», el 8 de abril, llegó el «Pitazo», un paro cívico seguido de una ruidosa manifestación nocturna, donde se arrojaron cohetes y se tocaron sirenas y pitos. Desde días atrás se había convocado a la desobediencia civil y la jornada apuntaba a convertirse en una nueva gran expresión de protesta antigubernamental. Sin embargo, el paro no fue acatado masivamente y si bien hubo durísimos enfrentamientos con la policía en los barrios, quedó una sensación de fracaso al no alcanzarse los efectos de la anterior protesta. A diferencia del «Cacerolazo» que surgió casi como una manifestación espontánea, convocada por nadie y por todos a la vez, en el «Pitazo» de abril, la inclusión de siglas de partidos y grupos concretos, amén del miedo a que todo termine en una masacre –el síndrome del «Caracazo» seguía pesando en el imaginario colectivo– tiró a la gente para atrás, y sólo salió la militancia a montar barricadas y regar de *molotovs* las calles de muchas barriadas.

Volver a intentarlo

Frente a este estado de indecisión popular y en la medida que era ostensible que el gobierno también hacía aguas por los cuatro costados, no cabía otra que volver a intentar el derrocamiento por vía de las armas. Con esta consigna, surgida a la vez en cuarteles y desde el seno de las organizaciones populares, la nueva conspiración se puso en marcha cuando todavía no se habían acabado los ecos de la anterior.

Esta vez, la parte fundamental de la iniciativa iba a recaer en quienes por distintas razones se mantuvieron más a la expectativa en el alzamiento del 4 de febrero. Como diría el aviador Alfredo Riera, «esta vez los patines nos los pusimos nosotros y teníamos que demostrar hasta qué punto estábamos decididos a voltear al Gocho». Se dinamizaron los procesos de captación de conciencias rebeldes dentro de la Fuerza Aérea, y en ese trajinar se llegó a hablar hasta con el edecán del propio Carlos Andrés, el ahora coronel Soto Fuentes. Sin embargo, al oír el planteo golpista, el hombre se echó para atrás y esto volvió a hacer trastabillar los planes, aunque luego se demostró que de su boca no salió una palabra. «La traición –porque en la historia de los levantamientos militares, siempre existen arrepentidos– era uno de los grandes riesgos que se corría, y había que esmerarse mucho a la hora de entablar conversaciones con alguien a quien se creía captable o sensible a nuestros puntos de vista. No podíamos tirar todo atrás por un error de apreciación», apunta Riera.

«En este nuevo proceso insurreccional el movimiento estudiantil entró otra vez con dudas», cuenta el ex dirigente Elías Jagua. «Y no es que no tuviéramos confianza en la parte militar, ya que a pesar de que sabíamos que había gente muy variada, estábamos convencidos de que los objetivos eran correctos. Nuestras reflexiones iban por el lado del reflujo que notábamos en la calle. La gente otra vez se estaba replegando en función de la gran represión y de cierta desesperanza que surgen en cualquier movimiento después de las derrotas. Me acuerdo que convocamos otro «cacerolazo» para octubre y fue un verdadero fracaso. Por eso nos preguntábamos en las reuniones que hacíamos con los futuros golpistas: ¿Realmente tenemos fuerza como para dar vuelta a esta situación?».

Los militares encerrados en San Carlos y la prisión de Yare nombraron como interlocutor con sus pares del exterior al coronel Higinio Castro, quien se ofreció voluntariamente para reorganizar las fuerzas de la nueva rebelión. En junio, ya se tenía un panorama de los efectivos del ejército con que se contaban pero todavía no eran suficientes. En cambio, en la Fuerza Aérea y la Marina, todo andaba esta vez más engrasado. En las conversaciones que se realizaban entre mandos, surgieron algunas diferencias de criterios: si darle más preeminencia a la aviación, si había que contar o no con una buena cantidad de tropas terrestres, y otras consignaciones de estrategia puramente bélica. En esas discusiones hubo serias discusiones con el general Visconti y también con el almirante Gruber Odreman una figura importante dentro de su arma pero con posiciones francamente elitistas y reaccionarias con respecto a la concurrencia de las fuerzas civiles.

Tiempo de crisis

«El movimiento entró en en una fase de enfriamiento agosto-septiembre –señala Hugo Chávez–. Alguna gente comenzó a ser cuestionada por la oficialidad media y joven. Y se hizo evidente algo que venía siendo subterráneo: una corriente contraria a los líderes del 4-F. Dentro de esa concepción o ese grupo de comando de dirección del 27-N, llegaron incluso a plantear que a nosotros o nos daban de baja o teníamos que salir del país una vez triunfante el movimiento. A pesar de que nunca nos dimos a la tarea de difundir estas ideas, cayó muy mal. Los oficiales medios y jóvenes se empezaron a dar cuenta de la actitud de sus superiores para con nosotros. Nos llegaron algunas cartas a Yare donde oficiales nos expresaban su oposición a lo que se estaba planeando. De esa forma comenzaron a retirarse comandantes, coroneles, tenientes y la presencia del ejército se minimizó».[1]

Hubo que dar muchas vueltas de tuerca para reencauzar el proceso conspirativo y en ese sentido comenzaron a jugar también un importante papel –mucho mayor que en el anterior levantamiento– los civiles comprometidos con la causa bolivariana. Tratando de acercar posiciones, realizando críti-

1. Blanco Muñoz, Agustín, *op. cit.*

cas a los planteamientos exclusionistas y sobre todo, apuntando a la necesidad, esta vez sí, de que se cuente con un gran aparato de apoyo cívico a la intentona militar. En ese momento, otra vez juegan un papel importante las mismas figuras que durante años venían tejiendo una importante red de contactos y ponían el cuerpo cuando llegada la ocasión había que limar asperezas o disolver desconfianzas entre unos y otros. Nombres como el de Douglas Bravo, Pablo Medina, los dirigentes juveniles del barrio «23 de Enero» y por los militares, gente como Alfredo Riera o Wilmar Castro, entre otros.

«En un momento le mando a decir a Hugo (Chávez) que era necesario vincularnos más con otros sectores porque nos podían garantizar algunos puntos de control en varios Estados», señala Riera. Y yo lo decía partiendo de mi propia realidad, ya que estaba dictando clases en la Universidad de Carabobo, que en esos momentos era una de las más contestatarias del país. Chávez me dijo que no había problemas, pero que lo hiciera con mucha cautela, porque nosotros teníamos un código de ética y había que tratar que no se filtrara el tema por un contacto mal hecho. Así fue que me reconecté con Douglas y se lo presenté al coronel Ríos, que era el segundo al mando de la aviación, después de Visconti y Garrido. Conversaron e hicieron una rápida evaluación de las fuerzas. Lamentablemente, como siempre ocurre, los sectores civiles no tenían mucho armamento y en algunos casos poco entrenamiento. Por eso, nos propusimos dar de inmediato cursos de instrucción para los estudiantes. Utilizábamos armas largas y algunas de gran sofistificación que tomábamos *prestadas* de algunas unidades. Las retirábamos un viernes a la noche, nos íbamos hasta algunos campos que prestaban colaboradores y allí los chicos y chicas adquirían de manera acelerada todos los conocimientos necesarios para participar en el golpe que venía en marcha. Luego, el domingo por la noche, debíamos esforzarnos para reintroducir el armamento en los cuarteles sin que nadie se percatase de la ausencia. Todo un operativo pero hecho con gran estado de ánimo ya que estábamos convencidos de que esta vez no fallaríamos».

27-N , nueva derrota

La conspiración del 4-F tuvo su Judas en el capitán René Gimón, pero la del 27 de noviembre, finalmente el día decidido para la insurrección, también fue delatada. En este caso fue un hombre de la Marina, el capitán Manrique Padrón, que había sido reclutado tiempo atrás por el almirante Gruber. El día anterior, el traidor delató el movimiento y de esa manera abortó numerosos planes. Entre ellos el de la liberación de Chávez y sus hombres que se hallaban prisioneros en Yare. Hasta allí debían llegar alrededor de 1.000 efectivos del Fuerte Guaicaipuro, situado en los valles del Tuy, pero que a raíz de la delación fueron copados por otros militares leales al gobierno. De todas maneras, Yare fue atacado por una fuerza cívico-militar de medio centenar de hombres que después de batirse duramente resultaron contrarrestados por los defensores de la prisión que los cuatriplicaban en efectivos.

Raíd aéreo

«Una de las ventajas que teníamos para la fecha elegida del 27-N, –recuerda Riera–, es que celebrábamos el día de la Fuerza Aérea el 10 de diciembre. Entonces, las unidades que mayor participación tuvieron, que eran los del Zulia, se vinieron para las prácticas a la base Libertador. Teníamos así un gran poderío aéreo, casi el 95% de la fuerza estaba en el golpe, pero lamentablemente, y al revés de lo que ocurrió el 4-F, esta vez nos faltó la Infantería. Esos efectivos estaban ubicados mayoritariamente en La Guaira y Puerto Cabello, pero cuando fuimos a buscarles nos encontramos con que ya no estaban allí porque la delación de Manrique Padrón había hecho abortar el levantamiento. Nuestros oficiales estaban todos detenidos, y cuando se llega a recogerlos, los compañeros perciben desde el aire que la situación es muy rara y siguen de largo. Esto les salvó y ayudó a salvar a muchos otros porque de lo contrario todos habrían sido arrestados».

El avión llega a otra base donde debían recoger gente del ejército. Allí aterrizan sin darse cuenta de que también los rebeldes ya estaban neutralizados y son apresados inmediatamente. En ese momento, un capitán llamado Romero protagoniza otra acción audaz. Sin que lo vean, en la oscuridad de la noche, se esconde una pistola 9 mm en el bajo vientre, y cuando lo conducen hacia el encuentro del oficial que estaba a cargo de las fuerzas leales, recoge del suelo un fruto típico de Venezuela, de color morado, algo así como una cereza pequeña. Entonces le susurra a otro colega que debían simular rápidamente una pelea. Así se empiezan a golpear y a insultarse promoviendo un gran tumulto frente a sus captores. En un momento, Romero se refriega la fruta por el rostro y el cuello, y a los gritos, simulando estar herido, reclama atención. En ese momento se acerca el jefe de la base inquiriendo sobre lo que ocurría. El capitán bolivariano extrae su pistola y se la pone en la cabeza. Así, de esta manera, logran retomar la situación, hacen subir al avión a los oficiales rebeldes y logran huir. Siguiendo el raíd llegan hasta la base Libertador. Descienden en el mismo momento en que se produce el primer ataque de las fuerzas leales a Pérez, y por la radio escuchan que se daban órdenes del generalato para que «liquiden sin contemplación a los golpistas». No dudan ni un instante, frente a una insurrección ya controlada, hacen subir al avión a los principales cabecillas de la intentona, entre ellos el general Visconti, y emprenden la retirada.

Rumbo a Perú

Una vez en el aire, el general Visconti y los 120 hombres (la mayoría oficiales) que habían logrado salvarse deciden jugar una nueva y difícil carta. Ninguna base militar en el país era refugio seguro, ya que la felonía del delator había puesto todo el plan sobre la mesa de las fuerzas represivas. O sea que había que intentar salir del país. El único país cercano y paradójicamente «amigo» era Perú. Y lo de paradójico vale en función de que no es que existiera una relación de simpatías ideológicas entre los bolivarianos y el dictador Alberto Fujimori, muy al contrario. Lo que ocurre es que debido a antiguas amistades existentes entre Carlos Andrés Pérez y el ex presidente César Gaviria, el mandatario venezolano había roto relaciones con Perú apenas se produjo el autogolpe de Fujimori. Esta situación beneficiaba a los prófugos y además no tenían suficiente combustible como para intentar un vuelo más lejano. Así que, en una acción realmente arriesgada, volando al ras de los árboles para evitar los radares y atravesando la difícil región Amazónica, llegaron a bordo del avión *Hércules* a la base peruana de Iquitos, donde finalmente solicitaron asilo.

Combatientes bolivarianos

El capitán del ejército Eliécer Otaiza fue otro gran protagonista del intento de insurgencia. Meses atrás, en el mes de junio, había intentado junto con un puñado de hombres un golpe de mano al Presidente y al ministro de Defensa. Los descubrieron y pudo huir para pasar a la clandestinidad. Así, pasado de casa en casa y con diferentes identidades logró subsistir hasta el 27 de noviembre. Ese día, sabiendo que se jugaba la vida, decidió entrar al Palacio Miraflores para intentar detener a Pérez, pero recibió cinco balazos que lo pusieran al borde de la muerte. Así estuvo durante seis meses y de allí pasó a la cárcel.

Por su parte, el comandante William Fariñas asumió como responsabilidad la toma de La Carlota, en Miranda. Allí dirigió a unos 350 hombres y a partir de las 3 de la madrugada lanzó un operativo exitoso. Desde allí pudo apoyar varias operaciones aéreas de los golpistas, pero al ser truncado el golpe las fuerzas leales a Pérez lo apresan y durante dos años permaneció en la cárcel.

Las fuerzas antigolpistas llegaron a la Base Sucre demasiado pronto. En ese lugar estaban levantados en armas el coronel Garrido y el aviador Alfredo Riera, al frente de un importante grupo de soldados. Después de oponer tenaz resistencia y ante las informaciones llegadas desde otras bases en el sentido de que la batalla estaba prácticamente perdida, Riera y Garrido se repliegan hacia los fondos de la unidad, donde ambos jefes logran saltar una valla y refugiarse entre las casas del barrio marginal de San Vicente. La gente les reconoce y ayuda a cambiarse de ropas. Luego, se introducen en una camioneta de la basura, tapados con lonas, para finalmente salir del barrio así camuflados, en medio de un intenso operativo de búsqueda lanzado por los militares de Pérez. Ambos prófugos pasaron a la clandestinidad.

«El 27-N teníamos todo el poder aéreo –señala el comandante Wilmar Castro– pero nos faltó la infantería, cuyos mandos de tropa eran adeptos a Chávez y tenían cierto celo –y desconfianza– de los generales y almirantes que trabajaban con nosotros. Se produjo esa lucha de jerarquías que se da en las Fuerzas Armadas habitualmente, donde el comandante no quiere ser subordinado del general y a éste le pasó lo mismo con su grado inferior. Ése es un problema cultural que arrastramos y que en la ocasión se transformó en un gran error, más allá de las traiciones que siempre suceden.

Ese día, yo tenía la responsabilidad de garantizar las tropas aerotransportadas que iban a llegar a Caracas. Así, con otros compañeros ocupamos La Carlota, donde tenía que lograr que aterrizaran dos aviones Hércules que llegarían con soldados de fuerzas especiales de la Marina destinadas a ocupar el Palacio de Miraflores. Esta unidad fue delatada y apresada la noche anterior. Nosotros ya sabíamos del soplo e incluso nos consultamos para ver si parábamos la operación, pero se decidió seguir adelante. El combate fue violento, con fuego de cañones y bombardeos. Finalmente nos derrotaron, y yo fui a parar a la cárcel durante dos años».

Para Hugo Chávez el fracaso del golpe fue doloroso. En la tarde del 26, durante la visita familiar que recibe en Yare tiene la confirmación de que otra vez había llegado el «día D». Todos los oficiales detenidos se reúnen en la plaza de la cárcel y Chávez comunica las buenas nuevas: «Nos van a venir a buscar, por lo tanto hay que estar en máxima alerta». Esa noche nadie pudo pegar un ojo. A la madrugada se enteran de que la rebelión había estallado y que el Canal 8 estaba emitiendo un video del propio Chávez hablando. Al parecer esa cinta fue grabada para otra contingencia, y el que realmente tenía que retransmitirse era uno en el que aparecían los jefes de la intentona. Por un problema realmente incomprensible, esa copia nunca llegó a manos de los militares que ocuparon el canal y a cambio pusieron en el aire la grabación efectuada a Chávez. Esto confundió por unos minutos a los golpistas, pero finalmente se siguió adelante con el operativo. En la toma del canal hubo también varias víctimas mortales, al resistirse los custodios del mismo al ataque rebelde.

Pueblo en armas

El 27-N sin embargo, se dieron cosas importantes en cuanto a la participación popular.

En Caracas, Maracaibo, Valencia y en otros puntos del país, el pueblo se lanzó a la calle y con sus propios cuerpos pararon tanques que iban a atacar a los rebeldes. En Palo Seco, la gente desarmada realizó barricadas y logró paralizar a varios blindados. En Barinas, una multitud se manifestó por la calle, llegó hasta el cuartel policial y luego de detener a los uniformados y apoderarse de las armas, enfilaron hacia la Prefectura. Allí depusieron al prefecto y formaron un «gobierno popular». Cuando horas después se enteraron que los rebeldes habían sido derrotados, cargaron el armamento expropiado en camiones y se alzaron al monte a seguir guerreando.

En el «23 de Enero» hubo cerca de 1.500 personas organizadas, gente encapuchada y con armamento haciendo barricadas en la avenida Sucre, combatiendo durante horas contra la Guardia Nacional y rindiéndose mucho después que lo hicieran los soldados bolivarianos. En otros barrios de la capital, grupos armados de estudiantes se dedicaron a dar pequeños golpes de mano atacando guardias de edificios públicos, levantando barricadas para desviar la atención de la Guardia Nacional y así alejarles de los blindados rebeldes que se dirigían a intentar ocupar Miraflores o La Casona. Ese día hubo muchos muertos entre civiles y militares, gente heroica que dio su vida al grito de «Viva Bolívar», «Viva Chávez», como aquel chaval de 20 años que se encaramó, envuelto en una bandera venezolana, a la reja de un cuartel policial y desde allí arrojó dos granadas de mano que destruyeron varios vehículos. Cuando emprendía la huida recibió cinco disparos de metralleta en la espalda y cayó muerto. O esa chica de sólo 16 años, que en el barrio de La Vega paró sola con su cuerpo y una bandera, dos tanquetas policiales siendo tiroteada posteriormente y herida de gravedad.

Según Pablo Medina, otro de los activos partícipes del apoyo civil a los golpistas, «tanto el 4 de febrero como el 27 de noviembre de 1992, estuvieron estrechamente vinculados entre sí. Porque ambos encontraron su raíz en el malestar de un pueblo y expresaron sus deseos de justicia. Ambos sucesos ayudaron a rescatar el origen, la razón de ser de las Fuerzas Armadas, su vocación libertadora. También creo que su significado jamás debe borrarse de la memoria del pueblo. A fin de cuentas se trata del mismo pueblo contra quien se atentó el 27 de febrero de 1989, al poner las armas de la República al servicio de la traición y la cobardía. Las rebeliones de 1992, cada una con peso y valor propio, sirvieron al propósito de abrir una brecha histórica y acelerar la descomposición del proceso político venezolano, iniciado con el Pacto de Punto Fijo. El bipartidismo y su sociedad de cómplices recibieron golpes mortales que, seis años después, culminaron con el triunfo electoral de Hugo Chávez a la Presidencia de la República, y con el surgimiento de un poderoso bloque social».[2]

Desde el sector militar, el comandante William Fariñas es categórico a la hora de analizar la *derrota* del 27-N. «Los que participamos en la nueva intentona no nos sentimos nunca perdedores. Estábamos convencidos del paso dado y también de que era necesario acelerar los plazos debido a mil y una contingencias. No era solamente el sector militar el que estaba en fase conspirativa, sino que toda la sociedad vivía algo parecido. Muchos sectores habían venido trabajando con nosotros en mayor o menor grado, pero siempre apuntando a lo mismo: quitar a Pérez y dar una vuelta de campana a las caducas estructuras del país. Los militares compaginamos y coordinamos, teníamos las armas –y eso claro que pesa– pero qué habríamos podido hacer con fusiles, pistolas y tanquetas si detrás no teníamos al pueblo. Ninguno de los que fuimos a la cárcel o al exilio estábamos tristes, sí rabiosos, pero por no haber concretado los objetivos. Pero en el fondo seguíamos repitiéndonos las palabras simbólicas de Chávez el 4-F: 'Por ahora, por ahora'. Y el tiempo nos dio la razón. Nada de lo que ahora somos o se está haciendo hubiera sido posible sin esa comunidad cívico-militar de aquellos días de 1992».

El Retén de Catia

Al mismo tiempo que se conocía públicamente el fracaso del nuevo levantamiento bolivariano, se produjo un gravísimo hecho en el Retén e Internado Judicial de Catia, donde la política criminal de Carlos Andrés Pérez volvió a reproducir en dimensiones más pequeñas el operativo exterminio que ya había ensayado en el «Caracazo». Todo ocurrió a partir de las 5 de la mañana del mismo 27 de noviembre, cuando los carceleros del penal decidieron abrir las puertas de las celdas y obligar a los detenidos a abandonar las mismas con la excusa de que habían decidido liberarlos. Muchos de los presos se dieron cuenta de que se trataba de una emboscada y se negaron a salir, pero la Guardia Nacional y la Policía Metro-

2. Medina, Pablo, *op. cit.*

politana entraron a saco y literalmente fusilaron a los reclusos. El asesinato masivo se cobró 63 muertos y numerosos heridos. Dos días después, gran parte de los sobrevivientes fueron trasladados a otras prisiones y desde altas instancias del gobierno se presionó a las instancias judiciales para que dieran por terminada la investigación posterior.

La venganza

Una semana después del nuevo traspié militar bolivariano, la indignación popular volvió a tomarse la revancha y en las urnas, consagró alcalde por Caracas a Aristóbulo Istúriz, de La Causa R. Antes del 4-F estaba cuarto en las encuestas de opinión y realmente sin demasiadas posibilidades de modificar esa posición, pero cuando llegó el momento de las elecciones, los barrios más carenciados de Caracas parecieron decir «todos a una» y el voto fue para Istúriz. Ni sus propios compañeros de La Causa R podían creer lo que estaba ocurriendo y el rumor de que no sería reconocido el triunfo corrió de boca en boca. El pueblo se lanzó a la calle y durante varios días rodeó con sus gritos de protesta el Consejo Supremo Electoral que intentaba cambiar –presionado desde las entrañas del poder– los resultados adversos. Finalmente, la patraña de los *adecos* sucumbió. El júbilo fue un alarido de victoria postrera para miles de rostros humildes que estaban cansados de perder siempre. El nuevo alcalde habló entonces saludando a quienes quisieron darle la oportunidad de poder castigar por la vía pacífica a Pérez y su banda. Dedicó el triunfo a toda la gente que padece «la peor política económica de la historia de Venezuela y quienes cargan sobre sus doloridas espaldas los golpes de la represión antipopular». Pero no dejó de recordar a los militares golpistas a quienes calificó como «la dignidad rebelde de este país». El bullicio recorrió las calles de la ciudad y el grito «Que se vayan» dedicado a *adecos* y *copeyanos* por igual, se escuchó, entre el tañir de las cacerolas, hasta altas horas de la madrugada.

Capítulo VIII

El golpe político

Después de los dos frustrados intentos bolivarianos para asaltar el poder, la figura de Carlos Andrés Pérez quedó muy duramente tocada de un ala. Había logrado conjurar a su favor el conflicto militar pero sabía mejor que nadie que el pensamiento de los rebeldes calaba hondo en la sociedad venezolana. Nunca hasta ese momento nadie –ni siquiera las guerrillas de los sesenta, con todo el apoyo que en algún momento lograron reunir por parte de sectores estudiantiles y obreros– había desafiado de tal manera al sistema como este ejército de uniformados y civiles que se había puesto en marcha.

Esta fragilidad del régimen –a pesar de que el Presidente intentara un gobierno de unidad nacional con Copei– y la identificación de que el auténtico escollo para seguir avanzando era el propio Pérez hizo que se encararan desde la oposición política varias vías de abordaje contra su figura. Una de ellas, la llevó adelante la gente de La Causa R a través de una acusación vía judicial contra el Presidente por numerosos casos de corrupción, prevaricación, tráfico de influencias y, en especial, el uso indebido de los benditos «fondos reservados». Era un torpedo contra la base de un portaaviones que podía realmente llegar a hundirlo si la suerte y los buenos oficios de una justicia amañada lograban coincidir.

El propio alcalde de Caracas Aristóbulo Istúriz y otros dirigentes de La Causa R encabezaron la demanda, que incluía un bochornoso «obsequio» de 1.070 millones de bolívares a varios jerarcas de la burocratizada Confederación de Trabajadores de Venezuela, la CTV, que tantos favores le dispensaba al gobierno. Como se esperaba, la Corte falló negativamente, pero los denunciantes no se dieron por vencidos y además de propagar los hechos a nivel nacional e internacional (desde Estados Unidos ya no se alentaba tan enfáticamente al gobierno y entre bambalinas comenzaba a prepararse el recambio) volvieron a la carga y consiguieron en pocos meses que la Corte revisara el caso y se expidiera positivamente: CAP sería juzgado por corrupción. Semejante presión y la existencia en la calle de un clima de alta tensión social, finalmente aceleraron el proceso. El Congreso nombró a Ramón J. Velázquez presidente interino y el 31 de agosto de 1993 era destituido el hombre gracias a cuya gestión se provocó uno de los mayores derramamientos de sangre civil y militar de toda la historia venezolana.

El camino de la abstención

Toda esta marejada promovió también un adelantamiento de las elecciones generales para diciembre de ese año. Con los militares presos y buena parte de ellos en Perú, el sector político de la «insurrección irredenta», como la calificara el aviador William Izarra, decide jugar otra carta para intentar poner pie en Miraflores. Desde Guayana, el histórico búnker de La Causa R, se lanza la candidatura de Andrés Velásquez a la Presidencia de la República, que hace una campaña de volcado contenido individualista. En vez de hablar superlativamente de los problemas de la gente se hace demasiado hincapié en sus posibilidades como futuro mandatario.

Sin embargo, Hugo Chávez desde la cárcel se opone a entrar en el juego partidocrático e impulsa la abstención activa. Parte de la idea de decir «No a los partidos, no a las elecciones» y levantar la propuesta alternativa de que se realice una «asamblea constituyente». Con esa premisa mueve a su gente en varias ciudades, alcanzando bastante apoyo en la zona minera, en el sur de Bolívar, Lara, Zulia, Falcón, Carabobo, Aragua y la propia capital. Su lema era estratégico: «*Por ahora por ninguno. ¡Constituyente ya!*». En realidad, Chávez utilizó la campaña electoral para seguir promoviendo su filosofía de país, la necesidad de cambiar todo porque «todo lo que hay ahora no funciona».

El gran fraude

Finalmente, el descontento generalizado con la democracia *puntofijista* volcó a muchos descreídos de la vía electoral a votar positivamente para castigar tantos años de descomposición. Así, Velásquez vence a Rafael Caldera, quien para ese entonces se había escindido de Copei y montado un nido de grillos denominado Convergencia Nacional. Pero vencer en Venezuela, en México o en Colombia, por sólo nombrar a algunos de los países con procesos electorales más acostumbrados al fraude, no significa reconocimiento de la victoria. Eso es lo sucedido a un Velásquez timorato al que le robaron el triunfo de una manera realmente increíble.

Ante la evidencia de que el candidato opositor iba ganando, el régimen puso en marcha un operativo que ni siquiera cuidó las formas. Mientras el Consejo Electoral no ofrecía ningún tipo de información con posterioridad a la apertura de las urnas, las actas de la votación fueron remitidas al Fuerte Tiuna, y muchas de ellas terminaron en vertederos de basura o quemadas en algún horno de panadería de un adherente a Caldera. La noche de esa patética jornada fue de gran tensión, pero con una concepción totalmente equivocada que tiempo después le costaría la ruptura definitiva: los padrinos de Velásquez en La Causa R, no apretaron el acelerador. Esperaron vanamente que se produjera lo imposible. El fraude seguía galopando tranquilo y muy pronto se vería hasta qué límites.

Horas después el Consejo Electoral consagra el triunfo de Caldera y se asegura que los votos de Velásquez sólo alcanzaron para situarlo en una «muy buena segunda posición», de acuerdo al irónico comentario de uno de los miembros del Consejo.

En ese preciso momento se produce en el seno de La Causa R una seria controversia, entre los que pensaban –como Pablo Medina y muchos de los viejos militantes de Guayana– que Velásquez debía resistir ante tamaña tropelía, y otros, más ligados a la política tradicional y remisos a que sean las masas las que definan la cuestión, que aconsejaron a Velásquez para que aceptase los resultados.

Desde Guayana, plantean una huelga general y convocar al pueblo a la calle para defender el triunfo, pero esta iniciativa cae en saco roto. A Velásquez no le da el cuero ni la talla para salir a la pelea y se entrega vergonzosamente. Caldera es aclamado como vencedor y como dijo el propio Medina en su oportunidad: «Ese día, Andrés, La Causa, todos, nos convertimos en la imagen de una gran oportunidad para transformar a Venezuela, que fue desaprovechada».[1]

La abstención planteada por Chávez no obtuvo un porcentaje excepcional pero sí le dio pie para descubrir que había mucha gente descontenta con el camino de las urnas o con el hecho de votar pero no elegir, tan en boga en América Latina. Por supuesto que cuando se producen las primeras señales de fraude, esta posición abstencionista adquirió aún más significado. «Lo que hicimos tenía para nosotros el signo de la muerte del viejo régimen. Es otro 4 de febrero en otra dimensión», dijo Chávez en su momento.

En cambio, otro oficial bolivariano, Francisco Arias Cárdenas, rompe el pacto de no votar, se presenta por el Estado del Zulia, promovido por La Causa R y sale elegido gobernador. En ese momento se produce cierta tirantez en el movimiento revolucionario, sobre todo a partir de las diferencias de criterio entre ambos comandantes, algo que con el tiempo iría abriendo una brecha entre los dos militares.

Otro comandante, en este caso, el de la Fuerza Aérea, Wilmar Castro, se entrevista con Chávez y le propone aprovechar la coyuntura para establecer la necesidad de una especie de eje de poder, lanzando candidaturas en tres Estados: Cababobo, Aragua y Miranda, o de lo contrario en Lara (donde era muy querido otro oficial aeronáutico, Luis Reyes Reyes), Portuguesa (el de Wilmar) y Barinas, donde nació Chávez. Pero la oferta es rechazada de plano. La abstención fue alta: más del 50%.

---

1. Medina, Pablo, *op. cit.*

Necesidad de un movimiento

«Mientras estuvimos en la prisión, tuvimos tiempo de hacer muchas revisiones de lo que nos había pasado y de lo que en realidad queríamos lograr, confiesa el comandante Wilmar Castro. A pesar de que estábamos distantes, unos en Perú, otros en San Carlos, otros en Yare, analizamos la forma de acceder al poder y algo más importante que eso, cómo consolidar dicho poder. En principio, vimos que si podíamos regresar a las FAN debíamos seguir trabajando en su interior. Si nos íbamos a la calle, entonces sí tratar de dar forma a un proyecto político con la gente de las comunidades, con el poder popular.

Y empezamos a lanzarnos en ese sentido. No pasaba por nuestras cabezas formar un partido político, porque había una marcada tendencia contra dichos agrupamientos por parte de la gente y nosotros mismos. Cuando gana Istúriz, desde ese espacio civil que apoyó los golpes se lanza una campaña por nuestra amnistía y esto genera una cadena de apoyo muy grande. Esto abrió la posibilidad de participar en una elección por cargos legislativos. Le hacen la oferta a *Pancho*, Arias Cárdenas, y a mí. Yo no acepté, pero él sí. A partir de ese momento comienza a desarrollarse en nosotros la idea de que más que un partido lo que necesitábamos era un movimiento político».

Caldera y su *chiripero*

Rafael Caldera llega al gobierno producto de una maniobra fraudulenta, pero los votos que obtiene realmente no son pocos y fueron el fruto de un discurso francamente populista, surgido de su necesidad de lavarse el rostro del pasado *copeyano* que lo teñía de mucho conservadurismo. En realidad, Caldera era el hombre elegido y admitido por Washington para tratar de recomponer la aguda crisis en que había caído el régimen. Esa típica vuelta de tuerca que suele orientarse desde el entramado financiero de las multinacionales para que no se deterioren las ganancias propias y de sus aliados locales. Pero lo tremendo de ese momento fue que el nuevo Presidente logró embaucar a cierta izquierda burocrática y cortoplacista que le hizo el coro que necesitaba para su discurso ligado a lo «popular». A su caballo subieron el Movimiento al Socialismo (MAS) y algunos conspicuos dirigentes del alicaído Partido Comunista. A nivel popular se dijo que ganaba Caldera y el *chiripero*, en alusión a otro episodio de la historia electoral venezolana: cuando surgió el MAS, sus dirigentes señalaron que ellos no querían *sopa de letras* para ir a las urnas, que iban solos y no pensaban unirse con «ese *chiripero*». En ese momento, el cantor popular Alí Primera escribió unos versos en los que decía que «hacen falta muchos golpes para matar al *chiripero*».

En 1993, la conjunción Caldera-*izquierda permitida*, acompañada de suaves arengas de contenido antiimperialista sirvieron para volver a atar el paquete durante varios años más. En realidad, para prolongar la agonía del *puntofijismo* y frenar las ansias legítimas de Revolución que seguían latiendo en las prisiones donde estaban encerrados los bolivarianos.

Volver a empezar

La presión popular y la de muchos dirigentes políticos que lo habían solicitado, pero también la necesidad de Caldera de «reconciliar a Venezuela», como él mismo afirmó a poco de asumir, hizo que el 26 de marzo de 1994 Chávez y sus compañeros de armas recuperaran la libertad. Al día siguiente, un avión trajo desde Perú a los bolivarianos «autoexiliados», y tras otro brevísimo período de detención, quedaron libres.

La mayoría de ellos, como ya habían planeado, solicitaron su reincorporación a las FAN y a los pocos meses de haber sido aceptada, volvieron a conspirar, pero esta vez con una estrategia distinta a la de 1991-1992.

Chávez, metódico y vital como siempre, decide que no hay que perder tiempo y que es necesario estructurar al MBR-200 como fuerza social. Parte de la comprobación de que en la gente del pueblo el espíritu del 4-F y del 27-N sigue en pie, ya que la sola salida de los militares de la cárcel levantó una ola de manifestaciones de júbilo popular inenarrables. El nombre del comandante lucía como pendón desafiante en los más variados muros y paredes del país, e incluso se volvieron a arrojar octavillas que repetían un dicho muy conocido: «Por ahora».

En varios encuentros que mantuvieron oficiales bolivarianos y civiles comprometidos con la causa, se plantea avanzar con el Movimiento en la línea de organizar a las masas, pero no para constituir un partido político sino en función de preparar acciones de resistencia y desobediencia civil.

En esos primeros meses de reuniones, encuentros amplios y giras por el interior, surgen muchas ideas para extender la semilla bolivariana entre la población. El propio Chávez llega a la conclusión de que se pueden aplicar algunas enseñanzas que les dio a todos ellos la vida militar. Por ejemplo, ese recurso organizativo llamado «equipo móvil de instrucción». Se trataba de un curso con expertos en armas y otras actividades. Éstos iban a los batallones y realizaban prácticas de tiro, y luego entrenaban al batallón durante varios meses y se rotaba a otras regiones. Salvando las distancias era ese tipo de funcionamiento el que había que hacer para trabajar con la base adicta.

Así, se pusieron a participar en foros, discusiones, talleres, con propuestas de economía autogestionaria, empleo de recursos estratégicos, fuerzas armadas soberanas, organización de la producción, nuevas áreas de propiedad de la producción, calidad de vida.

«Con estas ideas, un día llegamos a Punto Fijo, y allí nos reunimos con la gente del barrio 'Alí Primera', recuerda Chávez. Y ellos nos contaron cómo hicieron un Comité de Defensa del Barrio y lograron impedir que se construyese una fábrica de elaboración de carbón, porque el polvillo que anda en el ambiente es mortal para los niños. Y así muchas experiencias populares victoriosas. Nos dimos cuenta entonces de que era un camino que teníamos que recorrer, hablar con la gente, enterarnos de sus penurias con ojos críticos, para que de esa manera nuestro accionar no se convirtiera en un populismo de vanguardias establecidas, donde nosotros decidiéramos todo, sin importarnos los demás. Había que tratar de convertir al Movimiento en una avalancha de abajo hacia arriba».[2]

Casa por casa, pueblo por pueblo

Poco a poco, estos militares fogueados en los cuarteles y preparados para la contrainsurgencia en las escuelas gringas de Panamá o Washington, se fueron convirtiendo en artesana-

2. Blanco Muñoz, Agustín, *op. cit.*

les militantes populares que nada tenían que envidiar a los clásicos activistas *todoterreno* de la izquierda. «No nos quedaba otra, señaló el comandante Wilmar Castro, ya que el pueblo no podía venir a nosotros siempre, ya no estábamos en las cárceles. Ahora había que ir adonde estaba el pueblo». Así fue como varios de los bolivarianos se hicieron prácticos en comunicación alternativa. Chávez llegó a reunirse con un activista de la izquierda uruguaya que le contó cómo hacía su grupo para acercar el mensaje político a un barrio en el que militaban: utilizaban dos bases de megáfonos viejos, varios metros de cable y otros materiales usados, para fabricar una radio de emergencia por la que pasar noticias y comunicados a la gente.

En esos días, Chávez, entusiasmado con la tarea de llegar a cuantos lados fuera posible, declaraba: «Utilizaremos todo tipo de propaganda: diarios, panfletos, octavillas, murales, y si nos callan por completo, nos quedará el recurso de los evangélicos, ir de casa en casa promulgando nuestra alternativa. Habrá que multiplicarse». Por su parte, el departamento de «finanzas» se encargaba de hacer rifas, vender banderas y «pins», salir a conseguir donaciones y contribuciones de todo tipo. La cosa era no parar la máquina que otra vez se había puesto en marcha.

«Desde 1994 en adelante, Chávez inicia un trabajo de gran intensidad, casa por casa, pueblo por pueblo», recuerda Nicolás Maduro, sindicalista, ex dirigente de Liga Socialista y luego constituyente. Esto se prolongó durante tres años y en los mismos se organizaron grupos de trabajadores, de vecinos, de estudiantes. Se llegó a profesionales, clase media, empresarios. «Poco a poco se fue conformando un amplio movimiento en medio de la persecución más inclemente que recuerde grupo político alguno. Contra nosotros se intentó de todo, fuimos víctimas de atentados, nos pusieron bombas, se simularon actos terroristas en la calle con el objetivo de inculpar a la gente de nuestro entorno». Más aún, se volvieron a reabrir juicios militares a los oficiales bolivarianos recién reincorporados y hubo casos, como el del aviador Alfredo Riera, que debió salir del país gracias a una foto obtenida por los Servicios de Inteligencia. En la misma se le veía conversando muy fraternalmente con Chávez.

Emergencia económica

Un año después de asumir el gobierno y con el objetivo de evitar la quiebra financiera del país, Caldera se ve obligado a decretar el estado de emergencia económica. La moneda venezolana, el bolívar, fue congelado en 170 por dólar, después de venir de un alza desmedida debido a la perspectiva de la aprobación de la llamada Agenda Venezolana por el FMI. A pesar de estas medidas, la crisis continuó y extendió sus efectos a las reservas internacionales, cuyo descenso en los tres primeros años de gobierno alcanzó a 3.000 millones de dólares. En medio de este colapso, llegó al país la delegación del FMI y el Banco Mundial, capitaneada por Camdessus, quien tras dialogar con Teodoro Petkoff –ex guerrillero marxista que por obra y gracia de la «convergencia» fue designado ministro de Economía de Caldera y luego devino en neoliberal– se dio luz verde a la tristemente célebre Agenda. La metrópoli financiera dio su visto bueno y se empezaron a aplicar duros ajustes. Comienza la ola privatizadora que ya había anegado a otros países vecinos, loteándose el país al mejor postor, y en medio de todo ese bullicio, Carlos Andrés Pérez fue condenado –corría mayo de 1996– a dos años y 4 meses de prisión, de los cuales cumplió sólo unos meses, como suele acostumbrarse con este tipo de delitos y semejantes delincuentes.

Chávez a Cuba

En medio de la tarea por difundir su pensamiento, Chávez intuyó que era positivo salir al exterior. Por ello planificó una gira por Latinoamérica, incluyendo como punto fundamental una visita a un comandante revolucionario al que desde joven tenía gran admiración: Fidel Castro. Chávez llega a La Habana y es recibido con todos los honores. El propio Fidel lo va a buscar al aeropuerto, gesto que sólo reproduce con algunos mandatarios y con compañeros políticos excepcionales. «En realidad –recuerda hoy un alto dirigente del Partido Comunista Cubano– parecía como si Fidel se diera cuenta de que quien estaba allí con nosotros era un hombre que ya estaba decidido a gobernar su país. Conectó enseguida con Chávez y el encanto puede decirse que fue recíproco».

En varias ocasiones en las que ambos visitaron distintos lugares históricos, Fidel destacó el respaldo incondicional de

Cuba a Venezuela y sobre todo, su identificación con las ideas bolivarianas de la que su invitado era portador.

Cuentan, quienes conocen muy de cerca al comandante venezolano, que allí nació una gran amistad que con el correr del tiempo se afianzaría y le convertiría en uno de los grandes amigos que Cuba tiene en el continente.

Pero la gran ocasión de Chávez en la isla llegó a la hora de hablar ante una multitud de estudiantes en el Aula Magna de la Universidad de La Habana, donde manifestó su gran admiración por el proceso político que habita allí desde 1959.

«Es la primera vez que vengo físicamente a Cuba, porque en sueños, los jóvenes latinoamericanos hemos venido muchas veces a Cuba. Vinimos infinidad de veces los soldados bolivarianos del ejército venezolano que desde hace años decidimos entregarle la vida a un proyecto revolucionario y transformador. Cuando recibí la inmensa y agradable sorpresa de ser esperado en el aeropuerto internacional José Martí por el comandante Fidel Castro en persona, le dije: 'Yo no merezco este honor, aspiro a merecerlo algún día en los meses y en los años por venir'. Lo mismo les digo a ustedes, queridos compatriotas cubano-latinoamericanos, algún día esperamos venir a Cuba en condiciones de extender los brazos y en condiciones de alimentarnos mutuamente en un proyecto revolucionario latinoamericano, imbuidos, como estamos, desde hace siglos, en la idea de un continente latinoamericano y caribeño, integrado como una sola nación que somos», dijo Chávez en 1995, en lo que sería una predicción futurista que finalmente se cumplió.

«Rebeldes como los cubanos»

Chávez habló en Cuba como se habla a los hermanos, dejó de lado cualquier tipo de protocolos –algo que hace habitualmente ahora que es gobernante– y dialogó en confianza con los estudiantes cubanos: «*Hablando de rebeldes, subrayo lo dicho por el Presidente de la Federación de Estudiantes y lo dicho por el Comandante en Jefe Fidel Castro acerca de la cumbre de Miami: esa cumbre no se hizo para ustedes, por lo tanto no estuvieron allí los cubanos. Nosotros tampoco podemos entrar en territorio norteamericano, nos tienen prohibida la entrada. Lo dije una vez en Colombia y lo vuelvo a decir ahora, en Cuba, con más fuerza y con más vigor: ¡Nos honra como soldados rebeldes que no nos dejen entrar a territorio norteamericano!*

Ahora, sin duda están ocurriendo cosas interesantes en América La-

tina y en el Caribe; sin duda que ese insigne poeta y escritor nuestro, de esta América nuestra, don Pablo Neruda, tiene profunda razón cuando escribió que Bolívar despierta cada 100 años, cuando despierta el pueblo.

...Nosotros no desechamos la vía de las armas en Venezuela, nosotros seguimos teniendo –y lo dicen las encuestas del mismo gobierno– más del 80% de opinión favorable en los militares venezolanos. Tenemos una fuerza allí y la alimentamos, porque los muchachos, por supuesto, andan perseguidos por todos lados, y hoy en día si un oficial nombra a Bolívar en su discurso, es considerado sospechoso.

También tenemos un altísimo porcentaje de los venezolanos, especialmente ese 60% en pobreza crítica. Increíble, pero cierto: en Venezuela se esfumaron 200.000 millones de dólares en 20 años. ¿Y dónde están? –me preguntaba el presidente Castro–, en las cuentas en el exterior de casi todos los que han pasado por el poder en Venezuela, civiles y militares que se enriquecieron al amparo del poder».

La larga marcha

El avance del comandante hacia el poder ya era imparable. Barrios y pueblos del interior son visitados por el incansable militar y su grupo más íntimo de colaboradores. En un desvencijado coche que a veces llegaba milagrosamente a su destino, cumpliendo jornadas de 18 y hasta 22 horas de trabajo, comiendo poco y hablando hasta por los codos, Chávez fue cumpliendo el objetivo anunciado cuando salió de la cárcel: «No debe quedar un venezolano ni una venezolana que no se entere de nuestra propuesta: convocar a un referéndum para una Asamblea Nacional Constituyente. Los partidos tradicionales sólo bajan al pueblo cuando necesitan su voto, nosotros no queremos votos ni ofreceremos limosnas, sino que queremos organización popular y sacrificio para construir un país distinto». Y se fue hasta el último rincón donde se ha venido formando el movimiento bolivariano pos-4 de febrero cuando salió a la calle. Con este impulso arrollador, que en algunos momentos llegó a dejar fuera de juego –por agotamiento– a más de uno de sus acompañantes, el comandante palpó muy pronto los resultados de su apuesta a una forma distinta de hacer política. Más aún, si se trata de un militar.

«Lo de Hugo fue heroico, confirma Wilmar Castro. La gente brotaba desde las entrañas de la tierra y se sumaba. En un momento parecía que no íbamos a poder con tantos adherentes, pero él siempre llevaba la batuta. Y lo hacía a despecho de la cantidad de insultos y mentiras que lanzaban los medios de comunicación, que como se sabe, siempre los hemos tenido en contra, incluso ahora que gobernamos. Ante cada patraña que nos caía encima, lo maravilloso era ver cómo respondían los más humildes, gente que, como ellos nos decían: '*Estamos con Chávez porque es el único que habla nuestro mismo idioma, se embarra las botas con nosotros y come de nuestro mismo pan*'. Así era nomás. Caravanas interminables de coches haciendo sonar sus bocinas, asambleas de barrio como pocas veces se han visto, y en las zonas más inexpugnables para cualquier dirigente político que se precie. Andando día y noche, por carreteras horrorosas. Ésa fue la gran campaña, o como decíamos en broma: la larga marcha a la venezolana».

El cafecito

Si hay algo que quitaba el sueño al comandante Chávez era el hecho de no dejarse atrapar en la red de la partidocracia. Una cosa es participar en la batalla electoral pero otra muy distinta ir como un inocente al matadero. Y dentro de estas preocupaciones estaba la larga tradición de elecciones «robadas» que se habían dado en la historia de Venezuela. «Por eso estudiamos un libro que hablaba de las tres mil y tantas maneras de hacer fraude en la mesa electoral», apunta Chávez, y recuerda que «una señora en San Cristóbal, me dio un café y me dijo: *Tómese este cafecito, comandante, pero en las elecciones no acepte ningún cafecito, porque a mí, una vez que era testigo en una mesa por el* MAS, *me dieron un café y me dio una diarrea que me iba matando y tuve que irme de la mesa*. Los *adecos* le pusieron una gotica en el café para que le diera diarrea y quedar ahí ellos solos. O mandan una muchacha muy bonita a levantarse al teniente que está allí, para que se lo lleve y ellos hacen lo que quieren».

Nicolás Maduro, actual miembro de la dirección del Movimiento V República (MVR), recuerda cuando en abril de 1997, un importante grupo de militantes bolivarianos realizaron una asamblea nacional del MBR-200 y en la misma fundaron el MVR, decidiendo dar un paso trascendental: participar en el proceso electoral a través del mismo.

«El nombre de Quinta República deviene de que ya hemos vivido otras cuatro. Las primeras fueron las que gestaron la independencia, de 1811 a 1830. En este último, que coincide con la muerte de Bolívar, también se derrumba la gran República Bolivariana que fue la Gran Colombia, un proyecto moldeado por el Libertador, que unía a Panamá, Colombia, Ecuador, Perú y Venezuela. De esta manera muere la Tercera República. A continuación surge la IV República que es la de la oligarquía, la que enterró los valores sociales y de independencia que movilizó a este pueblo junto a Bolívar. Ésa fue la República de la entrega nacional, que tiene dos grandes etapas: la terrateniente latifundista del siglo pasado y la petrolera, de la corrupción de este siglo. Por eso nos planteamos en nombre del Movimiento el objetivo estratégico de lograr echar las bases de una V República que sea verdaderamente democrática, que edifique un Estado social, de justicia verdadera y donde los venezolanos podamos darnos un modelo económico que supere cualquier tipo de dogma, tanto los estatistas como los dogmas del neoliberalismo salvaje».

La Causa se escinde

En La Causa R las cosas ya no daban para más en ese dinámico 1997. Las fricciones internas entre el sector «oficial» acaudillado por Andrés Velásquez y el ala izquierda, más ligada a las posiciones de Chávez, en la que estaban Pablo Medina, Alí Rodríguez y gran parte de los cuadros valiosos de la organización, hicieron estallar el partido. Como toda ruptura, sobre todo de compañeros que venían dándole duro desde hacía muchísimos años, el proceso fue doloroso. Pero no había tiempo para que la parálisis ganara la batalla, el tiempo político estaba al caliente, y en la calle, decenas de conflictos exigían militancia y más militancia. La nueva organización de los que se fueron –el oficialismo se quedó con el nombre, y también dicen que con todos los dineros– logró un nombre significativo: Patria para Todos (PPT). Desde allí, a pedido de la base y –en ese momento contrariando lo que pensaba la dirección del nuevo partido– se aceptó impulsar la candidatura de Hugo Chávez para las elecciones de 1998. Tiempo después, militantes del PPT entran en conversaciones con el MAS para acercarlos también a esa idea de que sea el comandante bolivariano quien les represente en las urnas.

Patria Para Todos

«Patria Para Todos, más que el nombre de un partido, es la expresión de una clara voluntad de hacer las cosas, dice su fundador Pablo Medina. En aquel momento la patria no era de todos, sino de un grupo determinado que expropió el poder al pueblo y se quedó con todo. Por eso hablábamos de refundar la República y colocar, al lado del problema democrático, el tema de la patria como eje central. Porque es imposible tener democracia y no tener patria. Se puede tener patria y no tener democracia, pero al revés es imposible. Se puede tener una patria sin democracia pero eso tampoco tiene sentido para nosotros. Creo que debemos tener patria y democracia, casi como un solo concepto, precisamente ahí es donde está el elemento novedoso, transformador. Pero, además, debemos calificar la democracia, decir que la queremos revolucionaria, radical, profunda. En eso está Patria Para Todos».[3]

Agenda bolivariana

Chávez no descansa, y con un grupo de colaboradores elabora lo que se llamó Agenda Bolivariana, en oposición a la Agenda Venezolana de sumisión al FMI, que manejaba el gobierno de Caldera y sobre todo su ministro Teodoro Petkoff. En esta nueva Agenda se exponía un plan que iba en contra de la apertura petrolera, a través de un proceso que denominaban internacionalización petrolera, en contra de la destrucción de las Fuerzas Armadas, con un proyecto de fuerzas armadas soberanas, también para enfrentarlas a la Agenda de Caldera. Y por último, se daban los esbozos de un gobierno de transición, a tres años de plazo. Si hay algo en lo que no perdieron su tiempo los militares y civiles que se aglutinaban junto a Chávez, fue en hacer análisis ligeros de la realidad, muy por el contrario, adoptando una metodología científica y apelando a los hombres más entendidos en cada área, se propusieron construir también un plan de largo alcance. Estaban, quién lo duda, dispuestos a llegar y gobernar.

Estas iniciativas de los bolivarianos pusieron muy nervioso al *establishment* de Caldera. Se daban cuenta de que esos hombres iban en serio, e intentaron pararlos de mil modos, incluso apelando a extraños accidentes y algún atentado contra militantes de V República. En esos días, Chávez formula una declaración que no deja dudas sobre cómo se plantaban esos militares rebeldes frente a los demócratas autoritarios: «Si aquí llegamos al extremo de que el gobierno afinca la re-

3. Medina, Pablo, op. *cit*.

presión, se desata una eliminación física de dirigentes populares, bolivarianos, revolucionarios. Si impera un Estado abiertamente fascista, nosotros también tenemos un plan al respecto. No vamos a esperar cruzados de brazos, que nos fusilen a todos, uno por uno. No. Tenemos también fusiles y tenemos cómo fusilarlos. Y sabemos dónde viven, dónde duermen, dónde toman tragos y creo que tienen que perder más que nosotros».

La organización popular

Si hay algo que le preocupaba al Chávez del 96-97 era la organización popular, el hecho de que la propia gente se arme de las herramientas necesarias para estructurar un movimiento que no sea fácilmente vulnerable. Confiaba en el protagonismo de los de abajo y sobre todo en la fuerza que se trasmitía de cada contacto con barrios y zonas más humildes, donde «se podía aprender en un segundo mucho más que en decenas de horas de *planificación estratégica*».

Insistía ante sus colaboradores más cercanos que «sin colectivo no hay nada. Sólo el pueblo salva al pueblo. Aquí no hay salvadores, ni Mesías ni Chávez. Si no hay organización popular y un movimiento bien orientado, aquí no hay cambio posible». Para caminar en ese sentido, en esa época forma los *círculos electorales*, basados en aquello que planteaba Bolívar en el proyecto de Constitución de Bolivia, del poder electoral del pueblo. Pero para no quedarse sólo en el aspecto electoral, puso en marcha los *círculos constituyentes*, una experiencia que dio resultados de todo tipo.

«Armamos *círculos constituyentes*, afirma, en los Valles de Aragua. Allá fuimos y en menos de tres meses juramentamos más de 80 círculos electorales y constituyentes. Dimos un curso de formación para los campesinos de la zona. Resulta que a la semana siguiente nos enteramos de que las personas de esos círculos dirigieron la toma de un sitio cerca de Villa de Cura, donde estaban previendo hacer un centro sanitario. La gente se opuso, pero no había habido hasta ese momento un cuerpo organizado social, que tomase alguna acción concreta. Mandaron la policía y al final tuvimos que interceder nosotros con el gobernador de Aragua, porque había una batalla campal allí. En un lugar en donde antes no había la mínima organización, ya estábamos al borde de una rebelión».

Para Chávez no se trataba sólo de construir conciencia para el voto a un proyecto distinto sino en afincar una organización pueblo por pueblo, para enfrentar las injusticias puntuales. Las de los latifundistas de Portuguesa que vivían como reyes a expensas de la explotación del campesinado, la de los pobladores del delta del Orinoco, que lidiaban contra las multinacionales petroleras que destruían el medio ambiente, o la de los indígenas que, abandonados a su suerte, reclamaban romper el círculo de miseria.

El voto era necesario, sí, pero más lo era concienciar a los desesperados para que no los sigan machacando como siempre. Los bolivarianos estaban dando pasos seguros en la edificación de un nuevo estilo de hacer política.

El Polo Patriótico

Mientras el gobierno de Caldera seguía haciendo y deshaciendo nudos en función de los dictados monetarios de los Estados Unidos, y los niveles de miseria de la población alcanzaban porcentajes nunca vistos, el resto de las fuerzas políticas vinculadas a los militares bolivarianos seguían recorriendo el espinel en busca de alianzas para constituir un gran frente electoral. Desde Patria Para Todos se reestablecían los contactos con el MAS, intentando convencerlos de que era necesario impulsar la candidatura de Chávez en los próximos comicios generales. Incluso, el propio comandante fue invitado al congreso de dicha fuerza política donde soltó un discurso que terminó de encandilar a los más remisos en apoyarle.

Con el PPT y el MAS en una misma línea de coincidencias, a quienes obviamente se sumaban los hombres y mujeres de Quinta República, se aceleró la conformación de una herramienta que se llamó Polo Patriótico. «Lo llamamos así porque consideramos que la contradicción fundamental era entre los intereses del país y los factores internacionales que estrangulan la vida económica y política de Venezuela y del continente. Resulta muy difícil resolver el problema de la pobreza y que la sociedad alcance alguna felicidad, sin resolver esa tremenda contradicción», señala Pablo Medina, del PPT. A dicho frente electoral se sumaron el Movimiento Electoral del Pueblo (MEP), el PCV, el PST, Acción Agropecuaria, Nuevo Régimen Democrático, y dos grupos menores llamados SI y Gente Emergente.

«Desde el Polo Patriótico y más específicamente desde el MVR, buscamos un modelo que nosotros lo hemos denominado humanista, dice el diputado constituyente Nicolás Maduro. Un modelo coincidente con nuestra forma de ser, con nuestras búsquedas, nuestros aciertos y errores, que sea sustento de un modelo social de bienestar y de igualación al cual tenemos derecho, porque Venezuela es un país con inmensos recursos de todo tipo. Tenemos petróleo, hierro, aluminio, tierras fértiles, toda la nación electrificada, vías de acceso que nos comunican ampliamente con todo el país. Hemos tenido todas las posibilidades de desarrollo. Más aún, en los últimos 20 años se manejó en el presupuesto de la nación la cifra de 300.000 millones de dólares, que son aproximadamente más de 20 planes Marshall con el cual se reconstruyó Europa. Y con todo esto, en vez de heredar bienestar, tranquilidad o estabilidad social, aquí lo único que logramos gracias a las políticas nefastas de AD y Copei, fue que el 80% de la población viva en la pobreza. En Venezuela tenemos todo tipo de pobres: los que no tienen casa ni comida, y nuestros pobres trabajadores que ganan salarios de hambre –unos 120.000 bolívares, algo así como 200 dólares de mínimo– y que han acumulado una serie de necesidades, teniendo en cuenta que la canasta familiar no baja de 480.000 bolívares».

En campaña

Con la campaña electoral ya en marcha, comienzan a aparecer las primeras encuestas que, para sorpresa de muchos ubican en punta a la candidata Irene Sáez, una ex Miss Universo que además de haber sido durante años la imagen corporativa del Banco Consolidado, en el momento en que es lanzada a la carrera presidencial fungía de alcaldesa de Chacao, un pequeño municipio capitalino donde contaba con el respaldo de AD y Copei. Pero como se trataba de una candidatura inflada por los medios y sobre todo por Venevisión, la cadena de Gustavo Cisneros, pronto empieza a hacer agua. Enseguida, el *lobby* de los grandes grupos financieros del país lanza otra apuesta: Henrique Salas Römer y su llamado Proyecto Venezuela, quien contó con el apoyo abierto de los dos partidos tradicionales. Dotado de un discurso absolutamente emparentado con el neoliberalismo, amante de la productividad y la eficiencia, muchos llegaron a compararlo con el amago político frustrado que realizó en Perú el escritor Mario Vargas Llosa.

A partir de ese momento, el trabajo de Chávez en su campaña de sembrar esperanzas, comienza a dar resultado. Su nombre sube imprevistamente en las encuestas, incluso en las dirigidas por sus propios enemigos. Evidentemente, la población –una buena parte de la misma– estaba harta de los malos manejos de *adecos* y *copeyanos* y se habían decidido a cambiar de rumbo. Contra viento y marea, respaldando al más odiado por los poderosos, por los medios de comunicación –como *El Nacional* y *El Universal*, cuyas páginas sangraban de rabia al ver que ese *miliquito* golpista concitaba el aplauso de multitudes– o por los seguidores de la política norteamericana en el continente. Así, empezaron a aparecer en escena, con sus discursos de advertencia a los ciudadanos sobre los males que podrían sobrevenir, personajes como el cubano de la *gusanera* de Miami, Carlos Alberto Montaner o a escucharse el cuchicheo de figuras elitistas de la literatura venezolana, como Uslar Pietri.

En el fondo de la escena, AD intentaba colgarse en la competición a través de Luis Alfaro Ucero, un vejetón que siempre gustaba recordar cuando en la época de Pérez Jiménez dirigía desde la clandestinidad la política de su partido. Pero al Ucero de 1997, forjador de un Pacto al que tituló pomposamente «Nacional», no le daba la talla, por más que se intentara camuflarle de «pujante y emprendedor». Chávez crecía y crecía pero además se burlaba: «Creo que todos ellos tienen que hacer un pacto, pero en el cementerio, como los elefantes que cuando van a morir cada paso que dan se van enterrando».

Capítulo IX

Frenar al huracán

Mediados de 1997. Hugo Chávez sabe que está solo contra todos los engranajes del poder, que quienes le temen harán lo posible por cortar de cuajo su fortaleza más autóctona: la relación con la gente, ese carisma que bien quisieran para sí muchos de los políticos tradicionales. Lo hostigan permanentemente desde revistas y diarios, le inventan amores y desamores, hurgan en su cuenta bancaria, investigan relaciones civiles y militares, un día lo acusan de fascista prepotente, y el otro se inclinan a hostilizar sus relaciones con la izquierda. Por mentar, mentan hasta a sus antepasados, pero sólo logran que cada dos meses, algún encuestador vuelva a amargarles la cena: «Sigue subiendo», comentan como alucinados.

Sin embargo, avanzar no significa llegar, y eso Chávez lo sabía mejor que nadie después de las experiencias frustradas con los tanques en la calle. Los partidos tradicionales todavía mantenían –a principios de 1998 y a menos de un año de la cita electoral– un poderoso y compacto poder de decisión, amén de inconmovibles baluartes desde donde dictar política. AD cuenta en ese momento con doce gobernaciones, más de 200 alcaldías, medio millón de empleados públicos, asambleas legislativas y buena parte del poder económico respaldándolos. A todo esto se suma el otro poder, el del presidente Caldera y su Convergencia, que apoyan de manera abierta a Luis Alfaro Ucero. En Venezuela, como en cualquier parte, si se quiere aspirar a llegar al gobierno por elecciones se necesita mucho dinero –no bastan las buenas intenciones y el carisma que se pueda tener entre la población–, y eso es precisamente lo que a los poderosos les sobra y se disponen a gastarlo a puñados para frenar el avance del comandante bolivariano.

Chávez no se queda atrás y mueve todos sus contactos. Parte de la premisa de que «éste es un año en el que debemos generar hechos para no desaparecer de los medios», a pesar de saber que éstos manipularán su mensaje de manera grosera. No obstante, no pueden borrarlo del todo. Un día encabeza una movilización de campesinos en Apure, el otro se reúne con vecinos de Vargas que cortan una ruta en protesta por la falta de atención sanitaria y más tarde su nombre sale a relucir en una pueblada que se realiza cerca de la frontera con Colombia, exigiendo el pago de salarios atrasados. «Esto es una guerra, una guerra política y la vamos a librar hasta las últimas consecuencias», dice, pensando en términos militares para que no lo saquen así porque sí del camino. «Hay muchos ejemplos de guerras en las cuales el ejército acorazado, cargado de municiones, de armas modernas, mucho dinero, mucho apoyo logístico, y una gran capacidad, han sido derrotados. Vietnam, por ejemplo. Pero hay ejemplos tácticos también, como la batalla de Las Queseras, o Bolívar cruzando los Andes y cayendo sobre Boyacá. Un ejército harapiento y triunfador».

Las tentaciones

Colaboradores de Chávez le informan que algunos empresarios insinúan darle apoyo pero reclaman contrapartidas inaceptables. El comandante es terminante y dice nones por eso mismo. Le hablan al oído de la necesidad de flexibilizar el discurso, como ya han hecho en Centroamérica conocidos ex guerrilleros, y mira a su interlocutor con cara de perro: «Si queremos hacer una revolución no le vamos a decir a la gente que estamos organizando una fiesta. Si queremos llegar al poder y cambiar todo, no vamos a simular ser un gatito manso. Debemos ser el tigre o el león, pero jamás traicionar nuestros principios. La gente no es estúpida y se da cuenta cuando uno cambia de rumbo de manera imprevista. Está harta de los partidos precisamente por eso. O sea: si vamos para adelante que a nadie se le ocurra hacerse el cangrejo».

Como el Perón de una época en la que todavía no se había dado por vencido, el comandante evoca a Mao, y piensa: el resultado de una guerra no está en las cosas sino en el hombre. «Y especialmente en la moral del hombre que hace la guerra. Nosotros estamos trabajando la conciencia de los hombres», dice, reafirmándose en la idea de que no se puede, en virtud de una próxima fecha electoral, caer en maniobras populistas y engañosas. Por respeto a esa misma gente que se quiere ganar. «Ni aunque tuviéramos dinero a palas, para ir repartiendo por los barrios, lo haríamos, nosotros le hablamos a la gente, tratamos de que tome conciencia de que lo que pensamos se puede llevar a la práctica». Y la gente lo entiende, vaya si lo entiende.

«Ellos no tienen bandera»

«Llamamos a cada uno de los venezolanos – dice el comandante en aquellos días– a asumir sus responsabilidades, a compartir el colectivo, en la organización de un gran frente social donde cada quien debe aportar de sí mismo lo que pueda. No sólo desde el punto de vista material, sino espiritual, intelectual, su tiempo, su trabajo. Entonces, nunca lograremos tener el dinero que ellos tienen. Pero la moral, que es el factor determinante, yo creo que allí nosotros los rebasamos. La voluntad de lucha es inquebrantable. Ahí tenemos para regalarla. La maquinaria de ellos es la maquinaria corrupta, no tienen moral, se mueven por otras cosas. Nosotros nos movemos por moral, con una bandera. Ellos no tienen bandera. Ése es el factor subjetivo sí, pero el factor subjetivo a veces –no siempre– juega un papel preponderante en el combate, en las guerras, en este caso, en la política. Nosotros estamos jugando con eso como fortaleza contra el poderío descarado de ellos».

Precisamente es esta forma de pensar la que a Chávez le ha dado siempre facilidades para conectar con la población. Se trata de algo más que olfato, tiene que ver con una decisión de cambiar las formas de hacer política. No vender quimeras cuando no las hay, pero sí reforzar la conciencia del interlocutor para embarcarlo en una batalla difícil. La mayoría de los candidatos latinoamericanos generalmente se disfrazan con el uniforme que les venden desde el Norte. Caras alegres, buenos trajes, corbatas brillantes, y expresiones de vendedores de automóviles que saben que el vehículo que están ofreciendo durará sólo un par de meses. Estos rostros casi idénticos, pueden verse en cualquiera de los países del continente, convocando al voto, con expresiones simplonas y mercantilistas: «Yo soy como usted, sígame y saldrá ganando», señalaba un político corrupto de las elecciones paraguayas, sabedor de que la mayoría conocía sus pingües ganancias en el lavado de dinero. «Me gusta el Ferrari, siempre me gustó y estoy seguro de que a la mayoría de la gente le gustaría tener uno igual. Sólo es cuestión de quererlo», confesaba el ex presidente Menem mientras posaba junto a uno de esos inalcanzables vehículos. Con tal de ganar, los políticos apelan a todo, incluso a trabajar el lado miserable de cada persona, quizás porque a ellos es el que más les agrada lucir.

Chávez sabía esto y le repugnaba. Y no por quedar como un principista sino porque lo era. En varias ocasiones, alguno de sus colaboradores intentó convencerle de que debía vestir de una manera distinta, o cuidar más su vocabulario, y el comandante lo sacó del juego con vehemencia: «No pienso someterme a ningún análisis de imagen para ser un producto que se venda. A diferencia de un jabón yo soy un ser humano. A diferencia de una toalla, soy un ser humano que piensa, actúa y tengo autonomía en ese sentido. Algunas personas dicen que el crecimiento que se registra en las encuestas es producto de que Chávez ya no es el mismo. Soy el mismo. Ahora que para ir a la televisión uno se pone corbata, que el discurso está más madurado, es algo lógico. Pero las ideas no cambian. Ni cambiarán». Sus asesores de imagen eran sus amigos, sus camaradas de lucha y no un equipo traído desde Nueva York o Madrid, con sueldos millonarios, como hacían sus contrincantes. El resto, lo hacía él mismo. Leía la prensa y contestaba –con cartas, discursos, o comunicados– la serie de infamias que le lanzaban. Como cuando una vez desde una tertulia de energúmenos –como suelen ser todas las tertulias radiofónicas en cualquier parte del mundo– se le acusó de ser un remedo caribeño de Pol Pot. Chávez lo escuchó y al toque llamó a la radio para convertir a sus acusadores en acusados.

«Para decir lo que realmente somos: nacionalistas, bolivarianos, revolucionarios, antiimperialistas, no necesitamos asesores ni grandes campañas de imagen», dijo.

El régimen *puntofijista* hizo todo lo posible para parar el irresistible ascenso de Chávez, y entre sus maniobras más arteras decidió dividir en dos fechas la convocatoria electoral general fijada en principio para el 6 de diciembre de 1998. Contando con el respaldo del Congreso –donde las fuerzas de los partidos tradicionales eran mayoría– se decidió adelantar al día 8 de noviembre las votaciones para gobernadores, diputados y senadores, y reservar el 6-D para las presidenciales. De esta forma la maquinaria tramposa de *adecos* y *copeyanos* intentó restarle peso a la figura de Chávez evitando así que en elección única se quedase no sólo con el gobierno central sino con todos los regionales. Pero además, la mafia partidocrática era consciente de que su *experiencia* de casi 40 años de chanchullos y maniobrerismo era netamente superior a las defensas que podría anteponer el Movimiento V República y el Polo Patriótico.

Otro elemento a su favor era que en las elecciones a gobernadores prima mucho la persona que se presenta, su carisma, sus enjuagues clientelistas, sus prebendas y promesas a los votantes. En Venezuela, hay una larga historia de gobernadores que nunca han podido ser derrotados, más allá del partido al que pertenezcan o las malas gestiones que ese partido haya realizado en el gobierno central.

Por todo esto, la oposición a Chávez barajaba la idea de que si en esas elecciones del 8-N vencían a los candidatos del Polo Patriótico, ese hecho influiría notablemente en la votación del 6-D y haría inclinar la balanza otra vez para la alternativa tradicional.

El apoyo del MAS

En la primera mitad de 1998 el Movimiento al Socialismo decide dar su respaldo total a la candidatura de Chávez. La Convención Nacional del MAS, partido que en ese momento mantenía cinco ministros en el gabinete del presidente Caldera, fue lo suficientemente agitada como para que dos de sus dirigentes fundacionales, Teodoro Petkoff y Pompeyo Márquez recibieran un estruendoso abucheo por oponerse a

Chávez. Petkoff era ministro de Planificación y defensor a ultranza de las recetas del FMI, y sostuvo que si se apoyaba a Chávez se produciría «la más colosal frustración que ha vivido Venezuela». Márquez, ex guerrillero como el anterior, ejercía como ministro de Asuntos Fronterizos y también presionó a la asamblea para postergar un tiempo más la decisión de formar filas junto al comandante.

El acuerdo entre el MAS y los bolivarianos se basó en que a cambio del apoyo partidista a su pretensión presidencial, Chávez respaldara a los candidatos a gobernadores del MAS en los Estados Delta Amacuro, Aragua, Portuguesa, Sucre y Lara, que hasta ese momento cogobernaban con otros partidos.

La *mala leche* que demostró la oposición al comandante se convirtió en un *boomerang*. Cuanto más se le enjuiciaba o difamaba, más crecía su nombre entre la población que aún estaba indecisa. Las equivocadas campañas por parte de Alfaro Ucero e Irene Sáenz para intentar acorralar a Chávez tipificándole de «futuro dictador» o «amigo de los comunistas», fue generando todo lo contrario de lo que se esperaba. La gente común le aceptaba porque era un innovador, porque bajaba al llano no con las manos llenas de regalos sino con propuestas de cambio reales. Pero además, y esto sí era parte de una estrategia bolivariana, cuanto más le pegaban más duro respondía. «Lo peor era cuando estábamos a la defensiva, todo el día defendiéndonos de que no somos esto ni aquello. Otra cosa es cuando uno se plantea ir siempre hacia delante, respondiendo golpe por golpe. La ofensiva es feliz, como diría Simón Rodríguez. Y los que hemos estudiado la estrategia, y las leyes de la guerra, cuando uno ataca, va en ofensiva, va con una gran fuerza moral. El solo hecho de sentirse en movimiento, progresando en el ataque, ya es moralizante».[19]

Eran momentos, en que el candidato del Polo Patriótico llamaba a golpear duro a la oligarquía y a las cúpulas corruptas. Y lo hacía subido no a una tribuna rodeada de flores exóticas como hacía la *barbie* Irene Sáez, o copada por guardaespaldas fortachones, como acostumbraban Alfaro Ucero, el ex

---

19. Blanco Muñoz, Agustín, *op. cit.*

alcalde *adeco* por Caracas, Claudio Fermín o Salas Römer. Chávez hablaba, megáfono en mano, porque no siempre había electricidad en los barrios miserables donde acumulaba apoyos, trepado en el techo de un camión de carbón o sobre los hombros de alguno de sus militantes. Desde allí, llamaba a que, por primera vez en 40 años, sean los ricos los que se coman la mierda y el pobrerío la tortilla bien condimentada. Y el pueblo entendía perfectamente a qué se le estaba comprometiendo.

La burguesía mueve ficha

Lo de Enrique Salas Römer y su Proyecto Venezuela fue impresionante en cuanto a despliegue publicitario. En el ex gobernador de Carabobo, la oligarquía y los intereses de las multinacionales invirtieron millones de dólares –casi 2.500– para imponerlo como referente. Con eslóganes fáciles como «El hombre que cambió a Carabobo cambiará a Venezuela» y la propuesta descafeinada de «Vamos a devolverle la alegría al país», Salas Romer fue dejando en el olvido a la Sáez, a Alfaro y Fermín, para ir convirtiéndose en la única alternativa de poder parar a Chávez. Por lo menos eso pensaban sus asesores de imagen que lo hacían pasear «en olor de multitudes» por las calles de los Estados más pauperizados, prometiendo el oro y el moro si los humildes le entregaban el voto.

Con el aval de sus amigos de AD y Copei, más el arrope de la poderosa Cámara Venezolano-Americana de Industria y Comercio (VenAmCham), Salas Römer se lanza a una campaña agresiva contra su máximo rival y a través de una importante cobertura audiovisual intenta mostrar a sus posibles votantes que Chávez vendría acompañado de la violencia «de que supo hacer gala en los trágicos días del 4 de febrero y el 27 de noviembre». El video mostraba imágenes de militares y civiles muertos, gestos de horror, gritos de pánico. Sin embargo, no se hablaba del «Caracazo» y sus miles de masacrados ni de las hambrunas generalizadas que habían provocado las políticas neoliberales en el país. Salas mentía convencido de que eso era bueno para todos, inventaba un país ideal, cabalgaba sobre una posible desmemoria –tan típica de los pueblos apabullados por el discurso único– pero su mensaje sólo era receptado en las urbanizaciones residenciales y en los clubes privados de la burguesía. Para el resto de la población la confrontación era muy clara: el continuismo de Salas Römer frente a los cambios revolucionarios que proponía Chávez.

«La hora del pueblo»

Para confrontar con la filosofía política de un hombre que era hijo dilecto del Pacto de Punto Fijo y que pretendía edulcorar los males venezolanos a punta de una ridícula «Operación Alegría», Chávez seguía conectando con la vena más sensible de los trabajadores, de las mujeres discriminadas, de los estudiantes. No prometía imposibles sino que simplemente decía: *Para semejantes males, tremendas medicinas*. Y hablaba a tambor batiente de lo que significaría la Asamblea Nacional Constituyente. Pronto, los encuestadores, también sorprendidos por el avance bolivariano, empezaron a buscar respuestas que conformaran a sus mandamases, y la salida elegante fue que «Chávez personificaba el *voto venganza*» de los más ultrajados por el bipartidismo, pero nadie quería poner el dedo en la herida. Si había *voto venganza*, si realmente el pueblo necesitaba un comandante que se convierta en vengador, lo lógico hubiera sido explicar qué se quería vengar. Chávez sí lo hacía y con un lenguaje llano. Enfundado en su uniforme militar –la imagen con que siempre le ha gustado verle a sus seguidores– arengaba: 'Cuarenta años nos han tenido dominados, hoy junto a Bolívar y su pensamiento, les decimos a nuestros dominadores: llegó la hora del pueblo y no intenten detenerlo».

La rabia

«A mí han tratado de enlodarme con todo, para decir que soy un violento. Pero no es así. Soy un soldado, no un mercenario. ¿Qué creen que siente un hombre que ve morir a su hijo por falta de un hospital con las herramientas mínimas para salvarle la vida o que lo mata un policía y luego vas por las Mercedes y ves todas esas tiendas, esos carros, ese lujo obsceno protegido por esa misma policía? Yo no estoy animando más esa violencia, repito, soy un soldado, no un mercenario. Esa cultura de la muerte está sembrada en el corazón del pueblo. Por eso es justo que haya rabia. Es un odio que estoy escuchando, canalizando, pero que no puedo ignorar».

(*Hugo Chávez Frías*–abril 1998)

La jugada de Venevisión

Pero no todo el apoyo que generaba Chávez venía de los sectores populares. Frente a la gran polarización existente entre los dos candidatos con grandes posibilidades, algunos sectores vinculados a importantes grupos financieros empezaron a recoger velas en su campaña de desprestigio de los candidatos bolivarianos y a tratar de buscar ellos también un pequeño lugar bajo el sol. Éste fue el caso de Gustavo Cisneros, de Venevisión, quien primero bajó el perfil en sus críticas y luego terminó prácticamente avalando la candidatura bolivariana. Fue uno de los pocos y no precisamente por afinidad ideológica sino por *ductilidad empresarial*. El hombre vio que se venía el aluvión bolivariano y mejor estar de buenas migas que en la vereda de enfrente. En uno de los encuentros que mantuvo con el candidato, Cisneros intentó halagarle con referencias a Bolívar y su pasión libertadora, pero Chávez se mantuvo rígido y en todo momento dejó claro que él iba a gobernar para todos los venezolanos pero en especial para algunos: los que menos tenían. Cisneros puso cara de póker y cambió de tema.

La escalada final

A medida que la fecha del 8 de noviembre se acerca, el ambiente se pone al rojo vivo, el mundo del bipartidismo empieza a sentir la presión de lo que marcan ya incuestionablemente las encuestas. Chávez va a la cabeza y parece imparable de cara a la otra cita obligada, las presidenciales del 6 de diciembre. Quienes habían presionado vía el Parlamento para desdoblar el calendario electoral en dos y así poder perjudicar al candidato bolivariano, no sabían dónde meter la cabeza. De nada han servido las campañas de desprestigio y las gestiones oficiosas ante el propio gobierno de los Estados Unidos para que frenen al candidato. Tampoco los millones de dólares producto del narcotráfico puestos a disposición de la oposición por algunos de los jerarcas cubanos de Miami. Chávez advierte a quien lo quiera oír que su movimiento no está dispuesto a dejarse arrebatar el triunfo como ocurriera en el pasado con Andrés Velásquez. «Si perdemos las elecciones las perdemos de verdad. Yo no voy a reconocer una derrota si no la compruebo ciertamente, así que conmigo no cuenten para ganar. Si ganan tendrán que hacerlo por recursos propios. Si son lícitos aceptaremos haber perdido, si son ilícitos pelearemos para demostrar que la razón está con nosotros».

En ese clima se llega a los primeros días de noviembre. Chávez convoca a su acto de cierre de campaña y allí se produce algo impresionante. Más de un millón de personas desbordan todas las previsiones y llenan las calles de Caracas. Un millón de gargantas exigiendo a su «presidente» que castigue a los corruptos, que avance porque le apoyan «hasta la muerte», que gobierne para los que más necesitan. El comandante entiende el mensaje y se yergue de manera sorprendente sobre la tarima. Pronuncia un discurso de guerra porque guerra es lo que estaban buscando quienes se le oponían. «Vamos a quitarle el poder a los poderosos para dárselo al pueblo», dice y la multitud grita al unísono: «Chávez, Chávez». «Vamos a revertir para siempre esta situación de pobreza, de niños descalzos, de falta de trabajo. El pueblo venezolano se merece otro destino y nos comprometemos entre todos a buscarlo o a ganarlo». Horas después de terminado el acto, cientos de miles de manifestantes seguían ocupando calles y avenidas, gritando el nombre de su líder y demostrando a todos aquéllos que aún dudaban sobre los resultados que se darían el 8, que para el 6-D ya había un ganador. La marea humana insistía: «Chávez, Chávez».

Y llegó el momento de la verdad, o por lo menos la primera instancia de la misma. Con la presencia de observadores internacionales, entre ellos de la propia Organización de Estados Americanos (OEA) y otros extranjeros que en su gran mayoría habían concurrido a Venezuela con la oculta idea de observar cómo lo del triunfo de Chávez era puro espejismo, las urnas mostraron palmariamente lo que se avecinaba para el 6-D. No obstante obtener más votos que el MVR, los *adecos* no podían considerarse nada satisfechos. Los bolivarianos habían logrado imponerse en gobernaciones que hasta ese momento eran baluartes del bipartidismo, como la de Vargas o la de Barinas, donde el padre de Chávez se alzó con el triunfo en pleno feudo de la gente de Carlos Andrés Pérez. En Aragua, el representante del Polo Patriótico, Didalco Bolívar, arrasó a las fuerzas tradicionalistas, obteniendo un 75% de los votos.

En la votación para diputados y senadores, la ventaja de AD con el MVR fue mínima, y en general toda la elección dejó claro que de nada había servido la maniobra de partir los comicios en dos. Chávez y su gente no sólo habían obtenido más votos de los imaginados por sus rivales, sino que incluso habían dado *señales* luminosas en gobernaciones emblemáticas del *puntofijismo*. Sólo con ver los rostros de los candidatos de la partidocracia se podía tener una dimensión de que algo muy parecido al pánico empezaba a instalarse en los bunkers de las formaciones conservadoras. Los comentarios despreciativos hacia el magro papel que podían jugar Irene Sáez y Alfaro Ucero se empezaron a hacer muy evidentes. El huracán Chávez seguía soplando fuerte y demolía uno a uno los muros que se le intentaban poner adelante.

A medida que empezaron a transcurrir los días y el 6-D se acercaba, los enemigos de Chávez se dieron cuenta de que todas las fórmulas anteriores estaban obsoletas. Dejando de lado cualquier tipo de pruritos éticos –poco habituales en este ámbito– llamaron a unir todas las fuerzas posibles contra el arrollador avance de los bolivarianos. Las reuniones se hacen intensas entre los jerarcas de AD y Copei buscando fórmulas para parar lo que ya parecía irreversible. Y surge la consigna de que más allá de las candidaturas partidarias lo que más exigían «los sacrosantos intereses de Venezuela», era la derrota de quien ellos mismos caracterizaban como «el caos y el retorno a la violencia».

La histeria bipartidista llegó al límite cuando las empresas encuestadoras –generalmente manejadas por gente vinculada a ellos mismos– manifestaron que los indicadores daban más votos a Chávez que antes del 8-N. Ése fue el momento, en que tanto AD como Copei decidieron soltar lastre y condenar a muerte a sus propios candidatos, Alfaro e Irene –a quienes acusaban en los corrillos de no tener perfil suficiente– para respaldar al que ellos creían que podía ser la salvación del barco a punto de naufragar: Salas Römer y su Proyecto Venezuela. Surge así la idea de enfrentar al Polo Patriótico con un Polo Democrático. La unidad de todos los que no querían soltar el pastel y que intentaban amarrarse al sillón de Miraflores con cadenas muy gruesas.

«Una realidad irreversible»

El ex presidente Carlos Andrés Pérez no podía con su cuerpo en esos días aciagos de noviembre. El mazazo bolivariano lo había dejado de cama y en la búsqueda de explicaciones solo atinaba a musitar: «No es posible, no es posible». Luego, entrando más en tema aclaraba: «Lamentablemente, el triunfo de Chávez es casi una realidad irreversible y por culpa de nosotros mismos. La falta de responsabilidad nacional de los partidos que dominan en el Congreso, es decir AD y Copei, raya en la traición cuando resolvieron hacer una reforma electoral para cumplir con una maniobra que no diera ningún resultado y en cambio omite lo que se tenía que hacer, que era establecer la doble vuelta. Con la doble vuelta no se estaría corriendo ningún peligro, bueno, tendríamos el peligro de un mal gobierno, pero no de una dictadura... El pueblo venezolano está siendo víctima de un fenómeno de inconsciencia que lo ha llevado a una ceguera insólita. Los venezolanos en este momento, agredidos y humillados por la situación del país, haciendo culpables por muchas razones a los partidos políticos, y a todos los que hemos intervenido en la vida pública, en este momento no está pensando sino en la venganza. Ellos se sienten representados por un candidato. Cuando uno le pregunta a un chavista por qué vota por Chávez, nunca dice porque es inteligente, sino que señala que es el único capaz de acabar con todo esto».

Petulante como siempre, fascistoide como en sus mejores tiempos, cínico en cada uno de sus definiciones, el colega de Felipe González concluía: «Los pueblos cuando no tienen orientadores ni guías se equivocan. Hay equivocaciones históricas como las del pueblo alemán, cuando el marco se fue al suelo y el desempleo aumentó, resolvieron nombrar a un sargento canciller y vean ustedes lo que nos pasó. Claro está que no estoy comparando Alemania con Venezuela sino que las circunstancias son similares...». El genocida del «Caracazo» sangraba por la herida. Y todavía faltaba lo peor.

Pánico en la oposición

Era tan tramposa y maniquea la arena política venezolana, que podían darse situaciones realmente típicas de repubiquetas bananeras. Para muestra vale este ejemplo de los andariveles por los que se movía la célebre democracia representativa. Para los comicios cualquier venezolano estaba habilitado a presentarse como candidato avalado por varios partidos. En la tarjeta electoral aparece entonces su foto tantas veces como partidos le postulan, junto a su nombre y cada tarjeta con el nombre y color del partido correspondiente. Por ejemplo, en la tarjeta de votación podía aparecer la foto de Chávez unas 10 veces con las siglas del MVR, del PPT, del MAS, del PCV y de otros partidos menores.

De allí que cuando Copei y AD retiran –15 días antes del 6-D– su apoyo a Irene Sáez y Alfaro Ucero respectivamente, surge la polémica sobre si esa tarjeta les corresponde a ellos o al partido que los postula y el Consejo Nacional Electoral –entidad notoriamente influenciada por ambas formaciones políticas– decidió finalmente que la tarjeta pertenecía al partido. Por lo tanto, la gente que votara en las tarjetas de AD y Copei –en las cuales aparecían las fotos de Alfaro e Irene– estarían sufragando realmente a Salas Römer, que a partir de ese momento era el nuevo candidato de ambos partidos. Un verdadero galimatías para tratar de que no gane el que deseaba la mayoría. Se creaba así un *candidato único* que enfrentara a Chávez.

Irene da el portazo

Frente a este panorama, Irene Sáez monta en cólera y convoca una rueda de prensa. Se siente traicionada –dice– por tanta vesania, y señala que «devuelve a Copei una tarjeta que nunca me perteneció». Con un rictus de amargura que no podía disimular su habitual carga de maquillaje color pastel, la ex preferida de los *copeyanos* se refirió a sus patrocinadores como «crueles e inhumanos». Además, confirmó que pedirá al Consejo Electoral que tache su rostro de la tarjeta verde de Copei, ya que –advirtió a sus votantes– «no me estarán dando el voto a mí sino a Salas Römer». Reafirmó que ella no se retiraría de las elecciones y que todavía contaba con el apoyo de dos partidos: uno creado por ella misma y cuya sigla era la de su propio nombre Irene y otro, llamado Factor Democrático. La candidata despechada señaló que pertenecía a un pueblo «que no tiene por qué dividirse entre el odio y el miedo, no tienen por qué dividir a nuestra patria en dos polos: un polo democrático y un polo patriótico. Todos somos demócratas y todos somos patriotas: somos un solo pueblo». Con voz quebrada por la amargura concluyó: «Que se cuide Salas Römer porque a él también lo pueden abandonar quienes hoy le acarician la espalda, lo pueden dejar solo como han hecho conmigo».

Tras este anuncio, otro de los candidatos vapuleado por los resultados del 8-N, Claudio Fermín, decide bajarse súbitamente del barco y retirar su nombre de los próximos comicios.

En los gabinetes del nuevo Polo Democrático, que en el último momento intentaba aupar a Salas Römer como «la gran alternativa», se movían todo tipo de personas cuyo única fórmula de coincidencia era el de ser opositor acérrimo a Chávez. Allí se daban cita personajes descoloridos como el recalcitrante anticastrista de Miami, Carlos Alberto Montaner, quien acusó públicamente a Chávez de querer conformar una «nueva internacional comunista», hasta el embajador norteamericano en Caracas, John Maisto, quien no perdía oportunidad para runrunear que «en Estados Unidos había honda preocupación» por los cambios radicales anunciados por el líder del Polo Patriótico. Pero las palmas se las llevaban gentes como los del clandestino Grupo Antichávez de Venezuela (GACV), donde militaban conocidos popes de la oligarquía venezolana. Éstos, que se hacían leer desde una página web de internet, presagiaban días apocalípticos si vencía el comandante.

En su memorando de razones por las que no había que votarle el 6-D, el GACV señalaba:

*Chávez no es una persona preparada en ningún sentido para llevar a Venezuela al Primer Mundo.

*No tiene idea de política, sólo de guerrilla y deslealtades.

*Chávez es una persona de carácter altamente inestable, cosa que ya de por sí lo incapacita para el cargo de presidente de una nación en crisis.

*Es una persona con un largo historial de violencia y conspiración, que data de 1977.

*Es una persona con una alta tendencia a mentir. Demostradas veces hemos oído sus mentiras.

*Chávez no tiene ninguna experiencia en economía, administración o nada que se le parezca.

*Es altamente infiel. No sólo con su país, pues faltó al juramento de lealtad de la milicia, sino a su familia, a los intereses del pueblo venezolano.

*Es un hombre con tendencias *fidel-castristas*, las cuales no tienen cabida en ningún país democrático.

*Su sistema económico se basa en jugar béisbol cada vez que está en apuros.

*No estamos de acuerdo con la Constituyente ni mucho menos, y si alguno de nosotros piensa que la Constituyente es algo viable, estamos seguros de que Chávez no es la persona ideal para guiarla.

*Venezuela es un país pacífico, de hecho, el único país que no ha entrado en estado de guerra con ningún otro en todo el siglo. No puede ser dirigido por un guerrillero como Chávez.

*Venezuela está en un estado de crisis económica, social y de identidad. No podemos ponernos a jugar a los revolucionarios, tenemos que irnos por el camino más firme, pero hacia delante, no hacia donde nos lleva Chávez.

Neoliberalismo, jamás

Seguro de su triunfo, Chávez apretó el acelerador en los últimos días de una campaña como jamás vio Venezuela. Cuanto más le pegaban sus opositores, más contento parecían ponerse el candidato bolivariano y su equipo de colaboradores, ya que la unidad de sus enemigos –reconocidos por grandes franjas de la población como los que habían conducido al país a la mayor crisis de su historia– generaba nuevas adhesiones de las barriadas humildes pero también de los sectores de clase media descreídos de la politiquería bipartidista. «Se han unido todos los corruptos para que los derrotemos en un día», decía el candidato a presidente, y enseguida confirmaba que: «Las cúpulas de la corrupción no le temen a Chávez sino a perder sus privilegios. Por eso llamo a las bases confundidas de AD y de Copei a que se vengan, a que dejen atrás a esas cúpulas, a que hagan como dijo Jesucristo: *Dejen que los muertos entierren a los muertos*».

Para dar seguridad de que su ascenso al gobierno no generaría mayor inestabilidad, aseguraba que no habría devaluación del bolívar –como se rumoreaba en la City– y que le daría continuidad al mecanismo de bandas de flotación que aplicaba el Banco Central. Pero sobre todo no dejaba escapar ni una ocasión para condenar a muerte al capitalismo salvaje y al neoliberalismo. «*Vade retro* Satanás, Venezuela no será neoliberal mientras nosotros podamos impedirlo», declaraba a cuatro días de la votación.

Salas Römer sabía que su situación no era óptima pero no perdía el optimismo. Estaba convencido de que los resultados de noviembre obligatoriamente no tenían por qué comprometer los de diciembre, y para ello había puesto de ejemplo a Colombia, donde los liberales habían derrotado a los conservadores en las elecciones regionales y para diputados. Y muy poco tiempo después, el candidato conservador Andrés Pastrana se hacía con la Presidencia. Con este nivel de autoconformismo se lanzó a subir la cuesta final gastando las millonadas que le ofrecían sus auspiciantes de las multinacionales y los barrios altos de Caracas. Henchido de patrioterismo –que como suele decir el comandante Chávez «es a lo más que pueden aspirar algunos individuos»– organizó una espectacular cabalgata, donde recorrió pueblos y barrios como si fuera el Llanero solitario encima de su fiel *Silver*, en busca de apoyos y aplausos. La gente se juntó a su alrededor, es cierto, pero más para ver pasar un excéntrico arquetipo de la Venezuela que se iba –después de 40 años de autoritarismo y nepotismo– que para proclamar la victoria de ese canoso y bien arropado jinete que parecía querer comerse el mundo a pura sonrisa.

La muchedumbre ilumina el triunfo

El día del cierre de la campaña electoral se volvió a repetir la magia de lo que ya había ocurrido en el acto similar anterior al 8-N. Caracas fue un río humano que llenaba con su clamor todas las calles y todos los rincones. La avenida Bolívar y sus alrededores no daban abasto para albergar a tanta gente. Gente de los barrios más sumergidos de la ciudad habían aguantado muchas horas para ver y escuchar a su líder, pero también estaban los estudiantes, los obreros y un importante número de profesionales que respaldaban al Polo Patriótico. Y no podían faltar las mujeres venezolanas que por miles suelen llenar las calles de la ciudad durante los días laborables, pero que en esa ocasión inundaron con las coloridas telas de sus vestimentas el grueso de la manifestación.

Frente a la tarima central del acto había una imitación del caballo *Frijolito* al cual montaba un muñeco vestido como Henrique Salas Römer, con una lanza de Copei en la mano izquierda y un escudo de AD en la derecha. En respuesta a los presentadores, quienes preguntaban: *¿Dónde están los corruptos?*, la multitud señalaba al muñeco y gritaba: «*Ahí, ahí, ahí*».

Mientras la plana mayor del Polo Democrático se acomodaba en el palco, se anunció que Chávez había arribado al final de la avenida. El gentío irrumpió en vítores: «*Chávez, Chávez*» y el popular «*El pueblo ya lo sabe, el presidente es Chávez*», que sirvió de estímulo en toda la campaña.

Cuarenta y cinco minutos tardó el jefe bolivariano en recorrer la avenida en una camioneta en la que se hallaba flanqueado por los gobernadores de Zulia, Arias Cárdenas, y de Aragua, Didalco Bolívar. Desde arriba de la tarima el espectáculo que visualizó Chávez era imponente, miles y miles de venozolanos y venezolanas estaban allí para testimoniarle su adhesión. Como en las épocas más duras, ahora que el enemigo se había convertido en un solo puño, la masa bolivariana quería que su conducción sintiera que estaba a la orden para lo que hiciera falta.

Por eso a Chávez le costó empezar. Quería alojar en su retina ese espectáculo único que es el pueblo movilizado en defensa de lo que durante tantos años se le ha negado. Y finalmente gritó: «Nada ni nadie podrá evitar el triunfo del pueblo venezolano». Criticó duramente la decisión del Consejo Electoral de darle la tarjeta de AD a Salas Römer y advirtió al pueblo que debía entrar en estado de emergencia «porque no nos vamos a dejar robar las elecciones. Con nosotros se han equivocado los que están acostumbrados a robar y a saquear al pueblo venezolano».

Mientras estaba hablando, un hombre vestido de blanco trepó al escenario con un cartel que decía: «*Adecos* con Chávez», lo que obligó al orador a señalar: «Bienvenidas todas las bases *adecas* y *copeyanas* que se quieran sumar a esta revolución patriótica».

La traca final fue para dar cuenta de lo que se jugaba el 6-D: «Aquí el verdadero dilema está entre la corrupción y la honestidad; entre el continuismo de esta podredumbre, que tiene asqueados a los venezolanos, o el camino que nosotros ofrecemos como salida hacia una democracia verdadera y una Venezuela nueva. Se ha caído la careta del señor Salas Römer, reiteró, quien ahora es el candidato de los mismos que destrozaron al país en los últimos 40 años, y del gobierno de Rafael Caldera. A todos juntos los vamos a derrotar el próximo domingo, por el honor y por la dignidad de este maravilloso pueblo».

A la multitud le costó emprender el camino de vuelta a sus casas. Había ganas de empezar a festejar lo que ya estaba cantado en las calles. Ni las encuestas decían lo contrario. Chávez era número puesto.

El 6 de diciembre de 1998 muchos ojos estaban mirando hacia Venezuela. Algunos, desde Washington, a la expectativa por lo que se podía generar a partir de aquel momento si efectivamente ganaba Chávez. No sólo por el país y su petróleo (algo que al Pentágono no deja de preocuparle) sino en función de una Latinoamérica que por distintos vértices empieza a querer romper el corsé con que la han querido amarrar. Otros, como los *observadores* de la OEA y el *meticón* de Jimmy Carter –que ahora juega de *progre* y cuando le tocó gobernar no dejó de hostilizar a Cuba y a los revolucionarios latinoamericanos–, intentaban ponerse a tono con la llegada de este otro «aluvión zoológico» –son las palabras textuales utilizadas por un dirigente derechista cuando el peronismo irrumpió en la escena política en 1945 en Argentina– en el concierto continental. Por último, desde Europa, donde el discurso y las andanzas golpistas de Chávez preocupaban en demasía, se había hecho una campaña a través de los medios ostensiblemente agresiva con el candidato del Polo Patriótico. Para todos ellos, incluida buena parte de la izquierda europea que no comprendía el fenómeno de ese ex militar nacionalista que ahora quería hacerse con el poder por las urnas, lo mejor que podía ocurrir era que los bolivarianos perdieran. Por eso, ese día que amaneció lluvioso, el pueblo venezolano puede decirse que se puso la botas y salió a votar contra todos y, por primera vez, a elegir a favor de sí mismo.

Una apisonadora

«Ganó Chávez» gritó un *carajito* de Petare. «Los pasamos por encima», le hizo eco una humilde mujer de Catia. «Por fin venció el pueblo», corearon miles de voces en los cuatro costados del país. La gente había ido a votar como nunca y cuando el reloj recién marcaba la una de la tarde ya la suerte estaba echada. Con las mismas armas que el enemigo de las masas bolivarianas había elegido, el huracán bolivariano arrasó en todo el país. «Es que acaso no era lo que querían los políticos, que se hiciese el cambio en democracia», afirmaba un dirigente del Polo Patriótico, mientras recordaba a los periodistas extranjeros que cubrían la jornada que «nosotros hubiéramos preferido haber vencido el 4 de febrero o el 27 de noviembre, pero no pudimos y entonces dijimos: les vamos a ganar en su terreno. Y así fue, a ver qué inventan ahora para desprestigiar esta victoria».

La apisonadora «chavista» fue impresionante y no dejó margen para las dudas. Obtiene el 56,7% de los votos (casi 2.800.000 papeletas para el Polo Patriótico) frente al 39,7% de Salas Römer. Irene Sáez logró 157.000 sufragios, Luis Alfaro Ucero, no alcanzó ni 18.000 votos y el resto no vale la pena ni mencionarlos.

Chávez se impuso con holgura en la mayoría de los Estados del país, incluido Carabobo, el feudo de Salas Römer, pero resultó perdedor en Amazonas, Apure, Delta, Amacuro, Nueva Esparta y Táchira. Pero lo más importante, es que el líder bolivariano también sobrepasó las expectativas en zonas donde tradicionalmente vencía AD o Copei, lo que demuestra que muchísimos votantes de la base de esos partidos decidieron darle la espalda a sus dirigentes y optar por un nuevo camino. No hay que olvidar que 16 gobernadores y 190 alcaldes se habían sumado al Proyecto Venezuela. La derrota de su referente terminó golpeándoles a todos por igual.

Alentada por las informaciones que se empezaban a colar por distintos medios, mucha gente partidaria de Chávez se lanzó a la calle poco después de las 5 de la tarde, cuando todavía regía la prohibición de manifestarse. En los barrios los cohetes atronaban el aire y en la avenida Bolívar un grupo de jóvenes desplegó un inmenso cartelón que decía: «No hay mal que dure 40 años».

Horas después, cuando el bullicio de gritos de festejo del triunfo se mezclaba con miles de boinas rojas (parte del uniforme bolivariano que adoptó para sí la población) que eran lanzadas al aire, Chávez decía sus primeras palabras: «Esta victoria estaba escrita. El pueblo ha dado una demostración de que quiere democracia, que quiere una transformación verdadera y ése debe ser el compromiso de un nuevo liderazgo, mirando hacia el siglo XXI». Y enseguida mencionó que «este proceso revolucionario que hoy empieza dará al país la Constitución que se merece y nadie podrá evitarla porque ésa es la expresión de la voz de la nación».

Contento por haber «arrasado en Caracas», señaló que «aquí la disyuntiva es continuismo o transformación. El continuismo está representado por la idea de seguir con el mismo modelo político, con este mismo esquema de gobierno, representado tanto por Irene Sáez, por Claudio Fermín, como por Salas Römer y Alfaro Ucero. Todos ellos están en el mismo marco de continuismo del Pacto de Punto Fijo que hoy hemos derrotado para siempre. Yo no tengo la menor duda de que la primera fuerza social y política de la Venezuela de fin de siglo y de comienzos del próximo es la que nosotros representamos». Junto al secretario ejecutivo del MVR, Luis Miquilena y al dirigente del PPT, Pablo Medina, Chávez dijo: «Ganó Venezuela, ganó la historia, ganó el pueblo».

En un acto celebrado esa misma noche en el centro de Caracas y al que asistieron decenas de miles de personas, Chávez se volvió a juntar con su gente, para pedirles con humildad que había llegado la hora de unirse para sacar al país del atolladero. Y les dedicó ese momento tan importante, el de la proclamación: «Yo, Hugo Chávez Frías, proclamo al pueblo como verdadero dueño de su soberanía, proclamo al pueblo venezolano como hijo de Dios, proclamo al pueblo venezolano como dueño de su propia historia porque allí está la verdad de la historia. La voz del pueblo es la voz de Dios, reconocido es». Luego citó a Rómulo Gallegos, la gran figura literaria venezolana de todos los tiempos, en su obra *Doña Bárbara* y dijo: «Aquí está un pueblo que sueña, que gime, una raza buena que ama, sufre y espera». Y terminó invocando a Bolívar cuando señaló: «Yo apenas soy uno más del conjunto, apenas soy una débil paja arrastrada por un huracán revolucionario».

Cuando todavía en las calles se seguía festejando el triunfo, Chávez, que sabe perfectamente que en estas ocasiones únicas no hay que perder tiempo, agiliza la puesta en marcha de uno de sus grandes proyectos, el que facilitará la revolución política que necesita el país: la Asamblea Nacional Constituyente (ANC). Enseguida integra a un grupo de civiles, entendidos en el tema y seguidores de su trayectoria desde los tiempos de los dos levantamientos militares, y los pone a trabajar en una Comisión Presidencial Constituyente. Debían trabajar a toda máquina a fin de tener para el 2 de febrero de 1999, el documento que asegurara la «convocatoria para la transformación del sistema político venezolano». Ese mismo día, una hora antes de recibir la banda presidencial y el bastón de mando, Chávez firmaba la llamada a realizar el referéndum por la ANC el 25 de abril. Una de las preguntas del texto decía sencillamente: «*¿Convoca usted a una Asamblea Nacional Constituyente para transformar las bases jurídicas y políticas y fundar una democracia social y participativa?*». Se estaba poniendo en marcha el cambio real que el país necesitaba y demoliendo de esta manera 40 años de una mal llamada «democracia participativa» que no era otra cosa que el sometimiento de las mayorías a los caprichos de dos partidos que hablaban, decidían y ejecutaban en nombre de todas y todos.

Capítulo X

El pueblo al poder

Venezuela entera fue una fiesta ese anhelado 2 de febrero de 1999. Cualquier foto aérea hecha en esa ocasión retrataría un hormigueo constante de gentes, llegadas no sólo desde los barrios pobres de Caracas sino de muchas otras regiones del país para participar del acontecimiento. «El pueblo al poder», garabatearon los estudiantes cerca de la salida del metro de la Ciudad Universitaria y la frase podía verse escrita en cualquiera de los rostros de esos miles de hombres y mujeres que reían y gritaban en la calle. *Asume Chávez, irrumpe el pueblo,* decía la improvisada canción de un guitarrista llegado desde Maracay y la alegría seguía contagiando a quien cruzara a su encuentro. Esta vez la marea humana no había sido traída a la fuerza como en otras ocasiones, o con la promesa de comida y bebida gratis, ni con autobuses pagados o trenes fletados por el alcalde de turno. Allí estaban los desesperados pero también los trabajadores cualificados. Las amas de casa y las obreras textiles, los chavales arruinados por el *huelepega* y los funcionarios hartos de que se les eche la culpa de todo. Pero para diferenciarse del resto del continente y del mundo, allí también estaban los militares, con uniforme y sin él, mostrando orgullosos su boina roja del MRB-200 pero también de los paracaidistas de Chávez, aquéllos que durante dos jornadas históricas intentaron voltear con las armas a los corruptos y autoritarios, a los masacradores del «Caracazo». Y también desfilaban, con la risa de oreja a oreja, muchos de los viejos luchadores de las guerrillas de los sesenta y de levantamientos épicos como el Carupanazo y el Porteñazo. Esa mañana se estrechaban en un abrazo largo y prolongado la *Patria buena* de Alí Primera y la de Bolívar, Simón Rodríguez y Zamora. La de los muertos de ayer y los combatientes de siempre.

Ante la «moribunda»

El gran día había llegado, y Chávez no pudo dejar de hacer un inmenso guiño a sus seguidores. A pesar de las circunstancias, por encima del protocolo, como él solía acostumbrar. En el Congreso, y frente al presidente del Parlamento, juró el cargo de manera muy especial, para que todo el mundo tuviera claro qué tipo de proceso se estaba instaurando: «*Juro ante Dios, ante la Patria y ante mi pueblo, sobre esta moribunda Constitución, que haré cumplir e impulsaré las transformaciones democráticas necesarias para que la República nueva tenga una Carta Magna adecuada a los nuevos tiempos*». Ni más ni menos. Horas después, juramentaba a los nuevos ministros y firmaba el decreto convocando a la población a un referéndum donde debía contestar si quería o no quería la Asamblea Nacional Constituyente. Para el nuevo gobernante, pero sobre todo para el movimiento inmenso que venía recorriendo el largo camino hacia el poder, la ANC era un engranaje esencial para que toda la maquinaria empezase realmente a funcionar. No se podía seguir con medias tintas cuando se contaba con algo tan preciado como el masivo apoyo popular. El 25 de abril era la próxima fecha a tener en cuenta. Ese día el SÍ debía ser mayoritario. Con esa música en los oídos y los abrazos de sus compañeros de las horas más duras, el ciudadano Presidente saludó a Bolívar en el Panteón Nacional y se fue a iluminarse de cuerpo entero con su pueblo.

Habló el jefe de toda una gesta y muchos de los que estaban frente a él parecían no creer en lo que estaban viendo. En el paseo de los Próceres, en el mismo patio de la Academia Militar donde Chávez y sus hombres tanto habían conspirado y que ahora estaba atestado como nunca. Después de vitorear a Venezuela, a los pueblos de Latinoamérica y el mundo, dijo, con voz emocionada: «Todo lo que va a ocurrir debajo del sol, tiene su hora. Eso lo dice el libro sagrado del Eclesiastés. *Todo lo que va a ocurrir debajo del sol tiene su hora*. Hoy, 2 de febrero de 1999 ¡Llegó la hora del pueblo de Venezuela! ¡Llegó la hora de la resurrección de la Patria de Simón Bolívar!».

«Nosotros estamos hechos con un barro especial –dijo el comandante–. En este mismo valle, cuando habitaban aquí los bisabuelos de los bisabuelos de nuestros bisabuelos, los indios Caracas, los indios Caribe, que cruzaban el mar de las Antillas y que aquí echaron raíces y construyeron una civilización. Cuando esto ocurría en este mismo valle, había el orgullo de la raza que nosotros llevamos por dentro. Se oía a lo largo y ancho del Valle de Caracas aquel grito: *Ana karina rote, auno comi toto paparoto mantero*. El grito de los Caribes, el grito de los indios de nuestra raza que supieron defender con coraje y con valentía su dignidad. Y luego, un poco más acá en el tiempo histórico, en este mismo valle se forja una generación que cruzó los mares, que cruzó los ríos, que cruzó las montañas, que cruzó las selvas y las llanuras inundadas por el agua de los inviernos para llevar esa misma bandera libertaria desde las costas del Caribe hasta el Alto Perú, hasta el Cerro Condorcunca. Nosotros somos un pueblo de libertadores y ahora tenemos que demostrarlo de nuevo ante la historia y ante el mundo entero. Por eso digo que tenemos que cumplir la tarea, tenemos la fuerza que traemos de siglos, tenemos el coraje acumulado de muchos y muchas y ahora yo, consciente de esa fuerza que tienen ustedes, convoco a que todos apliquemos con vigor nuestra fuerza para salvar a la Patria, para reconstruirla, para que nazca de verdad una democracia amplia y sólida, para que en Venezuela florezcan las luces y la moral. Como decía Simón Bolívar en Angostura: *Moral y luces son nuestras primeras necesidades*. Moral y luces son los polos de la República».

Lo de Chávez ese día quedó para la historia. Jamás presidente alguno se había animado «a ofender a la Constitución del 61» y para colmo «delante de invitados tan ilustres», según comentaba la prensa opositora. ¡Qué iban a decir los presidentes de otros países! «Hasta dónde hemos descendido».

Cacareaban tertulianos, politicastros y señoras enjoyadas de ésas que nunca faltan, y todos ellos coincidían en echar agua hirviendo sobre el nuevo mandatario. Derrotados como nunca por el peso de las urnas no sabían cómo volver a la carga para enfrentar a ese militar que les mostraba su desprecio con la misma claridad que bien quisieran hacerlo los explotados de sus fábricas, las esclavas despreciadas de sus mansiones, los postergados campesinos de sus latifundios. Nunca alguien se había animado a tanto, y para colmo desde la máxima jerarquía del Estado. Tratar de *moribunda* a la gloriosa Constitución que tantos beneficios les había otorgado, y por si esto no fuera poco, amenazar con una nueva. Algo estaba andando muy mal para las clases dominantes de los últimos 40 años de la Venezuela petrolera. Y lo peor es que no era fácil enfrentar a ése al que empezaron a nombrar bufonamente como el *mico mandante*. Parecían histéricos, desolados y con un poco de miedo por la Venezuela bolivariana que se les venía encima. Los ricos, los *chorizos* de alta alcurnia, los asesinos de tantas y tantos. El sistema.

El abrazo de Fidel

En medio de los festejos y acompañando a todos ellos, un solo mandatario venido desde afuera atrajo tanta atención como el mismísimo Chávez. Era un hermano dilecto del pueblo venezolano, alguien que cuando el ahora Presidente recibía embates de uno y otro lado lo recibió con todos los honores en su país y le alentó como nadie para que siguiera firme en el proceso que estaba llevando adelante. Por eso, Fidel Castro fue vitoreado hasta la saciedad por ese agradecido pueblo que tanta simpatía manifestó siempre por la revolución socialista de los vecinos. Cuarenta años y diez días después de la última vez que Fidel pisara Venezuela –uno de los países que primero visitó apenas bajó victorioso de la Sierra Maestra– el líder revolucionario de todos los sin voz latinoamericanos volvía al Aula Magna de la Universidad Central para decirle a los casi 6.000 estudiantes que le aclamaron: «Cuba está dispuesta a resistir, todo lo que sea necesario resistir ante Estados Unidos, el grande e imperial vecino que queda como la única superpotencia en el terreno económico, político, militar, tecnológico y cultural.»

El comandante en jefe de un proceso que parecía irrepetible quería aconsejar fraternalmente a estos otros revolucionarios de fin de siglo que, por vías distintas y de manera casi providencial, lograban colarse a través del muro del imperio y gritarle al mundo, entre otras cosas, que Cuba ya no estaba sola.

«Nuestro primer deber internacionalista, en este momento, es defender esta trinchera, como decía José Martí, que era más bolivariano que martiano», dijo Fidel y el espacioso local de la UCV estalló en una ovación. Y habló, claro está, de los avances indiscutibles de la Revolución cubana en materia de alfabetización, educación, deporte y salud. Señalando para quienes recién empezaban a recorrer un camino que auguró muy difícil: «Fueron las leyes las que más contribuyeron a formar una conciencia socialista. Menciono esto como prueba de lo que se puede hacer con el ser humano y con el pueblo si tiene la oportunidad de estudiar, de aprender y adquirir una cultura política».

Un programa creíble

Más allá del particular carisma que podían tener las fuerzas bolivarianas sobre la población, lo cierto es que el nuevo gobierno llegó con deseos de ejecutar un programa que en su trazado buscaba introducir cambios profundos –todos los que posibilitan el acceso al sillón presidencial por obra y gracia de una vía pacífica, no hay que olvidarlo– en un país anquilosado por las promesas y el mal funcionamiento de sus instituciones. La propuesta de Chávez apuntaba a la transformación de las instancias de poder dejando de lado el modelo político que había sido derrotado por las urnas y también un concepto de populismo barato del que tanto AD como los *copeyanos* supieron hacer gala.

Cuando Chávez llegó y dijo «ahora vamos a gobernar y no a perder el tiempo» se estaba refiriendo a cosas muy concretas, como son los cinco capítulos de modelo de país.

En el aspecto *económico*, señalaba a: 1) Reivindicar la competencia del Ministerio de Energía y Minas en el diseño y conducción de la política energética del país, 2) Evaluación de los procesos de formación de precios en los mercados mundiales, 3) Justipreciar el valor de los activos de Petróleos de Venezuela en el exterior, para determinar su rentabilidad, costo de oportunidad y garantía de mercados, 4) Mantenimiento del Impuesto sobre la Renta y los diversos impuestos al consumo. Pero se revisarán y reacondicionarán en la medida que se concrete el relanzamiento económico del país, 5) El

Estado reconocerá los compromisos adquiridos en materia de deuda pública externa pero se tendrá en cuenta a la hora de su pago el estado financiero del país y el perjuicio que se pudiera cometer sobre las clases más golpeadas. En torno a este mismo tema, el Programa Económico de Transición 1999-2000 señala que «el servicio de la deuda pública representa alrededor del 30% del gasto del gobierno central. Tal situación, unida a la recesión económica, obligará a nuevos endeudamientos y a una imperiosa necesidad de refinanciar, reestructurar o renegociar los compromisos contraídos entre los años 1999 al 2008», 6) La deuda pública interna también será reconocida, pero planteándose la negociación, formas de pago y creatividad, como premisas para el Estado y la sociedad en la búsqueda de soluciones compartidas.

En relación a *política exterior*, la decisión oficial busca: 1) Diferenciar de las políticas de Gobierno la política de Estado en materia exterior, 2) Crear una diplomacia paralela con empresarios, sector privado y organizaciones no gubernamentales, 3) Organizar áreas estratégicas de paz para superar los conflictos limítrofes, 4) Descentralización de la política exterior, 5) Propiciar una mayor integración de América Latina, colocando a Venezuela como punto de encuentro entre el Pacto Andino, Mercosur y el Caricom.

En cuanto a *seguridad y defensa*, el nuevo proceso se impone la creación de un Consejo Nacional de Seguridad y Defensa, integrado civil y militarmente, a través de la vía constitucional, pero también la incorporación de los medios políticos, diplomáticos y militares dentro de la política de defensa nacional. Obviamente, con la larga experiencia de actuaciones deplorables que habían tenido las fuerzas policiales, se planteó depurar de inmediato dichos cuerpos.

Pensando en un necesario *reordenamiento territorial*, algo que a la luz de lo ocurrido en diciembre de 1999 demuestra palmariamente que se tenían previsiones correctas, el gobierno liderado por Chávez propuso en los primeros días de su mandato un Plan de Ocupación y Ordenamiento del Territorio, partiendo de dos ejes geográficos fundamentales de desarrollo: el eje Orinoco-Apure, que suman unos 300.000 kilómetros cuadrados, y el eje Guadualito-San Cristóbal-Maracaibo. Estas dos operaciones están dentro de lo se ha dado en llamar el Plan Zamora 2000.

Este plan de ordenamiento territorial indica que el Estado se propuso privilegiar la agroproducción y la agroindustria, garantizando la seguridad alimentaria.

En función de la enorme *deuda social* que se tenía con la población, se plantearon medidas de emergencia: a) Combatir la deserción escolar y el desempleo juvenil. Para ello se vio necesario apuntalar los convenios entre empresarios y centros formadores para insertar a los jóvenes en los procesos productivos, b) Creación de programas de formación y previsión que detengan los niveles de violencia, drogadicción y embarazo precoz que alteran el desarrollo de población joven, c) Aplicación de programas de participación y movilización juvenil, d) Destinar al menos un 7% del PIB al área educacional, e) Garantizar la formación, perfeccionamiento y seguridad social de los intelectuales, artistas y promotores culturales, f) Definir como áreas prioritarias para la investigación científico-tecnológica a la agroalimentación, la salud y la vivienda.

El valor de las formas

Hay medidas que en cualquier otro ámbito de actuación podrían pasar por demagógicas, pero en esa nueva Venezuela que estaba naciendo eran más que imprescindibles para construir un código distinto de actuación. Por eso, el pueblo fue el que primero festejó cuando la Disip, ese órgano de inteligencia y represión que tanto dolor y tanta muerte había traído a los militantes populares, cambió de perfil en manos de las nuevas autoridades. El primer comunicado fue terminante: «Nunca más este cuerpo va a servir para perseguir ideas políticas ni pensamientos disidentes, nunca más una Disip como la que todos nosotros sufrimos durante estos 40 años». Y poco después, para que la gente de a pie tuviera claro lo que se estaba cocinando, cumpliendo estrictas órdenes del Presidente, se procedió a retirar los 400 guardaespaldas y unos 80 vehículos que desde hacía años venían prestando servicios a ex funcionarios públicos. No tenía sentido seguir engordando los altos niveles de burocracia del Estado y había que dar ejemplo empezando por casa. La medida abarcó a la propia Presidencia de la República, el Congreso Nacional, la Corte Suprema de Justicia, la Fiscalía y Procuraduría, y los ex ministros de Relaciones Interiores. El ahorro era significativo, unos 160 millones de bolívares mensuales, sin incluir el pago por consumo de combustible y los servicios de mantenimiento a las unidades, ni el desembolso por alimentación y viáticos a los guardaespaldas. De esta manera, una buena cantidad de políticos, familiares de éstos y hasta amigos de los amigos, se quedaron circunstancialmente de a pie o sin una protección que no necesitaban, ya que muchos de ellos tenían a sus guardaespaldas trabajando en tareas domésticas. Para esa masa desocupada de hombres fortachones, expertos en empujones, aprietes indiscriminados y golpizas impunes, el comandante Urdaneta dispuso que debían someterse a una evaluación rigurosa y que quienes pasaran las pruebas reingresarían a la institución para prestar los servicios que se les encomendaran, y el resto serían retirados del organismo. «Aquí se acabó el tiempo de cobrar por golpear para defender a un impresentable o el de viajar en coche gratuitamente por el solo hecho de tener amigos en el gobierno», señaló con ironía uno de los nuevos cargos de la reestructurada Disip.

Días después, el ciudadano Presidente daba otra señal. Comentó en voz alta, hablando con su pueblo, algo que no es habitual en un mandatario: lo que se había encontrado en su nueva vivienda, en la residencia presidencial de La Casona. «Ustedes no saben lo que son esos salones, llenos de muebles lujosos, de jarrones inalcanzables, de alfombrados como para cubrir un estadio. Ustedes no se imaginan la soledad que se puede sentir en semejante mansión donde un ser humano queda infinitamente pequeño frente a tanto derroche, innecesario y agresivo a la vez», confesó Chávez a la vez que proponía romper con el protocolo e irse a vivir a una «casa normal», como la de cualquier ciudadano. El relato, que enseguida fue tachado de cursi y demagógico por los mismos políticos que llegarían a matar con tal de vivir en ese lugar, sonó a los oídos de la gente común como algo tremendamente sincero. Su Presidente les estaba contando algo que por más que se intuyera no dejaba de asombrar, estaba hablando de las mentiras del poder, de las riquezas desproporcionadas de unos pocos a expensas de ilusos votantes que los aúpan en la cima. Por eso la adhesión a tamaña confesión fue inmediata y ahogó otra vez el pataleo de los detractores.

El vehículo familiar de la nueva era

Otra de las novedades que aportó el nuevo gobierno en sus primeros meses de gestión, fue la promoción del «vehículo familiar 2000», cuyo costo oscila entre 4 y 5 millones de bolívares de acuerdo al modelo y marca que las ensambladoras participantes colocarán en el mercado. Se estima producir unas 25.000 unidades al año, asumiendo los fabricantes un sacrificio en sus márgenes de ganancias. La banca, a su vez, hará una fuerte inversión económica para financiar este programa durante el primer año y aplicará una tasa variable equivalente al 90% de la tasa ponderada por el Banco Central de Venezuela.

Para que la gente pueda acceder fácilmente a su compra, se promoverán financiaciones mínimas de 36 meses. Además, se tiene previsto que este programa genere unos 10.000 nuevos empleos directos e indirectos y tendrá una vigencia de 5 años con evaluaciones anuales. Entre las características del vehículo, se pueden citar: motor a gasolina, dos o cuatro puertas, uso de gasolina sin plomo y convertidor catalítico, eficiencia mínima en el consumo de gasolina de 12 kilómetros por litro, encendido electrónico, garantía mínima de 30.000 kilómetros o un año.

Chávez y «Carlos»

El 3 de marzo el ciudadano Presidente de Venezuela volvió a demostrar que las cuestiones de forma y su propia investidura jamás condicionarían un estilo de trabajo y pensamiento que constituían parte del secreto de su propio carisma. Días antes había recibido una carta desde la prisión parisina de La Santé de un compatriota tan universal como Rómulo Gallegos y mucho más aún que el escritor Arturo Uslar Petri. Se trataba de un mensaje de salutación que le había enviado Carlos Ilich Ramírez, conocido mundialmente con el apodo de *Carlos* y al que la prensa calificó despectivamente como *El Chacal*. En efecto, Carlos condenado a cadena perpetua después de haber sido secuestrado en Sudán por agentes de la CIA y la Inteligencia francesa, había resuelto desearle suerte en su gestión al nuevo presidente venezolano. Chávez no lo dudó ni un instante, y por encima del impacto negativo que podría significarle saludar epistolarmente al «enemigo público número 1» de las potencias occidentales, envió esta nota a La Santé:

«Ciudadano Ilich Ramírez Sánchez, querido compatriota: Nadando en las profundidades de su carta solidaria pude auscultar un poco los pensamientos y los sentimientos. Y es que todo tiene su tiempo: de amontonar piedras o de lanzarlas, de dar calor a la revolución o de ignorarla; de avanzar dialécticamente uniendo lo que deba unirse entre las clases en pugna o propiciando el enfrentamiento entre las mismas, según la tesis de Iván Ilich Ulianov.

Tiempo de poder luchar por ideales y tiempo de no poder sino valorar la propia lucha. Tiempo de la oportunidad, del fino olfato y del instinto al acecho para alcanzar el momento psicológico propicio en que Ariadna, investida de leyes, teja el hilo que permita salir del laberinto.

El Libertador Simón Bolívar, cuyas teorías y praxis informan la doctrina que fundamenta nuestra revolución, en esfíngica invocación a Dios dejó caer esta frase preludial de su desaparición física: '¡Cómo podré salir yo de este laberinto...!'. La frase, de contenido tácito y recogida por su médico de cabecera, el francés Alejandro Próspero Reverend, es llama de profunda iluminación del camino que seguimos.

Otro francés, Alejandro Dumas, finaliza su obra *El Conde de Montecristo* con esta frase de Jesús: 'La vida de los hombres está cifrada en dos palabras: confiar y esperar', induciendo a pensar que al final de la batalla aparecerá algún Supremo. Alguien que, investido de sabiduría como el abate Faría inspirará el camino de salida, envuelto en nuevas síntesis revolucionarias en aproximación al Dios que cada uno lleva en su corazón.

Digamos con Bolívar que el tiempo hará prodigios sólo en cuanto mantengamos rectitud de espíritu y en cuanto observemos esas relaciones necesarias que se derivan de la naturaleza de las cosas. La humanidad es una sola y no hay magnitud espacio-tiempo que detenga el pensamiento del héroe caraqueño.

Digamos con él: yo siento que la energía de mi alma se eleva, se ensancha y se iguala siempre a la magnitud de los peligros. Mi médico me ha dicho que mi alma necesita alimentarse de peligros para conservar mi juicio, de manera que al crearme Dios permitió esta tempestuosa revolución, para que yo pudiera vivir ocupado en mi destino especial.

Con profunda fe en la causa y en la misión, ¡por ahora y para siempre!

Hugo Chávez Frías»

Como no podía ser de otra manera, la publicación de la carta en una edición del periódico francés *Le Figaro*, provocó gran impacto en Venezuela. Enseguida, la oposición volvió a poner el grito en el cielo acusando de «demente» y «cómplice del terrorismo internacional» a Chávez. Además de los comentarios insultantes, algunos medios también entraban a calificar la misiva como «insondable», «de extraño vuelo poético» y alguno llegó a arriesgar que «estaba escrita en clave», como si el Presidente estuviera tramando una futura operación de liberación del famoso guerrillero pro palestino. Por su parte, la familia de Carlos agradeció públicamente a Chávez el gesto. El padre del encarcelado es un viejo militante comunista y siempre enfrentó públicamente a los distintos gobiernos de AD y Copei que pasaron por la vida venezolana. Según el portavoz de la familia, Vladimir Ramírez, hermano de Carlos, las palabras de Chávez dan a entender «que en el Ejecutivo están dispuestos a hacer lo que haga falta por defender los derechos de mi hermano», dejando entrever que era posible que se hicieran gestiones para que fuera trasladado a cumplir su condena a Caracas.

Pero todos los focos de atención seguían sobre el Presidente, y éste no tuvo problemas de aclarar por qué escribió la polémica carta: «Soy un ser humano. Hago lo que hago movido por mis sentimientos y cada quien que interprete eso como quiera. Aprovecho para ratificarle a los venezolanos: todo ser humano merece respeto, sea cual sea la causa por la que esté pasando, la situación que esté pasando. Estoy cumpliendo con mi deber, y uno de mis deberes es atender la llamada, bien sea por teléfono, bien sea por escrito, de cualquier ser humano y especialmente si es un venezolano que está pasando por una situación difícil».

Con la guerrilla colombiana

Otro tema que la oposición intentó utilizar, aunque infructuosamente, fue el de las relaciones de miembros del gobierno de Chávez con la insurgencia colombiana. Indudablemente, desde Colombia, tanto las Fuerzas Armadas Revolucionarias Colombianas (FARC) como el Ejército de Liberación Nacional (ELN) ven con buenos ojos todo lo que está ocurriendo en el país vecino. Uno de los primeros mensajes de salutación que recibió Chávez apenas asumió su cargo, era de la propia comandancia de las FARC y de su máximo jefe Manuel Marulanda Vélez, *Tiro Fijo*. Los contactos venían del pasado, cuando varios jefes bolivarianos y el propio Chávez en persona mantuvieron conversaciones con jefes guerrilleros colombianos analizando la situación en ambos países y la posibilidad de una intervención norteamericana en la región. Otro hecho conocido es que algunos estudiantes venezolanos que se alistaron junto a las FARC, fueron detenidos por militares colombianos que asesinaron a varios de ellos mientras el resto de sus compañeros aún se hallan detenidos en Bogotá. Este hecho generó una reacción de amplia solidaridad entre las fuerzas de izquierda y los sectores bolivarianos, para quienes la guerrilla colombiana es reconocida como parte de la misma familia.

De todas maneras, frente a ciertos momentos de tensión que se vivieron en la zona fronteriza –varios guerrilleros pasaron a territorio de Venezuela y otros problemas por el estilo– trascendió que desde el gobierno se dio un toque de atención a los insurgentes para que no cometieran este tipo de errores que podrían servir como excusa para que desde Estados Unidos se acelere la internacionalización del conflicto. A partir de esos consejos que fueron recibidos con mucho respeto por la insurgencia, los combatientes del ELN (fuerza que mayor trabajo desarrolla en la zona lindante con el territorio venezolano) cesaron de «invadir» tierra venezolana.

De cara a la ANC

Por encima de diversas medidas a corto, mediano y largo plazo encaradas por el gobierno, desde el comienzo Chávez se volcó por entero a establecer pautas para conseguir el objetivo de la Constituyente. Obviamente, toda la oposición –que aún no había podido recobrarse de la monumental paliza recibida en las urnas– intentó descalificar la llamada a referéndum. Se lo tachaba de anticonstitucional, de puerta abierta hacia una dictadura y de medida eminentemente autoritaria, pero nadie decía una palabra de cómo se habían impuesto las anteriores Cartas Magnas en el país. Ellos, que habían sido los abanderados del antigolpismo, ahora se quejaban abiertamente porque alguien, precisamente la persona que había intentado la vía militar para derrocarles, quería recorrer el camino de la legalidad institucional y ganarles en su propio terreno, con sus mismas armas. No era el autocratismo que le achacaban al Presidente lo que estaba «lastimando de muerte a la democracia», como dijo el caradura de Carlos Andrés Pérez sino precisamente toda la destrucción que el país venía arrastrando en la trágica aventura *adeco-copeyana* lo que había colocado al borde del abismo a una nación con fuentes naturales suficientes como para vivir holgadamente.

La gente de abajo, la base fundamental de la revolución que estaba en marcha entendió perfectamente de qué se trataba y empezó a hacer –otra vez– campaña barrio por barrio, pueblo por pueblo, para que la nueva convocatoria electoral no dejara dudas, ni a los cuervos de adentro ni a los buitres de afuera que ya habían colocado al nuevo proceso en su mira.

Otro gran triunfo

El 25 de abril Chávez volvió a demostrar que sus enemigos se equivocaban al minimizar el efecto que los pocos meses transcurridos de gobierno podían calar tan hondo en la población. El Polo Patriótico obtuvo un aplastante triunfo, el 92,19% de los votantes aprobaron el establecimiento de la Asamblea Nacional Constituyente, contra un 14,22% de opositores a la misma. Nuevamente, los partidos tradicionales fueron barridos de la escena política por esa apisonadora generada por las nuevas autoridades. La prensa adversa al gobierno no pudo con su genio y en vez de reconocer que la diferencia entre una posición y la otra era lo suficientemente grande como para permitirse patalear, sacó a relucir el recurso de «la gran abstención». Lo mismo hicieron desde sus madrigueras los sectores más reaccionarios de la oposición, argumentando que el pueblo no entendía ni lo que estaba votando y mucho menos para qué. Como siempre ocurre en estos casos –y no sólo en Latinoamérica sino en cualquier punto del mapa donde se levante un sector que exige cambios revolucionarios– el discurso de los poderosos adquiere tinte paternalista y de gran desprecio hacia la inteligencia de las masas. La élite centralista no puede tolerar que en los suburbios las aguas se encrespen.

Obviando las críticas, el Presidente volvió a reunirse con su gente a festejar la victoria. «Nos dicen que somos pocos, que ha habido mucha abstención, nos dicen estos ciegos de espíritu que cuatro millones de venezolanos que votaron por el Polo Patriótico, son casi una minoría. Con tal de no reconocer que están definitivamente solos, son capaces de querer ocultar el sol con una mano. Por supuesto que ahora sí va a haber ANC, y desde ya que no será conformada por los partidos tradicionales, los corruptos de siempre, sino que la personas que redactarán la nueva Constitución serán figuras representativas de todos los quehaceres de la vida del país». Y seguidamente adelantó algo que pronto se haría realidad: «La ANC podrá disolver, si así lo considera conveniente, cualquier poder constituido que obstruya de alguna manera el trabajo que desarrollará». Se refería obviamente, a ese espacio ocioso y desprestigiado que era el Parlamento venezolano.

Fuego contra la «Soberanísima»

Durante varios meses se desarrolló una campaña mediática tremenda, donde tertulianos y escribas de todo tipo generaron un clima de acoso contra la ANC, en coincidencia con los típicos patriarcas de los partidos opositores. Parecía que lo que estaba en marcha era un organismo ilegal y dictatorial y no una instancia normal dentro de la vida democrática de un país. Por eso, cuando el 3 de agosto quedó constituida la Asamblea Nacional Constituyente, el gran sueño de los militantes bolivarianos, la gente del pueblo la identificó como la «Soberanísima». Enseguida, la Magna Asamblea se declaró como «originaria», en respuesta precisamente a esas vacas sagradas del derecho, que pretendían tipificarla como «secundaria», y se reafirmó eminentemente «revolucionaria». Al frente de la ANC, asumió su cargo uno de los hombres de confianza de Chávez y veterano luchador del nacionalismo revolucionario, Luis Miquilena, quien aseguró a las fuerzas políticas que «los cambios no se van a hacer por la vía traumática de la violencia y del ejercicio abusivo del poder».

Miquilena comenzó su discurso con el tradicional «Señoras y señores», pero enseguida agregó: «En el contenido de señoras y señores está precisamente la esencia fundamental de nuestro pueblo, porque ése es un título que se lo han querido apropiar una elite de nuestra sociedad, pero que nos corresponde a todos». Luego se refirió a los que durante años dieron la espalda a los clamores populares, a los que hicieron oídos sordos al Frente Patriótico, al «Caracazo», y también al «Aldabonazo del 4 de febrero» y que quisieron negar los resultados del 6 de diciembre del 98. «Ellos son nuestros enemigos, quienes ahora aspiran refugiarse en una rebuscada hermenéutica jurídica para quitarle poder a la Asamblea, que sea un simple instrumento para elaborar una Constitución, y presentarle al país una Constituyente *chucuta* (débil) que no sea capaz de tener la soberanía suficiente». Frente a estos intentos, Miquilena aseveró que «el pueblo de Venezuela puede estar seguro de que en las manos en que está este momento el poder soberano y el Ejecutivo son la garantía de que este proceso no tienen retrocesos, vamos hacia delante en una política de cambios. No habrá fuerza de ninguna naturaleza que sea capaz de detenernos». Con el fondo de los gritos vitoreando a Chávez y a la revolución bolivariana puesta en marcha, Miquilena sentenció casi poéticamente: «En el invierno de mi vida yo quiero soñar con la primavera...».

La ANC está integrada por 130 miembros, entre los cuales figura parte de la plana mayor de lo que había sido el núcleo conspirador bolivariano. Previamente, Chávez les había solicitado a muchos de ellos que no pidieran el alta en las Fuerzas Armadas de donde habían sido exonerados por golpistas durante el gobierno de Carlos Andrés Pérez. Después de explicarles uno a uno que «la revolución bolivariana los necesitaba para un nuevo tipo de lucha» los animó a entrar a la trinchera de la ANC con iguales bríos que en febrero y noviembre se habían alzado en armas en defensa de los intereses populares.

De allí que la Constituyente no fuera la típica asamblea de cargos partidarios y burócratas del Derecho sino un puñado importante de los mejores representantes del pensamiento de cambio que está viviendo el país, sin excluir también a algunos de los «delegados» de la vieja Venezuela que a pesar de sus protestas e intentos de torpedear a la ANC pudieron sentarse en la misma.

En la «Soberanísima» participaron ex militares bolivarianos como Francisco Visconti, Yoel Acosta Chirinos, Wilmar Castro, Ronald Blanco La Cruz o Eliézer Otaiza y militantes civiles como Tarek William Saab, Pablo Medina o William Ojeda, entre otros. Y también cantantes populares como Reina Lucero, figuras como Sol Mousset de Primera –viuda del trovador de la rebeldía venezolana, Alí Primera–, dirigentes campesinos como Braulio Álvarez, o las representantes del movimiento indígena, Noelí Pocaterra y Atala Uriana.

Capítulo XI

El Norte amenazante

Desde el momento en que se levantaron en armas contra el gobierno de Carlos Andrés Pérez, los rebeldes bolivarianos quedaron en la mira del gobierno norteamericano, a la sazón uno de los mayores compradores de petróleo venezolano. A partir de ese instante las investigaciones de la CIA sirvieron para reunir *calificada* información sobre cada uno de los oficiales y apoyos civiles de las intentonas del 4 de febrero y el 27 de noviembre. Pero quizás lo que más les sorprendía a los sabuesos del Pentágono fue conocer que muchos de los hombres de Chávez habían pasado por las escuelas contra insurgentes estadounidenses. Semejante dato y averiguaciones posteriores que ubicaba a algunos de estos militares manteniendo con el correr de los años relaciones muy amistosas con el ex gobierno sandinista, o con los guerrilleros del FMLN salvadoreño y con la insurgencia colombiana, hicieron poner al rojo todas las alarmas gringas.

James McCaffrey, cuando fue jefe del Comando Sur, ya había advertido que para la política exterior de Estados Unidos era muy importante estar atentos a cualquier conflicto que pudiera darse en Venezuela. En ese momento gobernaba Caldera, y McCaffrey percibía que la guerrilla colombiana iba en aumento, aunque no tenía el poder de fuego y control de localidades que posee actualmente. Cuando el mismo personaje, empezó a conocerse en Latinoamérica como el «zar antinarcóticos», acompañando la estrategia de la DEA (la temida División Antidrogas de Estados Unidos), volvió a la carga contra un posible cambio de actitud en la política exterior venezolana. «Si Chávez llega al gobierno –apuntó en su momento en una reunión con altos mandos del ejército peruano– no sólo vamos a tener problemas nosotros, también deberán preocuparse todos los países del área ya que no se trata de una experiencia individual sino de un grupo compacto que quiere hacerse con el poder para llevar adelante ideas estatistas a nivel de todo el continente».

Finalmente, fue al mismo McCaffrey al que le ha tocado en suerte recorrer Latinoamérica buscando ayudas para producir una intervención en Colombia con la excusa de combatir el narcotráfico. En cada uno de los encuentros, con el peruano Fujimori, con el argentino Menem, el colombiano Pastrana y el brasileño Cardoso, el *halcón* yanqui se desgañitó explicando sus razones para «descabezar a los guerrilleros de las FARC y el ELN en Colombia» e intervenir indirectamente para controlar el proceso venezolano, al que calificó como «santuario» de los «terroristas colombianos y de otras partes del mundo».

Con estos antecedentes, no habían pasado ni dos meses de asumir el cargo, cuando el entramado gubernamental bolivariano fue *tocado*. Esta vez los dardos envenenados venían del exterior, precisamente de un desafío que lanzaba el propio gobierno norteamericano, dedicado como estaba, en ese momento de la historia, a guerrear criminalmente contra Yugoslavia, dirigiendo a sus mansos discípulos de la OTAN con la excusa de las tristemente célebres «razones humanitarias». La verdadera razón era bien compleja: debido al traslado de la base aérea estadounidense antiguamente instalada en el Canal de Panamá, la Administración Clinton instó a su embajador en Caracas que hiciera la sugerencia a las autoridades del país para que los aviones de guerra yanquis pudieran atravesar su espacio aéreo rumbo a la nueva base militar en las islas de Curazao y Aruba. Se trataba de un pulso difícil para el nuevo gobierno, pero previsible en cuanto a que antes, durante y apenas terminado el proceso electoral, el embajador norteamericano jugó sus cartas a favor de la oposición al comandante Chávez. Seguramente, con ese típico sonsonete de advertir que «se podía abrir el camino a una nueva Cuba», las usinas desinformativas con sede en Washington habían tirado con plomo grueso a la insurgencia electoral bolivariana.

Pero lo de violar el espacio aéreo no era una tontería como para dejarla pasar. Chávez y sus compañeros no se embarcaron en semejante proceso de transformación para terminar arrodillados como Carlos Menem (creador de la frase insuperable de que «con Estados Unidos nuestro país tiene relaciones carnales») u otros títeres del continente. Por boca del canciller José Vicente Rangel, Venezuela señaló primero que «se veía con preocupación la instalación de bases norteamericanas en territorio antillano y en el Ecuador, en la zona de Manta. Aquí se trata de que todas estas maniobras no terminen afectando nuestra soberanía territorial».

En una posterior rueda de prensa, el mismo Rangel contestó tajantemente a un periodista que insistía en el asunto del espacio aéreo y las posibles represalias norteamericanas: «Es muy simple, si usted viene a mi casa, toca el timbre y me dice que quiere pasar al lavabo, yo veré si lo dejo pasar. Pero si no quiero que entre, el problema ya no será mío sino suyo». Tiempo después, la decisión fue tajante: no permitir el uso de los cielos venezolanos por parte de aviones de Estados Unidos. A lo que Chávez agregó enseguida en una declaración: «El territorio venezolano no será utilizado para que sobrevuelen aviones de guerra en un tiempo de guerra, donde se está masacrando a otros pueblos».

Sin embargo, asumir una posición de firmeza para que el país sea respetado no significaba que el gobierno emprendiera el camino del aislamiento internacional que poco le beneficiaría. Chávez, al que en su momento de posconspirador la administración norteamericana le prohibió pisar su territorio, no dudó en adoptar un discurso realista donde por un lado no se rehuyera la confrontación con ciertas posiciones del gendarme del mundo, y por otro lado se buscara el acercamiento normal entre ambos países. Sabía del disgusto de la cancillería norteamericana por la posición venezolana de repudio al bloqueo a Cuba pero desde ese derecho envió una misiva «cordial» a Clinton, respondiendo positivamente a una invitación de éste para que visitara Estados Unidos. «Mi país

–afirmó Chávez–, como su Excelencia señala atinadamente, encara serias y diversas dificultades que estamos enfrentando con responsabilidad y pleno sentido venezolanista. Hemos heredado una economía en crisis. Nos proponemos recuperarla mediante la aplicación de un conjunto de políticas económicas y financieras orientadas fundamentalmente a la reactivación productiva y al equilibrio económico, consustanciadas siempre con las necesidades de la población. Hemos recibido también, un país seriamente afectado en lo ético, pero con la misma voluntad inquebrantable hemos comenzado ya a restablecer el código moral que debe impulsar a toda sociedad, luchando sin tregua contra el grave mal de la corrupción, a través del cual en Venezuela se perdieron recursos equivalentes a cinco 'Planes Marshall'. Compartimos su criterio de que *nuestra asociación económica puede ayudar a mejorar la situación*. Por eso, Señor Presidente, nuestro país está abierto a todo tipo de iniciativas que surjan tanto de la empresa privada como de los entes públicos de los Estados Unidos, en función del desarrollo de ambas naciones», y finaliza la carta aceptando la invitación de visitar la Casa Blanca.

El viaje, que se materializaría meses después, comenzó por Washington, donde dialogó extensamente con Clinton, prosiguió en Europa y para que nadie le robe el título de pragmático, culminó en una mesa de tres en La Habana, con Fidel y el presidente colombiano Pastrana.

Sin duda, los militares y civiles bolivarianos sabían que no estaban en una posición de fuerza para poner cara de perro al Imperio pero eso no quitaba que se hicieran respetar en cuestiones ineludibles para la soberanía del país o la dignidad como pueblo.

Se trataba de un idea que no tenía nada de improvisada y que incluso tenían puntos de conexión con las posiciones de sus vecinos de las FARC que a la vez que se preparaban para guerrear contra la intervención gringa, invitaban al presidente de la Bolsa norteamericana y alguno que otro senador a subir a la montaña a conferenciar amistosamente con el comandante Tiro Fijo.

En ese sentido, las opiniones de un hombre de confianza del plantel bolivariano, como es el capitán Eliécer Otaiza, actual director de la Disip, son más que elocuentes: «Somos conscientes de que estamos en la mira de los Estados Unidos. Lo que nos hace optimistas es saber que hay una realidad que viene empujando en el continente. Podrán incluso matar a Chávez, lo que no es descartable como ya hicieron con Torrijos en Panamá, pero no hay dudas de que surgirán otros como él en América Latina. A nuestro favor tenemos el hecho de que el imperio norteamericano también está penetrado. Su cultura es endeble, tenemos metidos allí veintitantos millones de latinos que algún ruido seguro que hacen. Son la *barbarie* muy cerca de la periferia. Por otra parte, hay mucha gente en nuestros países que quieren imitar el estilo de vida norteamericano y contra eso tenemos que luchar. Gente embobada por tonterías, que te citan la Constitución gringa pero no su práctica. Nunca pensaron en los negros, en las mujeres, en la gente humilde. Son racistas de cabo a rabo. Y todavía por aquí hay gente que habla de sus increíbles libertades, ¿de qué libertades, de las de apalear a un ciudadano negro o la de seguir aplicando la pena de muerte indiscriminadamente y contra la opinión de gran parte del mundo? Por eso es importante que Chávez, nuestro presidente, se mueva todo el tiempo, que recorra América Latina, agitando, levantando banderas nacionalistas revolucionarias. Si lo eliminan, la tierra ya estará sembrada, la semilla revolucionaria crecerá otra vez... En este camino, nadie debe tener dudas de que vamos a dejar todo lo mejor que tenemos. Imitaremos al Che que se desprendió de todo por los demás, y también, claro está, lo trataremos de imitar en su coraje para ir a la lucha».

Otro militar, el jefe aeronáutico Wilmar Castro, que gusta calificar al actual proceso venezolano como una «revolución rara, algo así como un perro verde», tercia en el mismo tema, desde un ángulo distinto. Sostiene que «al Imperio le interesa mantener sus inversiones» y por ello, en la medida que Venezuela pueda mantener un código de gestión transparente, donde haya un sistema judicial que agilice los procesos, garantice las inversiones, se pueda negociar más de tú a tú, con más dignidad, «los gringos no van a tener muchas excusas para tensar la cuerda». La estrategia que esgrime Castro, consiste en no bajarse los pantalones como hace la mayoría frente a ellos, pero tampoco darle elementos de juicio para que no puedan intentar cualquier tipo de intervención. «Sabemos que van a hacer todo lo posible para tratar de abortar este proceso. Debido a que no descartamos un escenario conflictivo, estamos también abriendo otras puertas en el mundo, como las relaciones con China, con Europa y sobre todo con nuestros hermanos latinoamericanos, que son con los que más tenemos que ver».

El congresista bolivariano Nicolás Maduro afirma que «Estados Unidos tiene que tener una amplia visión de los profundos cambios que se están dando en el mundo. Ellos saben que esta revolución venezolana vino para quedarse, para dinamizar muchas de las transformaciones que hasta ayer sólo flotaban en nuestros sueños. Hemos descubierto que si manejamos con inteligencia el campo de las relaciones internacionales podemos llegar a buen puerto. No se trata de que nos hagamos los maximalistas, o que querramos ir contra todo el mundo, sino de buscar que nuestros proyectos de justicia social se puedan canalizar. En ese sentido, valen las relaciones de confianza con Estados Unidos y con otros países, pero eso no quiere decir subordinación. No nos arrodillamos ante nadie, ni esperamos que hagan eso con nosotros. Queremos relaciones de altura, de respeto, contando con la multipolaridad que se está gestando hoy en el planeta y buscando relaciones más democráticas. Incluso lo ponemos en nuestra Constitución, como uno de los objetivos como nación: lograr la democratización de las relaciones internacionales.

Esto se debe aplicar a organismos como la ONU, por ejemplo, para que realmente se pueda empezar a pensar en un futuro de paz. En el ámbito latinoamericano, planteamos guerrear contra quienes intentan tutelarnos. Nosotros mismos debemos ser dueños de las decisiones que nos atañen. Así como tenemos una herencia propia que reivindicamos, la de Bolívar, Rodríguez y Zamora, también admiramos las experiencias revolucionarias latinoamericanas, la de Cuba, la de la revolución sandinista e incluso la bolchevique que trajo el despertar más hermoso de la clase obrera mundial».

El ejército latinoamericano

Otro de las aristas difíciles de limar por quienes desde Washington intentan ejercer un predominio total sobre Latinoamérica, es un proyecto largamente anhelado por el grupo de voluntades que forman fila junto a Chávez. Así como Simón Bolívar generara todo tipo de acciones para construir una Patria Grande donde se diera una cohesión en el plano militar, también al actual jefe bolivariano le desvela la idea de configurar un nuevo modelo de ejército latinoamericano. Incluso, le ha dado hasta valor constitucional.

Conversando con sus promotores, se obtiene la conclusión de que no se trata de una simple ilusión. «Es un proyecto de avanzada –dice Maduro– hacia la integración global de América Latina y del Caribe. Nosotros pensamos que los latinoamericanos debemos vernos hacia adentro, contemplar todas nuestras posibilidades y luego avanzar. Hacia una integración cultural y educativa que sea la base de una integración política de una Confederación de Estados Latinoamericanos. El otro paso es el sueño de siempre de nuestros pueblos, una sola doctrina de seguridad nacional que al contrario de la que establecieron las dictaduras criminales del continente, ponga el acento en la seguridad como desarrollo social y colaboración pacífica entre nuestros pueblos. Nunca más una guerra entre países del área ni prácticas represivas por parte de las fuerzas militares. Es necesario cambiar el carácter ideológico y social a la visión que tienen la Fuerzas Armadas latinoamericanas. Esto no es fácil, lo sabemos, y también conocemos que en otros países los militares actúan como castas cerradas y tienen comportamientos reaccionarios, pero hay que ir ganando voluntades. Desde Venezuela ofrecemos esta idea y sabemos que es positiva por la reacción que provoca en nuestros grandes enemigos».

«El futuro ejército latinoamericano que impulsamos es una señal clara que damos al Imperio», afirma por su parte Wilmar Castro, para quien «el proceso venezolano ha tenido mucha repercusión en algunos estamentos de las Fuerzas Armadas del continente. En Brasil, un país donde su ejército ha sido tradicionalmente gorila, ahora nos cuenta gente del Partido de los Trabajadores (PT), que hay oficiales que han expresado públicamente su solidaridad con nuestro proceso y otros que están intentando imitar el Plan Bolívar 2000 con comunidades campesinas. En la medida que se vaya dando un proceso de integración y de compartir responsabilidades con todos los países latinoamericanos, sus ejércitos deberán responder exclusivamente a intereses del continente. Más allá de hablar de una simple unión de ejércitos, lo que aquí hay es un proceso que viene dado por vías de intercambio político, económico –por ejemplo, conformar un Mercado Común Latinoamericano, quitando las barreras del Mercosur y la Comunidad Andina– y finalmente, social. Es una forma de revitalizar el Tratado Interamericano de Apoyo Recíproco (TIAR), pero con un contenido totalmente progresista y nacionalista a nivel regional. Esa actitud, sabemos, le da mucho temor a la gente del Norte que tanto nos vigila».

Capítulo XII

Las dificultades de una Revolución

«Nunca se puede conformar a todos pero lo estamos intentando». La frase en boca de uno de los comandantes que trabajan desde hace años en el entorno de Chávez, define con dolor una realidad que suele ser parte indivisible de cada uno de los pocos procesos revolucionarios que se han dado en América Latina. Es cierto, que si bien durante los períodos de conspiración hubo un amplio ramillete de sectores de la izquierda que se sumaron a los rebeldes, luego, el tiempo y a veces absurdos sectarismos fueron decantando el arco de apoyos. Llegado Chávez al gobierno, los campos quedaron bien delimitados. Un grupo numeroso de militantes populares e intelectuales de prestigio vinculados a la izquierda revolucionaria se sumó, a pesar de las contradicciones que todos estos procesos encierran, para intentar llevar a la práctica desde dentro de las instituciones y los organismos populares que se fueron construyendo con el correr del tiempo los idearios por los que tanto habían peleado. Allí coinciden entre otros, muchos de los viejos militantes de La Causa R, ahora enrolados en Patria Para Todos, la gente del Partido Comunista de Venezuela, la Liga Socialista, militantes revolucionarios como los que se han agrupado en la Coordinadora Cultural Simón Bolívar, del barrio «23 de Enero», y un cúmulo de expresiones y figuras del campo progresista.

«En las críticas que hoy hace la derecha dura, lamentablemente hay puntos de contacto con los dichos de algunos compañeros de la izquierda que viene de los sesenta. Eso para mí es muy triste –señala Tarek William Saab– porque se trata de gente que forman parte del memorial de la revolución venezolana que debían haberse insertado naturalmente en este proceso. Algunos de ellos llegan a decir que estamos asistiendo a un reacomodo de las fuerzas reaccionarias. Eso es realmente una barbaridad, sobre todo cuando estamos siendo acechados por los Estados Unidos y toda la reacción».

La izquierda y los bolivarianos

El dirigente popular Juan Contreras, uno de los líderes del «23 de Enero», no duda cuando manifiesta su decisión de respaldar el proceso «independientemente de las discusiones internas que podamos tener sobre el mismo. Nos dimos cuenta en todo este tránsito, que no era tan utópico como creíamos, pero tampoco es reformista ni derechista. Se trata de una opción popular, nacionalista y antiimperialista. Apoyamos a Chávez porque creemos en su discurso, en lo que plantea de romper con eso 40 años de partidocracia. Nos identificamos con su coherencia y vehemencia. Es un hombre que notoriamente habla desde las entrañas. Claro que hay muchas incertidumbres, pero en lo fundamental estamos de acuerdo. Otra cosa muy importante y que se ve a simple vista es que la gente tiene una mayor participación en la acción política. El ciudadano normal ha vuelto a tener esperanza, ha vuelto a creer, lo que aquí es mucho porque nadie confiaba en nada que tuviera que ver con la política. Chávez representa una transición y suponemos que es una transición hacia eso en lo que siempre hemos creído, una sociedad más justa. Quienes especulan con voltear a Chávez son los sectores que siempre nos han hundido en la miseria. Este gobierno genera inquietud en la oligarquía más por lo que puede llegar a hacer que por lo hecho hasta ahora. Pero ellos, los poderosos, no lo quieren. De eso no tenemos duda. Por eso estamos firmes con él».

Otro de los históricos luchadores que ahora tiene posiciones críticas es Douglas Bravo. Embarcado actualmente, junto con su Tercer Camino en reivindicar la llamada «filosofía cósmica de la indianidad», ésa que parte de que el hombre no está llamado a dominar la naturaleza porque él es un pedazo de la misma, Bravo cree que «Chávez está en un dilema porque el proceso revolucionario no ha concluido. Todavía no lo han desarticulado ni derrotado. A todo proceso constituyente que nace le quedan dos caminos: o llega al poder o lo desbaratan con la guerra. Chávez debe saber que o se pone a la cabeza del proceso para llevar a cabo la revolución o se pone en contra de la misma. Para salvar esta situación hay que movilizar a la gente, movilizar a nivel de muchedumbre y no a nivel de masas que aplaudan un discurso. La muchedumbre es la gente actuando, y las masas muchas veces son sinónimo de pasividad».

Pasar como la garza

Un viejo compañero de militancia de Bravo, el capitán bolivariano Alfredo Riera, vive con dolor que éste se haya alejado del proceso, ya que se trata de «un hombre que nunca se arrodilló ante la derecha de este país, siempre ha sido un gran contestatario. Pero también reconozco, y se lo he dicho a él, que no ha entendido que hay una verdadera necesidad de reorganizarnos entre todos los que somos de izquierda e impulsar el proyecto del actual Presidente. Quizás haya gente que quiera que los cambios se hagan de la noche a la mañana, pero eso no es nada fácil. Debemos correr el riesgo de seguir apostando a todo lo que siempre quisimos: la revolución, el socialismo, la igualdad entre todos los hombres. El destino y Dios serán los que determinarán a la larga si estamos en lo correcto, pero por las dudas no dejemos todo en manos de Dios y démosle protagonismo a la gente. Hay que hacer como decía el poeta: *Pasar por el pantano, como pasa la garza, sin enlodarte el plumaje*. Ideológicamente nosotros nos definimos como nacionalistas revolucionarios que queremos preñar a América de Revolución. ¿Que no es mucho? Puede ser, pero querramos más y avancemos. No hay otra».

«No hay proceso de cambio»

Desde Bandera Roja se formularon quizás, las críticas de izquierda más duras contra el gobierno. Su dirigente, Gabriel

Puerta, no tiene dudas: «En la actualidad no hay un proceso de cambio. Chávez se ha desviado del curso original. Yo no diría que la posibilidad de que esto sea una revolución está agotada, pero eso deberá ser una tarea de los revolucionarios y no podemos dejarlo en las actuales autoridades. Reconozco que el enamoramiento popular con Chávez es tanto o más grande que el que tuvo la gente con Bolívar. En eso han ayudado mucho los medios al convertirlo en un enemigo, pero no basta para que confiemos en él. Nosotros partimos de la convicción de que Chávez era necesario para oponerse a la corriente real de cambio, a los que habíamos batallado tantos años por la revolución...».

En cambio, el ex dirigente estudiantil y ahora diputado constituyente chavista, Elías Jagua, cree que los sectores de izquierda que se oponen a este proceso se están equivocando de cabo a rabo. «La izquierda en Venezuela es generalmente universitaria, que tiene pretensiones intelectuales de saberlo todo. Por eso, en el fondo de los ataques a Chávez creo que hay celos. ¿Cómo puede ser que un sargento o un cabo se va a comparar con nosotros, los intelectuales de izquierda que luchamos en la montaña? Ahora viene un cabito y de un plumazo engancha a la gente, nos roba el sueño de las masas que tanto hemos abonado y en poco tiempo llega al gobierno. La izquierda siempre ha sido muy mezquina para sí, mucho más lo va a ser con quienes vienen de afuera. Lo digo convencido: hay gente de izquierda que desprecia al Presidente no por sus ideas, sino porque *es un poco bruto*. En ese sentido tienen los mismos *tics* reaccionarios que los oligarcas».

También los militantes del «23 de Enero» tienen una visión parecida a Jagua sobre la relación de amor-odio entre ciertos líderes de la izquierda de los sesenta y el actual jefe bolivariano. «Hay algo muy parecido a la envidia, aunque nadie lo reconozca –dice Freddy, uno de los gestores con Contreras, de la organización de barrio–. Él ha sido el que arropó, con su liderazgo, a toda la izquierda comprometida. Aquí, realmente no se hace nada si no lo dice Chávez, y esa *vaina* tiene a la gente bien *arrecha* (enojada). A los Gabriel Puerta, Teodoro Petkoff y otros, Chávez los pasa por encima. Hay muchos que pueden decir que fueron guerrilleros y que pelearon toda la vida por las masas. Y de pronto viene el «huracán Chávez», un tipo que ha tenido la carrera más exitosa que se recuerda en este país: de teniente coronel en el ejército, cuando nadie lo conocía. Hace lo del 4 de febrero y pasa a ser el más famoso. Preso dos años, candidato presidencial y en menos de siete años ya es presidente de la República, y reivindica consignas revolucionarias. Realmente, meteórico. ¿Quién hizo algo parecido en tan poco tiempo? Ni los que fueron a la Universidad Patricio Lumumba de Moscú, ni Carlos *El Chacal*, ni los que se cagaron a tiros en la guerrilla de los sesenta. Todo esto, indudablemente, molesta a mucha gente de la izquierda tradicional, pero lo que más les complica la vida es que no pueden dejar de estar en el mismo barco, salvo que se queden muy aislados».

Atomizada en decenas de grupos pequeños, la izquierda venezolana hoy debe reconocer que muchas de sus mejores banderas están siendo levantadas por los revolucionarios bolivarianos. Los que así lo han entendido forman filas humildemente junto a esta alianza cívico-militar de gran calado que inunda con su bullicio los mil rincones del país. En esta riada hay guevaristas, marxistas, nacionalistas a secas, comunistas de la primera hora, trotskistas, anarcos y hasta cristianos de base. Es muy difícil reivindicar una política ligada a la gente y a sus problemas y querer caminar al margen de este gran movimiento. Como dicen los militantes del «23 de Enero» hay contradicciones pero no insuperables dentro del frente bolivariano. El reformismo y las posiciones de derecha no tienen cabida –por ahora– dentro de lo que puede definirse como la espina dorsal este proyecto, y luego entre el nacionalismo revolucionario antiimperialista y el constante cable a tierra que significan los organismos gubernamentales creados ex profeso para ello, es muy difícil equivocarse a la hora de elegir. «Si realmente eres de izquierda y apuestas a que las cosas cambien de raíz, tú eres bolivariano», decía en un cartel de la Universidad de Carabobo.

La burocracia sindical

Hay un aspecto en el que Venezuela se parece muchísimo a México y éste es el que atañe a su estructura sindical. Amarrados a sus sillones y cargos de manera casi vitalicia, los dirigentes de la Confederación de Trabajadores de Venezuela

(CTV) siempre han sido un poder detrás del trono. Ligado fundamentalmente a la Acción Democrática y Copei, este sindicalismo instauró dentro de sus propias filas el autoritarismo cerrado y una falta de democracia absoluta. Los dirigentes eran elegidos de la misma manera que los gobernantes, a dedo y con el sistema de alternancia, impidiendo que pudiera crecer y desarrollarse cualquier instancia progresista o contestataria a sus respectivas políticas de entrega de los derechos laborales. A todo esto, como es obvio, se instaló en la cúpula gremial no sólo un grupo de amanuenses de las decisiones gubernamentales sino que también, no son pocos los jerarcas que recibían una especie de sobresueldo traducido en miles de dólares. De esta manera, se compraba la falta de reacción a nivel gremial y la casi nula defensa de los intereses de sus representados.

Con todo este panorama, no podía sorprender a nadie que la CTV fuera una de las siglas desde donde se descargó una gran campaña de ataque y difamación del proyecto bolivariano encabezado por Chávez. De todas maneras, la respuesta no se hizo esperar. Apenas fue aprobado el nuevo texto constitucional, la ANC designó una comisión redactora del decreto para convocar a elecciones libres y abiertas en la CTV y además, consultar a la masa laboral si desea la fusión de las principales centrales en una sola, ya que actualmente existen varias organizaciones, entre ellas alguna de cierta afinidad con el proceso bolivariano.

«Vamos a democratizar el país, y la CTV no será una excepción», declaró posteriormente Chávez, apuntando que igual suerte tocará a la Federación Campesina y que serán destituidos 400 directores laborales designados arbitrariamente por las centrales gremiales en institutos autónomos y públicos del Estado.

Malos vientos soplan entonces para los burócratas sindicales que a partir de ahora deberán ser elegidos por los trabajadores y además ponerse a trabajar fuerte si quieren conservar su puesto. Y por supuesto, cobrarán el salario normal de cualquier empleado, y no como hasta el presente, en que un director laboral de la industria petrolera llega a recibir casi 16 millones de bolívares anuales.

Enterados de lo que se les viene encima, los dirigentes

de la CTV pusieron el grito en el cielo y solicitaron apoyo a la Organización Internacional del Trabajo para impugnar este artículo de la Constitución, pero parece que ya es demasiado tarde.

El problema del poder

La mayor parte de los militantes bolivarianos considera que si bien la aprobación de la nueva Constitución es un paso fundamental para profundizar el proceso iniciado en diciembre de 1998, ahora viene la parte más complicada. Hay que decidirse a asaltar realmente el poder y generar en pocos años la sólida base que va a servir para que el edificio que se construya no se venga abajo como las casitas de lata y cartón colgadas en el monte Ávila que fueron arrolladas por las aguas. Pero para dar estos pasos, no cabe duda de que el gobierno va a tener que soltar lastre, porque como suele decirse en los corrillos de la política venezolana, éste es un portaaviones demasiado grande al que en una primera etapa se han subido muchos más de los necesarios. Gente que poco tiene que ver con los planteamientos estratégicos y que de hecho chocan con las expresiones más rebeldes de quienes decididamente apuestan por la revolución.

«Es cierto que no todos somos iguales –dice el capitán Alfredo Riera– pero la mayoría de nuestra gente se identifica con el nacionalismo revolucionario antiimperialista, y cuando surge algún descolgado enseguida lo paramos en seco. Como una vez cuando yo estaba en un curso sobre Defensa junto con un comandante de apellido Villarroel, que es uno de los primeros que empezó en el movimiento bolivariano. En un momento de la clase, él nombró calurosamente a Fidel Castro y yo enseguida hice un panegírico del Che. En la sala había un coronel que no había participado en ninguno de los dos levantamientos rebeldes pero que se había acercado a nosotros en la última época. Cuando nos escuchó hablar, se largó con que era admirador de Pinochet y nos advirtió que nos prohibía terminantemente que en los próximos cursos mencionáramos a Fidel y al Che. Yo le dije que estaba totalmente equivocado: *Si usted me prohíbe hablar del asesino Pinochet yo no le voy a hablar más de ese asesino. Ni tampoco voy a decirle cómo ese asesino cortó las manos de Víctor Jara, cómo ese asesino violó y torturó a miles de personas.* El tipo se quedó blanco. Y proseguí: *Nosotros somos golpistas, revolucionarios y bolivarianos. Usted se ha acercado a último momento, y le voy a dar un consejo: cuando lo vea a* Hugo (*Chávez*) *dígale que se quite el liki liki* (chaqueta) *para que pueda ver usted mismo la medalla que tiene con la cara del* Che. A *ver si también le prohíbe que la use*... Nunca más nos dijo ni esta boca es mía».

«El maíz es para los pericos»

Riera es uno de los ex oficiales bolivarianos que está totalmente convencido de que el mayor logro del actual proceso pasa por haber diezmado el poder a los partidos políticos tradicionales y despertar la esperanza y el protagonismo de una franja muy amplia de la población. «Es totalmente cierto que en esta primera fase se ha incorporado al gobierno gente que viene de Acción Democrática y de Copei, los típicos travestidos que van donde sopla el viento y que ahora se han puesto la boina roja y gritan *Chávez, Chávez* más fuerte que todos, pero que conservan intactas las ambiciones que tenían anteriormente. A estos personajes les dedicamos cada tanto un dicho bien venezolano que dice: *El maíz es para los pericos*.

Yo y otros como yo, aspiramos a que el proceso de depuración venga pronto, ya que hay muchos que se han colado por la ventana en vez de entrar por la puerta. Algunos de ellos son fascistas maquillados pero no tienen cabida entre nosotros. Sabemos quiénes son y qué es lo que piensan, pero el grupo de hierro que rodea a Chávez desde hace años es lo suficientemente sólido para que ninguna idea reaccionaria se filtre, tenga el disfraz que tenga».

Un gran reto

«A este proceso hay que cuidarlo», afirma Tarek William, convencido de que hasta ahora todo ha ido por un camino correcto gracias al liderazgo de Chávez. «Ha sabido avanzar y detenerse a tiempo. Y eso que nos han hecho la vida imposible: nuestros adversarios intentaron ponernos de espaldas a la comunidad internacional; cuando se hizo el decreto presidencial de convocatoria al referéndum constitucional se presentaron 20 impugnaciones, y luego, cuando convocamos a las elecciones para elegir la ANC se descolgaron con un montón de solicitudes de suspensión. Pero seguimos, siempre seguimos».

El gran reto de la revolución, según Tarek William, es que más allá de la sustitución de un liderazgo político por otro, se produzca una gran participación del pueblo. Eso exige siempre un largo proceso de educación, y allí precisamente es donde pueden jugar un gran papel los revolucionarios que vienen acompañando este proceso desde siempre. Para ello, hay coincidencias entre todos los que apuestan a que esta historia no quede truncada, es necesario activar el proceso de movilización popular, no para que aplauda un discurso bien dicho sino para que se haga cargo de la parte de responsabilidad que le compete. «Hay que pensar que lo que hagamos aquí lo podamos trasmitir al resto de Latinoamérica, porque como dice Chávez, o salimos todos juntos o nos hundimos todos juntos», finaliza Tarek William.

El dichoso Poder al que tanto cuesta llegar no es solamente el sillón presidencial, ni los ministerios –a muchos de ellos se los ha desburocratizado contundentemente– ni siquiera el Poder Legislativo o el Judicial. Hay otro escenario, que son alrededor de 330 alcaldías y 23 gobernaciones. La gran mayoría de ellas todavía están en manos de *adecos* y *copeyanos*, mueven dineros, recursos de todo tipo y son especialistas en poner palos en la rueda, o directamente provocar al Ejecutivo. En un nivel inferior pero no menos preocupante también se mueve un partido «aliado» como el MAS, que tiene sus estructuras sumamente corrompidas y algunos de sus gobernadores padecen los mismos síntomas de descomposición que los dos partidos tradicionales. Muchas de estas instancias ya están en la mira de los bolivarianos y pueden caer –electoralmente– en un futuro próximo, pero otros estamentos reaccionarios tomarán la posta y seguirán machacando con asuntos tan cotidianos y sensibles como el desempleo o la miseria que el bipartidismo dejó de herencia. Son aquéllos que cada tanto exacerban la agitación económica, promueven campañas de desinformación y se montan en justas demandas ciudadanas, típicas de cualquier proceso democrático, para convertirlas en un motín o un levantamiento. Buscan como posesos que la policía intervenga y si reprime mucho, mejor. Contra ellos, toda prevención es poca, ya que imitando a las termitas, intentarán minar el muro por su flanco más débil.

Capítulo XIII

La hora de gobernar

Cuando Hugo Chávez vence holgadamente en las elecciones de 1998 no duda en iniciar dos líneas de trabajo fundamentales, una orientada por el lado de la transformación y la revolución política, partiendo del hecho de que si se mantienen las viejas instituciones y los mismos actores que hasta ese momento, sencillamente se reproduciría el mismo modelo de corrupción y de ausencia de democracia real que se dio durante gran parte del siglo.

Por eso era necesario avanzar hacia nuevos y profundos cambios, pero con una novedad en este tipo de procesos: lograrlos por vía pacífica. «Nosotros llamamos a eso la revolución constituyente –apunta Nicolás Maduro, titular del Movimiento Quinta República (MVR)–, que se alcanzó con el voto popular e instaló las más amplias libertades que haya gozado Venezuela». En el segundo andarivel se ubicaba el proceso de recuperación y relanzamiento de la economía nacional, que es la parte más difícil de todo el proceso. La bipartidocracia había dejado un Estado quebrado, nueve puntos del Producto Bruto Interno como déficit fiscal (unos 9.000 millones de dólares), sumado a cuentas públicas absolutamente desordenadas y en estado de quiebra. En la Venezuela heredada prácticamente no se tenían datos fiables sobre casi ningún renglón. No se podía saber, aunque cueste creerlo, cuál era la cifra total de empleados públicos ni cuánto ganaba realmente cada uno de ellos, cuánto se gastaba en seguridad social y así todo por el estilo. Por eso, lo primero que hizo el gobierno bolivariano al instalarse fue establecer un diagnóstico sobre las existencias. Luego, partiendo del hecho de que la economía era improductiva y estaba francamente desarticulada, intentar mantenerla en un equilibrio que impida que se siguiera desmoronando a corto plazo. Para ello era importante mantener la política cambiaria a fin de que se lograra cierta estabilidad, sostener la política fiscal, estabilizar los niveles de inflación –intentando exitosamente una tendencia a la baja– y equilibrar todo lo derivado de la macroeconomía y las reservas internacionales.

La Tempestad

«Después de desatada una revolución, los hombres y mujeres que nos damos cuenta de que es una revolución ya podemos planificar cómo montarnos sobre esa ola y cómo maniobrar La Tempestad, yo siempre hablo de *La Tempestad* de Shakespeare: el capitán llamando a los marineros y al contramaestre, a medianoche; viene la tempestad: *Rápido, valientes, arrear las redes. Luego el capitán le da la cara al viento y dice: Ahora, Tempestad, sopla, haz lo que quieras Tempestad*... Estamos ahora maniobrando en la tempestad, tenemos que maniobrar con la acción. En ese esfuerzo fuimos dándole forma, durante varios años, desde antes de la prisión a esas ideas porque sabíamos que venía una rebelión después de que ese pueblo se lanzó a las calles. Venía una rebelión cívico-militar, no había otro camino y nos pusimos, aceleradamente, a pensar en una salida y esa salida sería para nosotros la Constituyente. En eso estamos ahorita. Pero, claro, no teníamos el proyecto acabado ni mucho menos, entonces lo más importante para nosotros, en aquella época, años 1990-1991... era el fusil y los objetivos militares y algunas lecturas: ensamblar ideas sobre la marcha, la carrera. Teníamos algunos documentos, como preparación previa al movimiento del 4 de febrero». (*Comandante* Hugo *Chávez*)

«Nosotros vivimos del petróleo. Hay que tener en cuenta que se exportan 2.700.000 barriles diarios–cuenta Maduro– y cuando llegamos al gobierno encontramos un panorama demencial en materia de comercialización petrolera, por eso nuestro primer objetivo fue fortalecer la OPEP, buscando recuperar los precios, para a la vez revalorizar el único producto del cual vivimos los venezolanos». Esa política dio resultados inmediatos. Cuando Chávez llegó a Miraflores el barril de petróleo se cotizaba a 7 dólares y de allí se avanzó en todas las cestas petroleras que vende el país –crudos, pesados y livianos– hasta los 20 dólares por barril. Ha habido una recuperación ostensible que permite aligerar el déficit fiscal y el de los demás rubros. El país se incorporó con fuerza a la estrategia internacional fortaleciendo a la OPEP y siguiendo las pautas de esa organización de recortar la producción para defender el precio. Los resultados óptimos se pudieron ver enseguida. Al mismo Chávez le gusta decir que él es «producto de la catástrofe, emergente de un país que ha sufrido durante años todo tipo de perturbaciones económicas y donde nunca hubo capacidad interna ni externa para superarlas. Nosotros llegamos para hablar con franqueza y capear el temporal por las buenas o por las malas». El dirigente Maduro sostiene que «éste es el primer paso de un plan muy difícil de diversificación económica. Porque aquí tenemos una economía que desde hace años no genera empleo sino todo lo contrario y además, bajos salarios. Con una concepción de ese tipo no es posible llevar adelante ningún proceso de igualación social y de elevación del bienestar de la mayoría. Ahora nosotros estamos empeñados en hacer una revolución, buscando una vida mejor para todos y no para unos pocos. No dejaremos que el pueblo siga sumergido en la miseria y la resignación».

El diagnóstico realizado por los distintos estamentos económicos del gobierno, hablan de que un 49% de la población activa está en la economía sumergida desde hace más de 30 años, en condiciones que el Estado no controla y casi siempre genera miseria. El otro 51% se encuentra en la administración pública cuya franja es muy ancha (más de 1.200.000 trabajadores), y también en una economía muy débil que no genera fortaleza social. De allí, que uno de los primeros pasos del gobierno bolivariano haya sido atender el drama del desempleo y la situación de los miles de pobladores que se hallan en estado de extrema pobreza. Esto significa que sin pérdidas de tiempo se instalan en la población planes de emergencia social. Allí precisamente apunta una de las grandes realizaciones de la nueva administración: el Plan Bolívar 2000.

El Plan Bolívar 2000

Diagramado en los días en que todavía Chávez y su gente no sabía a ciencia cierta si iban a llegar al gobierno ni por qué vía lo intentarían finalmente, este plan consiste en una iniciativa realmente singular y revolucionaria. Solamente imaginable en un país como Venezuela o en la propia Cuba, ya que al resto de Latinoamérica todavía le queda realmente grande un planteamiento de ese tipo. El Plan busca contribuir con el desarrollo social, económico y cultural del país, pero parte de una condición indispensable: integrar a las Fuerzas Armadas a la sociedad civil en un fin común. Todo esto para mejorar la calidad de vida de los sectores más postergados del pueblo de Venezuela, de ésos que generalmente no entran en ninguna lista de repartos y sí en todas las de exigencias.

Esta tarea está a cargo de ese super ministerio que es el Fondo de Fortalecimiento Social, una entidad pegada a la gente –como les gusta definir a sus promotores– conducidos por el comandante William Fariñas, otro de los hombres de la vieja guardia bolivariana, que cuenta con un puñado de militantes sociales que trabajan de sol a sombra para llegar a los puntos más remotos del país con sus propuestas de dar alivio y formación a los pobladores. No se trata de la típica cuestión de dar la palmadita en el hombro y luego soltar el rollo de la caridad a cambio de votos, sino de ir construyendo núcleos de personas que se autoayuden y generen espacios de solidaridad con el otro más necesitado. Donde soldados y oficiales se mezclan con las víctimas de las nefastas políticas neoliberales y entre todos tratan de empujar juntos para salir del pozo.

El Plan abarca a alcaldías, gobernaciones, comandos de guarnición y direcciones regionales sectoriales, amén de abarcar a todas las organizaciones comunitarias. Ciento quince mil militares, entre soldados y oficiales, se pusieron a partir de la orden general de Chávez, del 8 de febrero de 1999, a trabajar duramente y codo a codo con unos 37.000 voluntarios civiles y otros miles que se fueron acercando a echar el hombro en la tarea de reconstruir las ruinas de 40 años de mal gobierno.

Por donde se transitara en ese primer año se podía observar a soldados y civiles levantando escuelas, arreglando los cimientos de viejos hospitales, recogiendo escombros de todo tipo y hasta conciliando el sueño juntos en improvisados campamentos de emergencia. En un ejemplo que difícilmente pueden digerir la mayoría de los militares del continente y del mundo, esta patriada venezolana demostró que cuando impera la idea de realizar una revolución, los cuarteles se pueden convertir en centros de planificación para viviendas populares o en casos de necesidad extrema, en esos mismos espacios se puede dar albergue a sectores del pueblo que lo necesiten.

«Mi compromiso»

El Presidente llegó en helicóptero hasta los populosos barrios de La Vega y Nueva Tacagua. Enseguida fue rodeado por la gente que le ofrecía abrazos, saludos, niños para que diera el tradicional beso, y hasta alguno llegó a acercarle una gallina de regalo. Junto a Chávez caminaba por las estrechas callejuelas otro de los eternos conspiradores bolivarianos, el comandante Luis Reyes Reyes. En un momento, en que lo dejaron respirar después de tanta euforia, Chávez comentó en voz baja: «Luis, éste es un encuentro con el alimento espiritual de todos nosotros. Ésta es nuestra gente, venimos de ellos y jamás debemos olvidarnos que somos lo que somos precisamente por ellos. Jamás...».

En el mercadito de Nueva Tacagua, unas doscientas familias le esperaban ansiosas, degustando unas exquisitas *cachapas* y pollo guisado que prepararon de forma conjunta los soldados y las mujeres de la zona. En total se repartieron 7.000 viandas, con un juguito de tamarindo, que provocó que los niños de la zona (había decenas de ellos jugando y corriendo de un lugar para otro) repitieran hasta tres veces. La gente compró pollo a 300 bolívares, recibió gratis un kilo de cebollas y se sacaron fotos con la comitiva. «El Plan Bolívar no es un papel que duerme en un cajón de un burócrata, el Plan es esto mismo y cientos de acciones como éstas. Tampoco es limosna populista sino la posibilidad de devolver a los más necesitados un poco de lo mucho que siempre se les ha quitado desde arriba. El Plan no dura dos meses ni dos años, durará todo lo que sea necesario hasta que erradiquemos la miseria y el hecho tremendo de que un niño tenga que andar descalzo o robando comida. Éste es mi compromiso», dijo Chávez y no parecía estar hablando para la foto.

Más de mil mercados populares donde la población compra a precios económicos, cientos de actividades culturales, deportivas y recreativas, así como la puesta en marcha de una buena cantidad de «escuelas bolivarianas», en las que el alumno no sólo estudia sino que también desayuna, almuerza y merienda, fueron puestas en marcha en el primer año del gobierno de Chávez.

En el área de la salud, se apoyan campañas preventivas y curativas contra el dengue, paludismo y cólera, se realiza el mantenimiento y reparaciones menores de numerosos hospitales, dispensarios y ambulatorios. Se instalaron también hospitales de campaña para atender necesidades urgentes, y se aceleró la atención médico-quirúrgica, odontológica, pediátrica, ginecológica, oftalmológica, dermatológica y de control prenatal.

En lo referente a la educación, además de la reparación de cientos de establecimientos escolares, se intensificó la alfabetización de jóvenes y adultos, la distribución de material didáctico en lugares donde nunca se había regalado ni un cuaderno, se estimuló la formación y competencia deportivas y el conocimiento de la historia real del país y no la inventada por quienes habían hipotecado la soberanía en cuanta oportunidad tuvieron de gobernar. El avance de esta nueva política ha sido impactante: en pocos meses se inscribieron en las escuelas 2.000 niños más que en los años anteriores.

Pero el Plan Bolívar 2000 también atacó problemáticas fundamentales como las de la alimentación, fomentando la instalación y funcionamiento de los mercados agrícolas y campesinos donde el producto pasa por menos manos de intermediarios y puede ser adquirido a precios realmente populares.

Por último, se ha instrumentado el mejoramiento de vías urbanas y rurales, el acondicionamiento de canales de drenajes, la recolección de escombros, el embellecimiento de parques y jardines, pero también la puesta a punto de bibliotecas escolares, guarderías y geriátricos.

Esta vez no se trataba de demagogia barata, sino de dar muestras concretas de que el gobierno iba a poner toda la carne en el asador para cambiar el viejo estilo de hacer política, pero dejando claro que sin la participación de los propios interesados aquello iba a ser imposible. Por eso, lo más emotivo de esta aventura ha sido el concurso masivo de los sectores de población más afectados por la miseria y el mal funcionamiento de la infraestructura.

«Cuando llegamos al gobierno –relata el capitán Alfredo Riera, del Fondo de Fortalecimiento Social– nos encontramos con que todo lo que era infraestructura, los centros de atención primaria de la población: escuelas y núcleos de atención de salud estaban por el suelo. Esto, fundamentalmente se debía a la desidia de los alcaldes y a la falta de atención de los respectivos gobiernos. Pensamos entonces que enviarle dinero a los alcaldes para atender esas reparaciones significaba caer en lo mismo porque no hay control posible en las entidades regionales y corríamos el riesgo de que tratándose de personajes que se encuentran en la oposición total a nuestros planteamientos metieran el dinero en sus bolsillos y pasaran olímpicamente de las necesidades de la gente como venían haciendo hasta ahora. Por eso necesitábamos no aumentar la burocracia y a la vez tener control, transparencia y efectividad. Contar con un personal que se pusiera a trabajar sin límite de horario, sin aumentar el pago de la nómina deuda. Fue así que a Chávez y a todos los que estábamos en esta nueva filosofía se nos ocurrió que ese lugar lo podían ocupar las Fuerzas Armadas. De allí que fueron los soldados quienes se pusieron a trabajar para recuperar escuelas y hospitales. En esa experiencia surgieron cosas increíbles, por ejemplo nos encontramos con gente que había estado 15 años esperando para hacerse una operación quirúrgica, y en dos meses el tema se solucionó. Se imaginan la cara de esos pobladores al ver que no los estábamos engañando nuevamente».

Riera cuenta que en la zona de Petare se reparó una escuela que tenía una tubería tapada. «No era más que una tontería a la que había que poner un poco de habilidad, pero debido a esa avería, los alumnos se habían pasado diez años sin agua. Nosotros lo arreglamos en una semana». En el plano sanitario este año se realizaron numerosas operaciones a personas que estaban en listas de espera interminables, se recuperaron miles de kilómetros de vialidad agrícola, y se pusieron otra vez en actividad numerosas escuelas.

Dentro de su filosofía, el Plan Bolívar 2000 busca primero, la recuperación física de los lugares y luego se apunta a instrumentar escuelas de oficios (carpintería o albañilería, por ejemplo) para que la gente pueda organizarse en microempresas, al estilo de las que tantos buenos resultados han dado en Cuba. Esas mismas microempresas son las que posteriormente pasarán a convertirse en contratadas para el mantenimiento correctivo de los establecimientos respectivos. Una forma eficaz de que sea la propia comunidad la que cuide y mantenga sus escuelas y hospitales, donde los padres de los alumnos se preocupen de que su hijo no destruya el banco o la pizarra, y que tampoco se sustraigan medicinas elementales de los hospitales o falten los artículos de primera necesidad .

El Bolívar 2000 encaró activamente otro de los grandes temas postergados, el de la falta de vivienda. Como se sabe, y eso no es un tema que afecta solamente a Venezuela sino también a casi todos los países del continente, la población más humilde habita ranchos precarios, casas de cartón o de lata, chabolas miserables y hasta en algunas oportunidades, especie de cuevas cavadas en los cerros o en los altos montes que bordean las ciudades. Dentro de ese mal vivir al que les condenan las políticas de hambre no sólo se sufre la inclemencia del clima o los estallidos de autodefensa de la Naturaleza sino también el riesgo de contraer todo tipo de enfermedades por falta de agua potable o sanitarios. Chávez lo había gritado con rabia en los actos previos a las elecciones que realizó por todo el país: «Nos da vergüenza como seres humanos contemplar a nuestra gente viviendo peor que los animales», y había empeñado su palabra en dar soluciones drásticas a ese problema. Por eso, dentro de todas las actividades urgentes, se puso en marcha un Plan Especial de Vivienda, donde se propone dar apoyo financiero para la construcción de urbanizaciones y viviendas de protección oficial destinadas a familias. De esta manera se proponía reducir el déficit habitacional, crear empleo e incentivar la industria de la construcción. Estas viviendas tendrían que ser realmente habitables, contando con un área mínima que vaya de 55 a 120 metros cuadrados y dotadas de tres habitaciones, baño, cocina y cuarto de estar. En el Estado de Mérida ya se cuenta con un plan piloto.

Entre los «proyectos especiales» se pusieron en marcha créditos agropecuarios blandos, el Proyecto Niños de la Patria (para terminar con el drama de los mal llamados niños de la calle) y su complejo Los Caracas, la Escuela Ecológica, la Planta Norte Lago de Maracaibo, la autopista José Antonio Páez y la Carretera Paraguaipoa-Castilletes.

Niños de la Patria

Roberto Rodríguez fue uno de esos tantos curas tercermundistas que desde el Barrio Altavista, en Catia, supo conectar con los anhelos y las rebeldías de los más humildes. Cuando empezaron a darse los primeros puntos de conexión entre civiles y militares, Rodríguez se puso a disposición. Por ideología y también por palpar la realidad cotidiana de los más perjudicados por las políticas de los partidos tradicionales. Así fue, que su iglesia supo convertirse también en un refugio para los oficiales bolivarianos que debían pasar a la clandestinidad. «Para disimular, a veces poníamos a varios de ellos a hacer tareas de limpieza o a ayudarme a dar misa», recuerda ahora. Ya en ese momento, empezó a moverse detrás de una de sus grandes vocaciones, y fundó la Asociación de Niños de la Calle.

Enemigo declarado del ala reaccionaria de la Iglesia latinoamericana y sabedor de que es el propio Vaticano quien dirigió el proceso de defenestración de los curas de la Teología de la Liberación y su reemplazo por sacerdotes recalcitrantes como el actual obispo de Caracas, monseñor Ignacio Velasco, Rodríguez decidió abandonar los hábitos, pero no la opción por los pobres.

Con la llegada del gobierno de Chávez, se alistó en la coordinación del Proyecto «Niños de la Patria», que busca la reinserción de los niños que habitualmente frecuentan las calles. «Al cambiarle el nombre de *niños de la calle* por *niños de la Patria*, eliminamos una caracterización despectiva y negativa. Insertamos el problema de estos niños en toda la política de reparación social, porque la que provoca que exista esta triste realidad es toda la política de miseria que el neoliberalismo abate sobre la sociedad. Los niños son lanzados a la calle por el maltrato, por la pobreza, por la deserción escolar. Nuestra política busca rescatarlos desde su salida radical de la calle. Con cada uno de ellos hay que instaurar un proceso en el que los que marcan las pautas son los propios niños. Tenemos así, dos grandes centros: el Helicoide y Los Caracas, una verdadera ciudad que hay en el litoral, donde pasan sus vacaciones los obreros. Allí estamos haciendo construcciones para alojarles, con una buena cantidad de componentes educativos y formativos». El proyecto es realmente renovador y no maquilla un ápice su humanismo, porque detrás de quienes lo impulsan se mueve el auténtico dolor de quienes desearían una Venezuela donde los niños sean como los de Cuba, sin hambre, con salud y educación para todos.

Volver al pueblo

«El Presidente tiene claro que el poder tiene que estar muy cercano a quien se lo otorga, y no lo hace por populismo sino porque realmente está convencido de ello», dice el titular del Fondo de Fortalecimiento Social, comandante Fariñas. Añade que realmente es impresionante la fusión que se está dando entre pueblo y militares para todas las tareas encaradas. «Es verdad que todavía hay sectores de las FAN a las que les cuesta adaptarse a esta nueva dinámica, toda familia siempre tiene elementos difíciles, pero la gran mayoría de nuestra gente estaba formada durante años para este momento que ahora ha llegado. Provenimos de clases populares, vivimos en nuestras propias familias las necesidades que tienen muchos pobladores, y por eso no nos cuesta esta simbiosis. Además de todo, la falta de liderazgo social que dejaron los partidos lo hemos ocupado los militares rebeldes, antes de llegar al gobierno y mucho más ahora que tenemos capacidad de decisión. La idea es que con el tiempo, las FAN se vayan retirando de la escena y que ese lugar lo ocupen las comunidades sin intermediación de nadie».

Los más humildes son los que mayor margen de credibilidad le otorgan a este gobierno. Ellos mismos no se cansan de expresarlo cuando los típicos periodistas dispuestos a difamar la tarea oficial se ponen a hurgar en la miseria: «No podemos esperar que en un par de meses se arreglen los problemas que nos dejaron los que gobernaron durante 40 años. Ésos que se llenaron los bolsillos y no nos dieron nada más que palos». El actual proceso pone especial acento en que precisamente sea la propia gente afectada la que se decida a ser protagonista. «Nosotros no queremos de ninguna manera ejercer paternalismos que sólo sirven para dañar a quien queremos ayudar, sino que vamos a colaborar para despejar el camino, pero después el apoyo debe ser mutuo», afirma el comandante Wilmar Castro. «Otra cosa singular que está ocurriendo –añade– es que la gente del pueblo suele identificar a los militares de algunas regiones bien específicas –donde el trabajo común es casi diario– con la imagen del propio Chávez. Cuando se ve que el Presidente trabaja 24 horas y se mueve por todos lados, no dejando de atender ni los problemas más mínimos que se le plantean, la esperanza tiende a crecer». Esta identificación de sociedad civil y militares provoca datos muy significativos: en Mérida y Monaga, una encuesta señala que si los oficiales bolivarianos de la región fueran ahora a un proceso electoral, obtendrían el 60% de los votos populares. Y con seguridad que no son los únicos.

Cinco polos de equilibrio

Cuando Chávez y sus compañeros estaban en la cárcel produjeron un documento básico, pensando en que algún día iban a entrar por la puerta grande del Palacio Miraflores. Se trataba –recuerdan ahora– de «cómo salir del laberinto», que a Chávez inspirara la frase de Gabo García Márquez: *El general en su laberinto*. Y vaya si salieron, de la prisión y de las dudas que les provocaba la idea de gobernar positivamente en un país devastado. Así fue como nació un texto en el que se explicitan los «Cinco polos de equilibrio» (lo de polo proviene de una frase de Bolívar), que el mismo Presidente suele explicarlos como «fundamentales» para entender hacia dónde debe dirigirse la nueva Venezuela. «El primero es el *equilibrio político*. Hay que pensar como si se tratara, en una guerra, de tomar una colina. Entonces se dividen las fuerzas en cinco ejes de ataque: el eje uno es la política. Todo esto partiendo de una concepción revolucionaria. Nada de cartesianismo, diciendo que vamos a dividir la realidad en partes: yo arreglo ésta, tú la otra... como trataron en vano de hacer aquí en Venezuela durante decenas de años. La nuestra es una revolución pacífica integral. La base filosófica de esos cinco ejes de equilibrio o líneas estratégicas, es la política. Las otras son: la social, la económica, la territorial y el equilibrio mundial. Cinco polos».

Chávez pone el *equilibrio social* delante del económico, ya que considera muy importante cancelar la deuda social, la que se tiene con la gente del pueblo que ha sufrido y sufre todas las equivocaciones y mentiras que llegan desde el poder. «Es impresionante ver ese dolor en las calles –señala–, los niños con Sida, sin brazos, las piernas partidas, es horrible lo que pasa en este país, es como el infierno de Dante Alighieri, tuberculosos haciendo fogatas para calentarse. Hay quienes viven, lo he visto, como Tarzán en los montes, no lejos de Caracas. Elevar el nivel de vida de la población, la alimentación, la vivienda, la educación, la salud, la seguridad social, ésos son los objetivos fundamentales, de la estrategia para lograr el equilibrio social».

En cuanto al *equilibrio económico*, el nuevo gobierno prefiere una economía que sea instrumento para el ser humano antes que las concepciones actuales que sirven para halago de los macroeconomistas, atiborrados de gráficos y tablas comparativas. «Esa búsqueda, la vemos en el desarrollo tecnológico, pero no importando esquemas sino trabajando nosotros con nuestras mismas creencias y posibilidades y en el orden de la economía productiva», afirma el comandante. En ese camino de búsquedas alternativas, el actual proceso económico impulsa varias líneas, como la de combinar un nuevo concepto de desarrollo energético –intentando convertir al país en un epicentro del desarrollo energético latinoamericano– con un impulso considerable a la agricultura. Pero también, darle mucho empuje a las microempresas, las macroempresas, el turismo –algo que está muy mal explotado y en el que se depositan grandes esperanzas–, la infraestructura de viviendas, las vías de comunicación. Ir conformando un concepto de país distinto, rompiendo con el molde de una sola vía de escape, en este caso el petróleo, y combinando este equilibrio económico con el territorial.

En cuanto al *equilibrio territorial*, el gobierno bolivariano lo considera uno de los más innovadores en la nueva etapa, y se podría decir que revoluciona el concepto de planificación poblacional en el mundo entero. Como siempre sostiene Chávez, se trata de poner énfasis en lo geopolítico «pero saliéndonos de esa idea de la geopolítica del imperialismo». Todo lo contrario. El Presidente ve la geopolítica como un arma hacia adentro del país, una herramienta científica del trabajo hacia el interior, una nueva visión del territorio venezolano que apunte a descentralizar los núcleos de población y desconcentrar las riquezas del país.

«En Venezuela –asegura Chávez– el 80% de los venezolanos estamos viviendo en el centro, y mientras tanto hay un inmenso país al sur, abandonado, pero potencialmente hermoso, que supo inspirar a Rómulo Gallegos y Alejo Carpentier. Tiene reservas de gas, de agua, grandes ríos, diez millones de hectáreas forestales abandonadas, hierro, bauxita, oro, rocas fosfóricas, petróleo, bellezas incomparables, saltos de agua, vastos y profundos caminos fluviales. Este país que abandonamos durante siglos es una riqueza inmensa, prácticamente despoblado, fuera del centro».

Y precisamente el proyecto –contemplado en varios de sus niveles en el Plan Zamora 2000– consistiría en desconcentrar el país. Promover el desarrollo hacia el sur, hacia el este, hacia el oeste y que haya un equilibrio territorial geopolítico.

«Puede ser la Venezuela del futuro», constata Chávez, hablando del eje Apure-Orinoco que recorre el país. El Apure echa sus aguas en el inmenso Orinoco –uno de los ríos más grandes del mundo– y éste llega al Atlántico. La idea es monumental y realmente puede ser comprendida si se acepta que lo que está sucediendo en el país es una revolución en todo el sentido de la palabra. No se trata de una empresa para débiles, para especuladores financieros o para corruptos dispuestos a hacer en el corto plazo la mayor cantidad de negocios posibles. Se habla sin términos medios de, como dicen los parroquianos en una partida de cartas, *barajar y dar de nuevo*. Porque la concepción de país que se había venido manejando hasta ahora ya no sirve, no da más, sólo da una buena vida a los ricos, y desprecia a la gran mayoría de la población, que sobrevive a duras penas dentro de su miseria. Desprecia y mata, como acaba de ocurrir en estos días con las lluvias torrenciales que arrasaron con todo.

Hablar de restaurar el equilibrio territorial es descubrir que hay 300.000 riberas abandonadas, donde habrá que hacer pueblos, caminos, desarrollar la zona. Actualmente se han instalado allí tres puertos fluviales y en función de este proyecto, las fuerzas bolivarianas aspiran a ir ganando gobernaciones de esa zona, donde hasta ahora estaban enclavados los feudos de AD y Copei.

No se trata de una improvisación o de una salida populista, como señalan los enemigos del proceso, sino un plan integral de salvación nacional. Sin más vueltas. Para ello se necesita cambiar la mentalidad y pensar que es un paso positivo y gigantesco. Tanto como la campaña de alfabetización masiva que encaró la Revolución cubana en sus albores. Pero en este caso hay muchas facilidades: en el eje del Orinoco, hay enormes sabanas para la agricultura y la ganadería. En el macizo guayanés funciona la generación hidroeléctrica más importante de Sudamérica, que ya le está brindando energía no sólo al país sino también a Colombia y Brasil. Y además, en la franja del Orinoco existen reservas poderosas de petróleo.

De ahí que esta batalla por construir el equilibrio territorial no sea una de las tantas promesas electorales que acostumbran a formular los partidos burgueses en cualquier parte del planeta, sino un intento serio de revolucionar las estructuras. Todas ellas, las materiales y las mentales. Porque no es fácil, como está ocurriendo en estos días después de la tragedia, decirle a la gente de un barrio cercano a Caracas u a otra ciudad golpeada por las aguas, que se deben marchar a tal o cual sitio. Sólo está siendo posible, a pesar de las piedras que se lanzan desde las trincheras de la oposición, porque la gente confía en sus gobernantes. Creen, aunque a muchos les cueste aceptarlo, que ha llegado la hora de empezar de nuevo pero con bases sólidas, las mismas que se necesitan para construir una vivienda digna y no un rancho o una casona colgada de las estribaciones del cerro Ávila. A esas cuatro ladrillos mal puestos y cubiertos por una tapa de cartón, se los llevó la tragedia.

El último polo es el *equilibrio internacional*, partiendo de la visión de un mundo pluripolar. Se parte de construir desde Venezuela un foco de fuerza económica, política, militar y social que contemple prioritariamente a América Latina y el Caribe.

Humanismo, autogestión y competencia

La propuesta económica bolivariana se propuso desde su lanzamiento enfrentar el modelo neoliberal vigente, generador de desigualdad y pobreza. Para ello busca una sociedad equitativa y justa en base a establecer una economía humanista, autogestionaria y competitiva.

Un sistema económico que ubique al hombre como centro de su atención y razón de ser y que permita condiciones dignas de vida, posibilitando a los venezolanos la satisfacción de sus necesidades en correspondencia con su capacidad y esfuerzo. En un modelo económico humanista, la preservación del medio ambiente en condiciones sustentables para la biodiversidad y la garantía de condiciones de trabajo seguras, son aspectos vitales para la vida en comunidad. Para que esto sea posible se hace necesario asegurar un nivel adecuado de ingreso real para la población.

Lo autogestionario tiene que ver con estimular la democratización económica y las formas organizativas alternas, como cooperativas y otros tipos de asociación, que complete el diseño de una dinámica productiva basada en la diversificación de la producción y que permita agregar valor a las mercancías, ahorrando divisas y generando fuentes de empleo.

Finalmente, el sistema será competitivo, partiendo de las ventajas comparativas del país y generando productos capaces de satisfacer las necesidades de la población, compitiendo con las mercancías extranjeras. Se elevará también de manera superlativa el ahorro interno con la inversión extranjera.

Un Estado fuerte

«Estamos reformulando la economía sobre la base de la participación del capital privado. Pero partimos del hecho de que no vamos a degradar al Estado, como han hecho otros países del área. Nosotros no antagonizamos Estado y mercado. Creemos que se complementan. Hay que mantener un Estado fuerte, musculoso y sin grasa, que sea capaz de administrar un proyecto de desarrollo junto con el sector privado. Estamos viendo con lupa cada sector del Estado para ver cómo puede ser privatizado. No podemos dar saltos al vacío como ocurrió hace tiempo con la privatización de la línea aérea Viasa, que pasó a manos de Iberia y colapsó totalmente.

De esta ola privatizadora medida y controlada, vamos a salvar a Pedevesa. El petróleo venezolano no admite ese tipo de políticas».

(*José Vicente Rangel, canciller*)

La otra economía

Otras iniciativas del nuevo gobierno son las que tienen que ver con activar créditos y gestionar que instituciones especializadas apoyen al sector de la economía informal para que se desarrolle y fortalezca. De esta manera esa industria marginal tan típicamente latinoamericana que en Venezuela constituyen los *buhoneros*, vendedores ambulantes que ocupan gran parte del centro de las ciudades, pueden fortificar su economía familiar. Obviamente, en esta tarea también son muchos los palos en la rueda que se ponen a la gestión oficial. Por un lado, por parte de algunas asociaciones de comerciantes que hablan de juego sucio en lo que hace a la competitividad, y por otra parte, la típica presión de los sectores acomodados que no suelen ver con buenos ojos que los más humildes les invadan su territorio, generalmente intocable y bien custodiado. Chávez no se amilanó ante estos embates, y en varias oportunidades salió en defensa de los *buhoneros*, exigiendo a la policía que no les reprima y mucho menos con violencia como solía ocurrir en épocas anteriores.

También se han producido nuevas inversiones públicas y privadas, orientadas hacia donde marca la nueva filosofía política que rige en el país, como el sector de la petroquímica y el del turismo, que hasta el presente no ha sido lo suficientemente explotado.

«Se quiere lograr –dice el diputado constituyente Nicolás Maduro– una amplia alianza con el mundo asiático, con los europeos y sobre todo con nuestros hermanos latinoamericanos, aristas fundamentales si queremos llegar a un proceso de inversiones productivas. Más que inclinarnos por un tipo de inversiones llamadas *golondrinas*, que suelen satisfacer a corto plazo un interés del capital que traen al país, apoyamos aquéllas que vengan a traer tecnología, a generar ciertos niveles de empleo y a darle valor agregado a la población venezolana.

Con estas ilusiones estamos caminando ahora, el éxito realmente lo vislumbramos en un proyecto que diversifique la economía y que nos permita sustentar un sistema de seguridad social que no existe en Venezuela y que vamos a empezar a estructurarlo en los próximos años.

El eterno paraíso petrolero

Uno de los temas que más expectativas provocó con la llegada del nuevo gobierno es el del petróleo. Mientras un sector de la izquierda que dio su apoyo crítico al proceso reclamaba contra la privatización de la compañía estatal, desde la derecha y los grandes monopolios (las compañías multinacionales de ese rubro) se construía un paraíso artificial cuyos ladrillos fundamentales partían de pasar Petróleo de Venezuela (Pedevesa) a manos privadas. Esta última posición, obviamente está apoyada por los intereses norteamericanos en la zona que, temerosos de que en algún momento se reduzca o corte el suministro de los países del Medio Oriente, deberán tener a Venezuela como su gran garantía complementaria. Basta recordar que es uno de los pocos países que puede producir de 10 a 12 millones de barriles diarios a largo plazo.

«No es casual –señala Douglas Bravo– que durante el gobierno de Caldera, el presidente de Pedevesa haya planteado varias veces el proyecto de construcción de un oleoducto en el Estado Anzuátegui, que fuera desde Puerto La Cruz hasta La Florida. Eso es parte de los planes de Estados Unidos para garantizarse el suministro fijo».

Pero el gobierno de Chávez no parece haber llegado para seguir abonando el terreno de los acuerdos bajo manga contra la soberanía del país, como ya han hecho muchos de sus colegas latinoamericanos. Todo lo contrario. Por eso, como explica el experto Carlos Mendoza Pottellá, «la reserva constitucional al estado de la propiedad exclusiva sobre la totalidad de las acciones de Pedevesa ha sido recibida como una gran derrota por parte de las fuerzas interesadas en el jugoso negocio que ya tenían asegurado. En ningún caso la propiedad exclusiva de las acciones implica la imposibilidad de contratar o convenir con empresas privadas del sector, nacionales o extranjeras. Esto hay que puntualizarlo, porque las falacias dichas en ese sentido, pretenden demostrar que ahora Pedevesa no podrá realizar contratos operativos o realizar operaciones de *outsourcing* sobre actividades no medulares».

«La realidad –asegura Mendoza– pasa porque Pedevesa, en tanto que empresa a la cual su propietario estatal tuvo que darle la forma de sociedad anónima, puede realizar toda clase de operaciones mercantiles, mientras ellas no involucren enajenación del capital accionario de la empresa. Es decir, que no puede comprometer la integridad de la empresa, ni su patrimonio como garantía en operaciones financieras o contratos de cualquier índole con terceros».

La intención de la Constituyente parte del hecho de mantener bajo el control del Estado, como ejecutor y garante de la propiedad colectiva de los venezolanos, el poder de decisión sobre esa industria fundamental. Para que eso se cumpla, es necesario impedir la cesión, por mínima que sea, de porciones de la propiedad y el control sobre el ente estatal bajo cuya responsabilidad se ha colocado la administración física de los recursos y las operaciones de producción que habrán de realizarse. Se parte de una concepción realista pero no humillante para la soberanía del país. No se trata de cerrar las puertas a los capitales privados nacionales y extranjeros en esas actividades, sino de una negociación dura, con los capitales internacionales más avezados. Esos mismos que están acostumbrados a imponer condiciones ruinosas a los países que no se hacen respetar. Las maneras de negociar preferidas por las multinacionales del sector son las del chantaje y el soborno, las amenazas de bloqueo o boicots, pero Venezuela cuenta con suficientes recursos para enfrentar esas maniobras: control estatal sobre Pedevesa, pertenencia a la OPEP –fortaleciendo la relaciones con esta organización internacional, a fin de restituir el control de la oferta en aras de la defensa de los precios y aminorar el impacto sobre el medio ambiente– y la posibilidad de hacer un frente común con los principales exportadores para evitar posibles presiones agresivas de los consumidores.

El petróleo es, en definitiva, una de las llaves maestras del país que llama la atención de sus enemigos, pero a la vez resulta el mejor mecanismo de resistencia para enfrentar a éstos y asegurar la permanencia segura del proceso revolucionario.

Cultura y revolución

Siempre que se produce un cambio de características revolucionarias uno de los frentes que emerge inmediatamente para alinearse junto a ese proceso es el de la cultura. Esta vez no podía ser una excepción y la puesta en marcha de la expectativa constitucional movió a un grupo de personalidades y militantes a tomar posición y preparar el futuro. El escritor y médico José León Tapia, de la zona de Barinas, el promotor cultural y defensor de los derechos indígenas Liborio Guarulla, de la región de Amazonas, el poeta y abogado, Tarek William Saab y el poeta Gustavo Pereira, se pusieron en marcha para intentar comprometer a la nueva Constitución con un renacimiento de la cultura popular venezolana, «tan dejada de lado por los politiqueros tradicionales».

«No se puede lograr ninguna transformación, si no se hace en las mentes de los seres humanos, señala Pereira. Esto sólo es posible a través de la cultura y la educación. Lamentablemente, en Venezuela la educación fue convertida en instrucción pública, que no es educación. Instruir es formar a alguien para que adquiera destrezas, educar es culturizar. Dentro de la nueva Constitución, la cultura tendrá un capítulo específico y destacado».

Para estos intelectuales de la nueva era venezolana es necesario crear las estructuras adecuadas que combinen infraestructuras y formación de los llamados *gerentes culturales*. Esto significa llenar el país de museos y casas de cultura para difundir los bienes culturales por todo lo ancho y largo del territorio y no sólo para regocijo de los habitantes de las grandes urbes. Ni más ni menos que pasar de la cultura de recintos cerrados a los espacios abiertos, y aunque pudiera sonar populista, popularizar la cultura para que muchas más personas tengan acceso a ella. Todo esto acompañado por inversiones promovidas desde el Estado para mejorar infraestructuras y posibilitar que se jerarquice la tarea de difusión cultural.

Tarek William no concibe el derecho a la cultura fuera de los derechos humanos porque éste es igual de fundamental al derecho a la alimentación y a la educación. «El derecho a la cultura no sólo es del creador o del artista, sino también del ciudadano común». Claro que dicha posibilidad podría entrar en colisión con los niveles de pobreza que tiene el país, pero aun así es necesario exigir que dicho derecho se desarrolle, «hacerlo justiciable».

Poeta, pintor y promotor cultural indígena, Liborio Guarulla pertenece a la etnia *baniva* y participó como diputado constituyente en la ANC representando al Estado Amazonas. Sostiene que el actual momento que vive el país debe posibilitar la introducción del aspecto multiétnico. Desde su punto de vista «hay que darle un trato igualitario a la cultura elitista, popular, afrovenezolana e indígena, que no aparecían hasta ahora. En los últimos años lo que se ha creado es un vicio y se ha llegado a degenerar el concepto de creación. Hay gente que vive esperando los subsidios estatales y que por ello mediatizan su acto creador. Este concepto hay que cambiarlo radicalmente. Pienso que lo mejor que puede hacer el Estado es abrirle espacios a la gente a la participación, para desarrollar su creatividad. Y con esto no quiero decir que el Estado no deba invertir en la cultura».

Educación con dignidad

El concepto de la Constituyente se aplica en la educación sobre cinco líneas: la educación como prioridad, la calidad y dignidad de la persona, la integración de los institutos educativos y la comunidad, la educación como interacción social y como profundización de la democracia y la pertinencia de los aprendizajes. En la filosofía básica que se puso en marcha desde que Chávez llegó al gobierno, se entiende que el gran fin de la política social se funda en la educación, planteándose que ésta no es sólo la institución escolar sino el proceso comunitario.

Los dos conceptos políticos sociales que sirven de fundamentación teórica a estos trazos son: la democracia como parte de la diversidad, en la que la participación no se delega en políticos sino que se asume desde lo que cada quien es, y los niveles de participación al alcance de la vida cotidiana. Se partió del hecho de que los partidos políticos se fueron metiendo en todos los niveles de la sociedad y las personas pensaron que para participar tenían que convertirse en políticos. Con el nuevo rumbo que emprendió el país, se trata de incorporar a la comunidad como agente de participación.

De esta manera, el maestro de la Venezuela bolivariana recibe más atención en lo social, en lo económico y en lo profesional, creándose en las mismas comunidades Centros de Integración Comunidad-Escuela (Cieco), en las que los maestros podrían obtener su licenciatura a través de convenios con las universidades, que les permitirá contar con profesores universitarios, programas de formación y las respectivas acreditaciones.

En estos centros que ya están funcionando en varias ciudades se atiende también a los niños excluidos de la educación formal, se ofrecen programas de aprendizaje variados y flexibles para que los chavales puedan asistir a la escuela sin mayores restricciones, y se llega a discutir de los temas candentes de cada barrio: los servicios públicos, la inseguridad o la organización de fiestas.

La matrícula escolar

En una medida trascendente, que provocó todo tipo de revuelos, antes de comenzar las clases en el período 1999-2000 el Presidente de la República hizo pública las decisiones aprobadas por su gobierno y manifestada por sus portavoces en anteriores oportunidades con relación al sector educativo. En este sentido, reiteró la prohibición del pago de inscripción en los institutos dependientes del Ministerio de Educación, la implementación en forma gradual del doble turno escolar, la activación de los comedores escolares, la asistencia médica y odontológica a los alumnos, la integración a los programas educativos de actividades complementarias y culturales, el inicio de las actividades de 500 escuelas bolivarianas. Aseveró que con la sola prohibición del pago de inscripción, se logró un aumento de la matrícula escolar en 600.000 niños.

Una política exterior progresista

Éste es otro de los grandes cambios de la nueva Venezuela. Las relaciones internacionales prioritarias se establecieron desde el mismo momento en que Chávez llegó al gobierno, con Colombia –alentando la posibilidad concreta de paz en ese país, rechazando de plano cualquier maniobra intervencionista extranjera y revitalizando los lazos de intercambio entre las dos naciones–, con la Comunidad Andina, con Brasil, con el Caribe –dándole especial atención a cambiar de raíz el maltrato que los anteriores gobiernos brindaron a la hermana Cuba–, con Centroamérica y con todos los Estados del Mercosur. Obviamente, también se establecieron lazos inmediatos de cooperación y solidaridad con la República Federativa de Guyana, y se partió de considerar estratégicas los vínculos con los países de la Unión Europea y Asia, teniendo como eje de acercamiento amistoso a la República Popular China. Claro está que con Estados Unidos se procurará mantener lazos muy estrechos siempre y cuando desde Washington no se intente confundir cordialidad con sometimiento.

En cuanto a los vecinos de Colombia, tan de moda últimamente por los intentos norteamericanos de desestabilizar al país con la excusa de combatir a los narcotraficantes, el gobierno venezolano no titubeó en dejar establecido que se opondrá a que Estados Unidos intervenga en ese país. «Sería funesto politizar la lucha antidrogas –dijo el canciller José Vicente Rangel–, ya que eso mataría cualquier iniciativa. Creemos en la colaboración entre los países pero siempre respetando la soberanía respectiva. La lucha contra las drogas es política de Estado para nuestro gobierno. Por lo tanto, es necesario activar los mecanismos de cooperación y acabar con instrumentos como la *certificación* que aplica Estados Unidos a los países que *combaten el narcotráfico*. No podemos conferir a ningún país, por poderoso que fuera, el liderazgo de la lucha contra las drogas porque todos estamos afectados por el narcotráfico».

Venezuela votó en los organismos internacionales en contra del bloqueo a Cuba y a Irak, criticó duramente la política belicista norteamericana durante los prolongados bombardeos a Yugoslavia, promueve activamente la defensa de los derechos humanos y la preservación del medio ambiente en cuanto ámbito participa, y también defiende el derecho de autodeterminación de los pueblos. Al revés de sus antecesores que se inclinaban en política exterior por lo que marcara la Internacional social cristiana o la social demócrata, según le tocara gobernar a Copei o a la gente de AD, Chávez y su gabinete de Exteriores apunta a defender las relaciones con Latinoamérica con la idea bolivariana de ir generando la gran Patria continental. Asumen de hecho un planteamiento de país no alineado, algo que ya estaba en desuso en la región, donde la mayor parte de las naciones estaban entregados de cuerpo y alma a lo que se decidía en Washington o en última instancia en alguno de los grandes centros financieros de Europa. Reivindica de forma llana un antiimperialismo basado en el desarrollo de su pensamiento nacionalista, revolucionario y anticolonialista. Cuando Chávez dice que «nuestra soberanía no se negocia, nuestro territorio no se utilizará para ofender o agredir a ningún país hermano, nuestra bandera es la venezolana pero también la de la unidad de los pueblos latinoamericanos», está demostrando que el país está decidido a marchar fuera del canal natural que tiene trazados Estados Unidos para todos los mandatarios de la zona.

La nueva Administración profundiza la relación económica y política latinoamericana y promueve en el área de su competencia acuerdos para la integración de la Comunidad Andina y el Mercosur. La Cumbre Hemisférica, el Grupo de Río, el Grupo de los Tres (México, Colombia y Venezuela), el Grupo Latinoamericano de las Naciones Unidas y la Cumbre Iberoamericana de Jefes de Estado, son ámbitos donde el país está participando activamente, buscando abrirse coherentemente al exterior, llevando adelante políticas de relación con gobiernos que están bajo la órbita del pensamiento neoliberal pero jamás dejando de lado las relaciones que, naturalmente, Venezuela tiene con las organizaciones populares y luchadoras de esos territorios. Sobran ejemplos de esta conducta, como es el caso de Colombia y la insurgencia que apuesta a tomar el poder en ese país, o la política que desarrolla con el gobierno del Estado español, cauta y cortés, pero inclaudicable a la hora de contestar negativamente a Madrid cuando desde allí se presiona por extradiciones u otras acciones contra los deportados vascos.

Chávez no lo ha negado nunca: es amigo de los zapatistas, de Cuba revolucionaria, de los Sin Tierra del Brasil, mantiene relaciones con las FARC y el ELN colombianos, con los independentistas puertorriqueños y con los luchadores panameños. Desde hace años, tiene lazos fraternales con el FMLN de El Salvador y los sandinistas.

La cancillería favorece escenarios de encuentros entre países demandantes y ofertantes de energía, pero también reafirmará la alianza geopolítica con los países exportadores de petróleo y una política energética no disociada de la política exterior. Además, se practica en todos los ámbitos de decisión una diplomacia paralela con los pueblos, con la sociedad civil y con las organizaciones no gubernamentales.

La revolución política

Coincidiendo con los avances en todos los órdenes que se están dando en Venezuela, hay dos temas que adquieren un significado especial y en el que todos los protagonistas de este singular proceso coinciden en que constituyen la frontera entre el viejo país y la nueva Venezuela bolivariana. Se trata de la gran derrota política del contubernio *puntofijista* y la convocatoria y posterior institucionalización de la Asamblea Nacional Constituyente que culminó redactando la nueva Constitución.

Como bien dice el abogado y poeta Tarek William Saab: «Nunca en tan poco tiempo se han hecho tantas cosas. El 99 ha sido un año impresionante, donde una vanguardia revolucionaria, con todos los errores pero también con todas las virtudes suficientes para la conducción del proceso, ha logrado hacer algo increíble: derrotar pacíficamente a una clase política tan poderosa como la que aquí existió durante 40 años. Y esto se ha hecho por la misma vía que ellos diseñaron, la de las urnas».

Para el comandante Wilmar Castro, «el sueño de este proyecto, el fin último, es lograr esa capacidad de autodeterminación de la sociedad, una comunidad organizada y participativa que sea capaz de regir su destino. Para llegar a este actual momento, se fueron fijando muchas metas: la vía de la insurgencia, la de la elección, la del referéndum, la de la asamblea. Todas ellas las hemos ido alcanzando, a un costo quizás muy alto, porque lo que se ha dado aquí es una guerra política. No nos olvidemos que vivíamos en una sociedad con una cultura de la participación reducida a dádivas, donde el papá gobierno lo entregaba todo, asumía problemas y mínimas soluciones mientras la sociedad iba por un camino paralelo, cargando con condiciones de analfabetismo funcional, pobreza extrema y desánimo frente a los partidos políticos. Con semejante panorama lo más lógico es que surgiera la esperanza en un caudillo, en un mesías. Eso es lo que más nos cuesta hacer comprender: los problemas los tenemos que arreglar entre todos, aquí nadie tiene la varita mágica de las soluciones. Se trata de hacer una gran revolución política en todos los aspectos».

Capítulo XIV

La hora de las organizaciones populares

Si hay algo que se ha ido desarrollando de manera simultánea con el crecimiento del sentimiento bolivariano en la población ha sido la importancia de las organizaciones populares. En cada franja de la población, en cada sector del territorio, de manera asamblearia u obedeciendo a directrices emanadas de grupos políticos, el poder popular fue gestando una nueva forma de protagonismo que actualmente acompaña el desarrollo del proceso de cambios que vive el país. Sin el concurso de estos miles de hombres y mujeres la rebelión bolivariana no hubiera podido ser posible. Y es precisamente Hugo Chávez el primero en encomiarlo: «Nuestra fuerza principal viene directamente de la gente del pueblo. Si ellos no acompañaran todo lo que estamos proponiendo, si ellos no participaran de lleno con sus aportes y sus críticas pero sobre todo con su voluntad revolucionaria, hace tiempo que hubiéramos desistido en el intento. El pueblo es nuestro gran motor».

La vía campesina

Un amplio sector del campesinado venezolano está incorporado en las expectativas y en el trabajo concreto del nuevo proceso revolucionario. Uno de sus líderes es el diputado constituyente Braulio Álvarez, un hombre de izquierdas, proveniente primero del MIR y posteriormente de La Causa R, que actualmente representa a tres movimientos campesinos que operan en los Estados de Yaracuy, Falcón y Lara. Dichas organizaciones se denominan: José Joaquín Veroes, Prudencio Vázquez y Proyecto Jiri Jara, que es un nombre de características indígenas de la época histórica.

Con un accionar constante en función de reivindicar la experiencia del campesinado de todas las épocas, esta coalición fue ganando en representatividad y organización. De esa manera, acostumbrados a dar la pelea contra las agresiones económicas que promovieron los dos partidos tradicionales que se alternaron en el poder, gente como Álvarez y sus compañeros se incorporaron a la conspiración desde los primeros momentos en que se puso en marcha. Tomaron contacto con los oficiales rebeldes, primero de manera muy superficial para la asonada frustrada del 4 de febrero, y luego más de lleno –a través de sus relaciones con Pablo Medina, de La Causa R y otros dirigentes civiles– para el golpe del 27 de noviembre.

«El 27-N un grupo de numerosos compañeros –confirma Alvarez– nos alzamos hacia Caracas, y cumpliendo las instrucciones que habíamos acordado con los militares fuimos levantando a otros sectores del campesinado y terminamos ocupando durante tres horas la estratégica autopista centro-occidental que enlaza el sur con la capital. Ese día participamos en múltiples acciones, llegamos a hacer prisionero a un capitán del ejército que era adverso al grupo de Chávez y también apresamos a varios funcionarios. Este tipo de compromiso nos causó serios problemas una vez fracasada la intentona y tuvimos que pasar prácticamente a la clandestinidad, hasta que algunos de nosotros, entre ellos yo, fuimos apresados y terminamos en la penitenciaría estatal. Luego, con el tiempo, la tensión se fue aflojando y finalmente el 14 de enero de 1993 pudimos emerger nuevamente a la superficie, presentando nuestro movimiento, que a esa altura ya se había ampliado superlativamente. Reuníamos alrededor de 30 organizaciones que iban desde asociaciones de vecinos, comités de tierras, unión de productores, cooperativas rurales y otros».

Para desarrollar un trabajo eficiente en cada zona se establecieron unidades agropecuarias –como ocurrió en el Estado de Lara– que permitió crecer en la zona a través de un proyecto económico. Luego se pasó a formar parte de los grupos de apoyo a los militares presos y finalmente ingresaron en el Movimiento Quinta República, para terminar participando en el proceso electoral.

La desigualdad existente en el campo desborda todas las previsiones y pone a los trabajadores rurales permanentemente al borde de la emergencia. De las 14 millones de hectáreas disponibles que posee el Instituto Agrario Nacional (IAN), solamente un millón está en manos del sector campesino, que está constituido por unas 350.000 familias. Cerca de 60.000 familias poseen un promedio de una y dos hectáreas y el resto, aproximadamente entre 5 y 10 hectáreas por grupo familiar. Lo significativo es que unas mil familias controlan el 50% del total de hectáreas del IAN. Son grupos humanos que escalaron posiciones gracias a la contradicción histórica del hecho democrático. Es decir, pasaron de ser en su momento grandes terratenientes, y se instalaron en las direcciones de los partidos tradicionales, además de convertirse muchos de ellos en jueces, ministros, abogados. Eran tiempos en que se acuñó una frase que explica con ironía lo que estaba ocurriendo: *Gente que compraba y se daba el vuelto.*

«Se impone una renovación total de los conceptos con que se han manejado siempre los temas relacionados al campo. Estamos dispuestos a presionar desde todas las instancias para que ello ocurra. Partimos del hecho de que nuestra infraestructura es pésima. No poseemos buenas maquinarias, ni métodos modernos de perforación y menos, canales de riego eficientes. Las tierras que en alguna oportunidad les dieron a nuestros padres –somos hijos de la reforma agraria– no pasaban de 5 hectáreas y con mucho esfuerzo las elevamos a 10 en el mejor de los casos. Pero se trataba de tierras de segunda y tercera categoría, algunas muy pedregosas. Por ello, nuestra capacidad de producción es muy baja y difícilmente podemos ser competitivos en rubros importantes como el maíz y la caña de azúcar. Todo esto nos lleva a tratar de solventar la parte social del consumo nacional y a luchar a muerte para no desaparecer, ya que ahora representamos el 6% de la población activa. Esto no quita que mucha gente de nuestra clase deje de ser campesino por estar en las grandes ciudades, lo que ocurre es que están destinados a engordar las áreas marginales de estos pueblos, ya que no tienen casa, agua, acceso a la educación y son proclives a caer en todos los vicios de la gente urbana, sobre todo en consumidores y vendedores de droga.

Estamos en emergencia, pero ahora, a través de la Constituyente y de contactos directos con el Presidente, estamos empujando un decreto nacional para que se pueda crear un financiamiento con intereses mucho más bajos. Que el Estado garantice la venta de nuestros productos nacionalmente a precios justos para que puedan equilibrarse los gastos de producción por hectárea con respecto al mercado. Somos optimistas de que en un año y medio se podrá ir conformando un gran cambio del que seremos beneficiarios».

Ocupar como propuesta

Cada vez que un grupo de familias campesinas ocupa una extensión de tierra saltan todas las alarmas entre los defensores de la propiedad privada y el latifundio. Desde reclamos airados de parar este tipo de acciones a punta de represión policial o parapolicial –que para eso son los guardias privados que proliferan por todo el entorno– hasta la ligera acusación de que se trata de invasores. «¿Invasores nosotros?, los que históricamente hemos estado allí, desde hace 300 o 400 años –apunta Braulio Álvarez– ya que esas tierras fueron de las tribus originarias. A ellos se las arrebataron y desde ese momento hasta ahora los mismos intereses de estos grupos económicos decidieron tenerlas solamente para engorde, para usarlas como garantía de temas que nada tienen que ver con las propias tierras». Esto obliga a los campesinos a ocupar, como ya hacen profusamente sus hermanos de Brasil y Paraguay. En función de ello se han originado duros enfrentamientos, donde algunos dirigentes han tenido que actuar como *bomberos* para que el incendio no crezca desproporcionadamente y se convierta en un hecho que pueda utilizar la oposición para sus fines. «Durante un tiempo vale este comportamiento pero no podemos aguantar siempre así, porque de lo contrario nos convertiríamos en traidores a nuestra propia clase y mucho menos frenar algo con lo que estamos de acuerdo», dice Álvarez. Porque saben del esfuerzo que se está haciendo para dar vuelta al país y ponerlo en condiciones, es que han flexibilizado sus posiciones y aguardan esperanzados que en tres años se cumpla la promesa de que esté realizado el 50% del catastro de tierras que son propiedad del IAN. De esta manera, terrenos baldíos pueden pasar a manos de quienes los necesitan para producir. Sin embargo, la utilización de sicarios armados por parte de los terratenientes está provocando duros enfrentamientos en el Estado de Portuguesa, en Baralt y en Zulia.

La gente de las tres organizaciones campesinas que encabeza Álvarez son contrarios al reparto individual de tierras. Se inclinan más por fórmulas asociativas o cooperativas con la idea de que en cinco años aproximadamente se pueda ingresar –otro de los sueños del actual gobierno– a un «mercado latinoamericano bolivariano», de acuerdo a la cantidad y la calidad. «Tenemos el convencimiento –acota el dirigente– de que la época que ha concluido con la irrupción de Chávez al gobierno fue de una perversión sin límites. Se dieron tierras a nivel individual y muchos campesinos por ignorancia o por fracaso de la reforma agraria, salieron más tarde de las mismas. Hoy nos encontramos que hay asentamientos extensos con medio centenar de familias y no conseguimos abrirlas a más gente. Se legitima así el latifundio por la vía de la inoperancia política. Esto es muy grave, porque en los últimos cinco años hemos estado sembrando en el país de 5 a 7 millones de hectáreas de diferentes rubros y eso ha bajado a la cifra de un millón de hectáreas. Si realmente queremos construir un nuevo país, que se diferencie del anterior, tenemos que recuperar cada año un millón de hectáreas para dar respuesta al problema de alimentación general y que a la vez se convierta en un elemento de seguridad para todos».

Revolucionar todo

Según la opinión de Braulio Álvarez el arrollador triunfo electoral de Chávez se debe no sólo a su trabajo previo o al carisma personal sino también a las condiciones desoladoras en que dejaron el país los gobiernos neoliberales. «La desnutrición es alarmante, en algunas partes alcanza cifras cercanas al 30 por mil. Por suerte, con el plan de las escuelas bolivarianas, donde se incluye desayuno y almuerzo, se ha podido realizar un repunto muy importante. No es fácil sacar adelante un proyecto de estas características, pero creemos que gradualmente se van logrando cosas a nivel escolar impensables en otra época. Otra cosa que vamos a tener que ir modificando son los textos que aparecen en los libros. No tienen, en la mayoría de los casos, ninguna relación con el tipo de vida cotidiana que nosotros desarrollamos. Un plan educativo que está desvinculado de la comunidad no sirve. Nuestra educación tiene que ser en base a la experiencia que aquí tenemos. Muchas veces nos hablan de cohetes espaciales y nosotros ni tenemos luz, otras nos cuentan cómo mantener la salud y nos falta agua potable. Por eso creemos que es necesario cambiar en todos los aspectos, revolucionar el país de arriba a abajo. Allí está el papel protagonista de la propuesta bolivariana que todos queremos impulsar».

Por otra parte, hay coincidencias en que se hace necesario entrarle duro a los burócratas que están acostumbrados a coordinar planes para el campo desde sus cómodos sillones de la ciudad. O tener claro que como el proceso recién empieza todavía siguen teniendo el poder económico las típicas asociaciones de ganaderos, de productores de caña, la gente que controla la producción y saca buenos dividendos de la comercialización de la misma. «Nuestros muertos –concluye Álvarez– no pueden ser olvidados. Son cerca de 40, caídos hasta hace muy poco por la defensa de la tierra. Por eso estamos decididos a apoyar este proceso pero sin hacer concesiones. Alguna vez que sean los otros, los terratenientes y ricos ganaderos, quienes tengan que ceder algo. Peor será para ellos que la gente un buen día quiera ocuparles todo».

Los sin tierra venezolanos

El legendario Douglas Bravo y su corriente política Tercer Camino, están muy cerca de los campesinos que ejercen su derecho a tomar las tierras de los terratenientes. Las ocupaciones se venían dando durante todos estos últimos años, pero desde que Chávez llegó al gobierno, se profundizaron. Bravo cuenta la historia de este movimiento que existió siempre aunque con matices diferentes según las épocas.

«Hace 500 años, los conquistadores se apropiaron de las tierras. Cuando vino la guerra de la independencia, Bolívar les dio títulos a los soldados y campesinos que pelearon junto a él. Y luego Páez se los compró y se los quitó, quedándose aquéllos sin tierras. Después vino la guerra federal liderada por Zamora, en 1859, y los que le acompañaban eran en su mayoría campesinos a los que Zamora les prometió tierras. A éste lo matan en una batalla y el que asume el mando traiciona los ideales del general y las tierras fueron a parar a manos de la oligarquía.

A partir de 1961, Betancourt reparte las tierras a los campesinos, mediante la reforma agraria. Pero con el tiempo, el 75% de las tierras entregadas volvieron a manos de los latifundistas. Actualmente, las tierras buenas están en manos de multinacionales que tienen las posesiones de carbón, oro, petróleo. Son una agroindustria poderosa que tiene muchísimos latifundios. Por eso han recrudecido las ocupaciones y ha ido naciendo un movimiento similar al que actúa en Brasil, sobre todo en las zonas de Zulia, Portuguesa-Trujillo, Barinas, y Mérida-Táchira. Ya los campesinos no se plantean ese concepto con el que nosotros fuimos a la guerrilla. Decíamos en ese entonces: *La tierra para quien la trabaja*. Eso, a la larga, resultó que no era bueno, porque los ricos venían y en 50.000 hectáreas metían 20 vaquitas y decían que estaban trabajando la tierra. Con el tiempo nos dimos cuenta de que los indígenas eran sabios cuando desde su concepto filosófico señalaban: *La tierra es de quien la ama*. Con esa consigna se ha ido modificando el programa para el medio agrario y se parte del hecho de protección a la naturaleza. Un ataque frontal al monocultivo, al uso de los agroquímicos y por lo tanto, volver a la producción del estilo indiano, que podía trabajar millones de hectáreas, sin dañar la naturaleza. Con esa base se está renovando el accionar del movimiento campesino de principios del milenio».

Mujeres bolivarianas

Nora Castañeda es una auténtica dirigente popular. Sensible, combativa y con un sentido común que la convierte en uno de eso cuadros políticos latinoamericanos que muchos movimientos de masas quisieran tener en sus filas. Polifacética en lo que hace a su actividad, ya que es profesora de la Universidad Central de Venezuela, integrante del Frente Continental de Mujeres, milita en la Coordinadora de ONGs de mujeres, responsable de la Coalición de Mujeres Andinas, asesora del Consejo Nacional de la Mujer y sobre todo militante de izquierda que sigue vitalmente orgullosa de serlo. Ex integrante del MIR, actualmente pertenece a la dirección de la Liga Socialista, una organización integrada en el Polo Patriótico que cree en un marxismo *recreado*, «no para ir hacia atrás sino siempre hacia delante», sostiene Nora.

En las dos intentonas militares no hubo participación como movimientos de mujeres, pero sí lo hicieron un buen número de ellas a nivel individual. «Para nosotras fue una sorpresa –apunta– pero una vez que ocurrió, la mayoría de nuestras mujeres se pusieron al lado de este proceso. Fue como el nacimiento de una gran esperanza. Para ese momento, ya llevábamos varios años de ajustes económicos, de crecimiento de la pobreza y de feminización de la misma. Entre los pobres venezolanos, las más pobres son las mujeres».

El panorama para la mujer venezolana no es mejor que el que viven sus hermanas del resto del continente. En los hogares más pobres, el 65% de las jefas de familia son mujeres solas. El ingreso salarial, cuando tienen la enorme suerte de estar empleadas, es un 30% menor que el de los varones. Hay zonas, como el Estado de Zulia, que esas cifras llegan al 42%. Como suele ser habitual en toda Latinoamérica, la mayoría trabaja en el sector servicios y en empleos precarios. Paradójicamente representan también el 69% de la matrícula universitaria, pero en una situación tan inestable que son poquísimas, porcentualmente hablando, las que tienen la fortuna de llegar a la Universidad. Y por otra parte, son escasas las mujeres que una vez licenciadas ocupan puestos notables en estamentos de decisión.

En cambio, cualquiera puede creer que las mujeres son la mayoría de la población, en función de que miles de ellas ocupan diariamente las calles, los transportes, las oficinas. Son realmente el 50% del total de una ciudadanía que llega a 23 millones de habitantes, pero ellas están obligadas más que nadie a ganarse el sustento y por eso inundan las grandes ciudades con su presencia.

Como lamentablemente ya ha ocurrido con otras experiencias de corte popular o revolucionario, el gobierno de Chávez no tenía, al principio de su gestión, un programa claro con respecto a la mujer. La primera decisión en ese sentido resultó totalmente desacertada: eliminar el Consejo Nacional de la Mujer. Fue un golpe muy fuerte para todas las organizaciones feministas que venían apuntalando esa estructura, no porque fuera una panacea pero significaba una posibilidad de hacer pie con temas específicos en un país donde el machismo sigue teniendo una influencia muy fuerte en la práctica cotidiana.

Frente a eso que se sentía como una agresión directa, Nora y sus compañeras se movilizaron inmediatamente. Partiendo de algo que sabían muy bien, que las viejas estructuras no se remueven de un día para el otro por más revolucionarios que se consideren los gobernantes, golpearon todas las puertas posibles para que se escuche su reclamo contra esa medida injusta. Incluso, salieron con su mensaje al exterior y desde allí llegaron cientos de cartas y señales de solidaridad. Al final, consiguieron la primera gran victoria, lograron que la medida se revisara y que cuatro mujeres de sus organizaciones integraran el equipo directivo del Consejo (actualmente, la presidenta es una mujer obrera, María León). No satisfechas con el escalón ganado, siguieron subiendo y promovieron también, para que ocupe un cargo en el organismo, a la presidenta de la Unión de Mujeres Negras, Reina Arratia, dándole así un lugar a una reivindicación –la de la negritud– que también suele ser discriminada o ignorada.

Pero ser mujer en Latinoamérica tiene que ver con no bajar la guardia jamás. «Porque si nos descuidamos, nuestros propios compañeros nos dejan a un costado», comenta Nora. Cuando todavía no habían terminado de festejar el éxito por lo del Consejo, se enteran que desde arriba llegaba la orden de reducirles el presupuesto casi en un 80%. «No era inquina con nosotras sino simple desconocimiento, falta de criterio, y nos pusimos otra vez en pie, enfrentando incluso a un ministro, al que hicimos ver que nosotras defendíamos en la práctica las concepciones bolivarianas a las que muchos recién se habían acercado a partir de diciembre de 1998. Hicimos llegar nuestro mensaje al propio Chávez a través de su esposa, Marisabel –quien trabaja junto a ONGs progresistas en la problemática de los niños– que fue muy receptiva, y logramos un acuerdo. En 1999, debíamos aceptar la reducción, pero en el 2000 otra vez tendríamos un aumento importante para cumplir con nuestras tareas. Además logramos que saliera una ley, creando el Instituto Nacional de la Mujer, se empezó también a trabajar en la creación de un Banco de la Mujer, y pudimos incluir en el Banco del Pueblo, una línea de crédito llamado *Credimujer*, que no es otra cosa que créditos blandos para la creación de microempresas con mujeres humildes».

Mujeres a la ANC

Las mujeres llevaron importantes propuestas a la Asamblea Nacional Constituyente, con la idea de que se tome conciencia de que no son un gueto. Se trataba de hablar del país y sus problemas desde la mirada de las mujeres. En el organismo que iba a redactar la nueva Constitución, la jerarquía eclesiástica –que en Venezuela es claramente retrógrada y ligada a los intereses económicos contrarrevolucionarios– introdujo *por la ventana* el tema del aborto que provocó una rápida reacción y unidad de los sectores más retrógrados de la sociedad venezolana. Curas que clamaban contra «el crimen de los bebés en gestación», políticos reaccionarios, incluso en el mismo Polo Patriótico y entidades empresariales ligadas a grupos católicos ultramontanos, llevaron adelante una campaña callejera y mediática para que ninguna disposición progresista con respecto al aborto pudiera ser aprobada. «Sabiendo que se podía producir esto, nosotras no planteamos el asunto en la ANC, porque no nos parecía el ámbito ideal para ello. Propusimos que el Estado garantizara la maternidad libremente escogida, y además hiciera posible la planificación. Entonces, la jerarquía de la Iglesia, empezó a plantear que era necesario agregar al capítulo donde se decía que *el derecho a la vida es inviolable*, la frase *desde la concepción*. Desde los púlpitos proclamaban que si no se introducía esa modificación se estaba dejando la puerta abierta al aborto y la eutanasia. A partir de ese momento, el que no estaba de acuerdo con ellos era digno de ser quemado en la hoguera. Finalmente, después de enfrentamientos y situaciones de gran conflicto, donde incluso la alta jerarquía de la Iglesia participaba en los debates de la ANC, se llegó a un acuerdo intermedio donde en un artículo se aceptaba la propuesta de la Iglesia y en otro no. No fue un retroceso en toda la línea pero dejó claro que para topar con el poder de las sotanas no se logra sólo con decir *vamos a hacerlo*».

Propuestas de cambio

Nora Castañeda y sus compañeras obtuvieron grandes logros en el debate previo a la nueva Constitución. Entre los más destacados, está el que se refiere al trabajo doméstico no remunerado como productor de valor agregado, y que el reconocimiento de esto último vaya vinculado a la seguridad social. «Había mujeres que nos pedían que esto último estuviera íntimamente relacionado con el salario, pero lo rechazamos porque eso reproduce la condición antidemocrática de la familia y de la pareja, en la cual la mujer es la encargada del trabajo doméstico *porque es mujer*, y precisamente por lo mismo, los varones no tienen nada que ver con las tareas del hogar. En la definición de *familia* conseguimos que se establezca: *Una familia igualitaria, con equidad, donde todos los integrantes deben estar en igualdad de condiciones*».

En la ley orgánica del trabajo, se obtuvo otro avance. En defensa de la maternidad, una mujer que queda embarazada y notifica de su estado al empleador, no podrá ser despedida hasta por lo menos un año después del parto. Esto, se sabe, no significa que todos los empresarios acaten la ley, pero allí precisamente entra en acción la tarea de los grupos de presión de mujeres que con la ley en la mano, se movilizan y ponen las cosas en su sitio.

Con las banderas de Manuelita Sáenz

«Éste es un proceso en el cual estamos tratando de identificarnos como pueblo soberano, precisamente en un país que por ser petrolero, nuestros muchachos y muchachas piensan más en el modelo de consumo y modos de vida de Estados Unidos que en el propio. Somos bolivarianas porque este concepto tiene que ver con el rescate de nuestra identidad, de ese espíritu de gente luchadora que nos caracteriza y que muchas veces omitimos. Y no se trata sólo de Bolívar, sino de su compañera Manuelita Sáenz, que luchó junto al Libertador y firmaba sus cartas con el slogan *patriota y amante de usted*, pero por encima de su lealtad amorosa con su hombre, estaba su entrega a la Patria. O de Josefina Camejo, que lideró las luchas de la independencia en el Estado Falcón y que no estuvo jamás en la retaguardia sino en la primera línea de las batallas. O Juana Ramírez, a quien llamaban *La Avanzadora*, porque no dejaba de avanzar con su gente en los combates. Pero también, rescatamos la presencia de esas caciquezas indígenas de la época precolonial, que solían moverse lanza en mano y con estremecedores gritos de combate, por la zona de Anzuátegui o de Monara, o, más al oriente del país, entre los pueblos originarios *cariñas*. Y puestas a reivindicar, no me olvido de Luisa Cáceres de Arismendi, una jovencita que fue esposa de otro líder de la independencia en la isla de Margarita. Todos estos valores de patria y lucha se los queremos mostrar a nuestros hijos, a los que este mundo globalizado los invita *ser gente de éxito*. Nos identificamos como pueblo multicultural y multiétnico, con sabidurías distintas que pueden dialogar entre sí. Eso es el pueblo bolivariano. Si no sabemos qué somos y qué es lo que queremos, la globalización neoliberal nos aplastará. Nosotras pensamos que dicha globalización deberá ser solidaria con todos los que se rebelan y luchan por un mundo mejor».

El rescate de las naciones indígenas

Nora también da cuenta de la gran discriminación que soporta la mujer indígena, «cuatro veces discriminada, por mujer, por pobre, por indígena y por vivir en la frontera». Según Castañeda, «en este aspecto el gobierno actual ha producido un gran avance con respecto a anteriores experiencias, ya que se ha incorporado a los movimientos indígenas a la Constituyente y sus planteamientos son recogidos en la nueva Carta Magna».

Para poder resistir durante estos 508 años la población indígena debió esconderse en la selva o en las zonas áridas (como las del Estado de Zulia). En todo caso, la mayor parte de la población originaria se estableció en lo que es zona fronteriza y se dan situaciones muy particulares como es el caso de los *wayús*, que viven a un lado y otro de la línea demarcatoria fronteriza entre Venezuela y Colombia. Ellos se siente un solo grupo humano, la Nación Wayú, y no hacen caso a las fronteras. Con las otras 23 etnias que se reparten a lo largo del territorio venezolano suele pasar lo mismo.

Cuando se discutió este tema en la ANC, hubo varios cuestionamientos para que se los reconociera como pueblos, ya que se insistía, desde algunos sectores menos progresistas, que se trataba sólo de comunidades. Lo mismo ocurrió con el derecho al territorio, puesto que los indígenas reclamaban el concepto de tierra, que significa una cultura integral. Obviamente, no faltaron los congresistas que advirtieron que «se corría peligro de que existiera un fraccionamiento de la nación» y otras de las típicas previsiones que se hacen cuando se desconoce la problemática nacional. Los representantes de los pueblos indígenas, sobre todo a partir de la intervención de Noelí Pocaterra, de la etnia *wayú*, demostraron punto a punto y palabra a palabra que si ellos no hubieran estado asentados en esos territorios hacía mucho que Venezuela hubiera dejado de existir como un todo, porque hubiera sido horadada aún más por las multinacionales que saben que son zonas muy ricas en petróleo, carbón, uranio, plata y otros minerales. «Nosotros, de manera indirecta, nos convertimos en custodios de esas tierras».

Finalmente, los congresistas identificados con el gobierno dieron la batalla para que sean respetados todos los planteamientos indígenas y se logró aprobar un texto constitucional de contenido altamente revolucionario. Tanto, que los propios indígenas se convirtieron en portavoces principales de la nueva Constitución. «Hemos dado un paso trascendental que ahora debemos defender con nuestro compromiso», señalaron.

Jamás un presidente venezolano se había dignado a visitarles, por eso la sorpresa de los habitantes indígenas del sur del país, que valoraron mucho el gesto de Hugo Chávez, cuando junto con el titular del Fondo de Fortalecimiento Social, comandante Fariñas, viajó a esas tierras. «Hacía 20 años que no iba por allá por el brazo caciquiare del alto Orinoco a conversar directamente con nuestros hermanos los *tiejuanas*, los *yanomamis*, los *arahuacos*. Fuimos a presenciar su cultura, a comer con ellos, a oír a cada uno de los 50 caciques. Ellos estaban pintados como se pintan hace miles de años con sus flechas, con su esperanza, con sus mujeres, con sus hijos, exponiendo sus problemas. Contándonos cómo los han engañado y marginado tanto. Estuvimos en esos pedazos palpitantes de patria venezolana, así como fuimos también al otro extremo de Venezuela, allá el valle de los motilones con los *yuspas* y los *jari*, hermanos aborígenes del estado Zulia, en la frontera con Colombia. Todo eso y mucho más es Venezuela y la estamos recorriendo, reintegrando, oyendo el clamor de su gente, porque Venezuela y su pueblo tienen que reunificarse y estamos en pleno proceso de reunificación nacional dentro de la revolución que está avanzando por todo el país.

Cuando estábamos con los indígenas *yanomamis*, nos enteramos de algo tremendo. Resulta que los *adecos*, esa calaña de gente que se regó por esos ríos, les decían a los indígenas que había un tal Chávez, el golpista, que quería ser presidente, y que si Chávez llegaba a presidente les iba abrir la barriga por la mitad. Así me lo dijo un indígena, incluso me confesó: *Todavía estoy asustado, porque usted es Chávez*. Si yo soy Chávez, no se asuste, ven acá dame un abrazo. Los que le han abierto la barriga a ustedes, los que le han sacado el alma, los que los han destrozado son esos señores, la calaña esa que durante medio siglo acabó con Venezuela. Hasta eso llegaron a decirle a la gente, que yo les iba abrir la barriga por la mitad, que a las mujeres embarazadas les iba a sacar los muchachitos. Una cosa macabra, digna de la calaña de la AD que acabó con Venezuela. Yo les explicaba nuestros proyectos a los indígenas y toda esa gente que se concentró en La Esmeralda, en el corazón de la Amazonia, donde miles y miles de indígenas viajaron por bongo y canoa durante más de quince horas».

Democracia indígena

Durante la visita presidencial a una de las comunidades indígenas de la Sierra de Perijá, en la zona fronteriza con Colombia, surgió el tema de las ayudas más inmediatas. Los caciques dejaron que los jóvenes de la tribu trasladaran sus inquietudes a los visitantes, y varios de ellos dijeron que lo que más les gustaría sería poder acceder a carreras universitarias. Chávez y Fariñas enseguida plantearon que no había ningún tipo de problema y que se abriría una lista para que se pudiera canalizar la petición. Entonces, tres de los indígenas pidieron cursar la carrera de Agronomía, pero la voz firme del cacique los desalentó. «La comunidad resolverá qué necesidades tenemos y si hacen falta tres ingenieros agrónomos, perfecto, pero quizás haya que repartir entre otras carreras para bien de todos». Y así fue. Todos opinaron que lo de las vocaciones estaba muy bien pero que las necesidades más urgentes eran de camionetas, mulas y otros enseres urgentes. Chávez y Fariñas festejaban el hecho de haber sido testigos de un acto legítimo de democracia popular, no como las que tradicionalmente ofrecían los partidos en Venezuela.

La Coordinadora Cultural Simón Bolívar

Entres las organizaciones populares que transitan por este nuevo camino que vive Venezuela está la Coordinadora Cultural Simón Bolívar, de la Parroquia «23 de Enero», donde el pueblo se llegó a levantar en armas junto a los rebeldes bolivarianos, pero también donde desde hace muchos años un grupo de militantes revolucionarios están trabajando junto a su gente, por reivindicaciones que van desde lo específico hasta los cambios profundos de estructuras. Ellos mismos cuentan la historia de una asociación vecinal que ya es historia en la Venezuela bolivariana:

«Los que vivimos en el «23 de Enero», –dicen–, tanto como los que sentimos al «23 de Enero» como nuestra casa, sabemos que vivir en la parroquia no es fácil. Es tarea cotidiana tener que lidiar con cosas como que no viene el agua, se amontona la basura, las alcantarillas no sirven, están tapadas o se desbordan, los que viven en los bloques sufren porque no hay luz en las escaleras, no sirven los bajantes, no sirven los ascensores, en fin... cosas que son casi «normales» o comunes en las zonas populares del oeste caraqueño.

Pero allí no termina el rosario de problemas que afrontamos día a día en la parroquia. También nos agobia la inseguridad, producto del auge, cada vez mayor, de la delincuencia. *Delincuencia* parece una palabra vacía cuando la escuchamos en los noticieros, pero para nosotros no es así. La delincuencia tiene nombres, tiene rostros. Son los muchachos del barrio que se han metido a *malandros*, son los muchachos del bloque que venden la droga en la zona, son los niños que se vuelven hombres a punta de pistola para ganarse «el respeto» de los otros *chamos*. Son a veces nuestros vecinos, a veces nuestros primos o hermanos, a veces nuestros hijos».

«Ésa es parte de la realidad del «23 de Enero», la otra parte está en los miles de hombres y mujeres que, muy temprano por la mañana, salen a formar colas o multitudes en las paradas de autobuses, y en las entradas del metro, para tomar el transporte que los lleve a sus trabajos. Ése es el «23 de Enero» trabajador, honrado, y la gran mayoría de la gente que casi siempre omiten en los noticieros, la prensa, o a la que nunca se refieren los habitantes del otro lado de la ciudad.

Es en esa gran parte de la población del «23 de Enero» en

la cual estamos muchos que, aparte de ganarnos el pan nuestro de cada día, trabajamos y luchamos también para que la parroquia sea un sitio que ante todo reivindique la dignidad del ser humano. Y seguramente nos preguntarán: ¿Y cómo se come eso? La idea es «construir» un espacio donde sus habitantes puedan satisfacer todas sus necesidades, como por derecho les corresponde, mediante la organización de todos, es decir, la organización y la coordinación de esfuerzos de los vecinos de las distintas zonas, asambleas o juntas de vecinos, las juntas de condominio, las organizaciones culturales, deportivas, etc. Esto es, que la comunidad sea protagonista del proceso de transformación necesario de una sociedad orientada hacia la justicia social, donde, entre otras cosas, los niños puedan crecer sanos tanto física como intelectualmente, sin que se les presente la opción de engrosar las filas de la delincuencia macabra que está acabando con nuestros muchachos y dejando sin futuro a la nación».

«Desde los tristes sucesos del 27 y 28 de febrero de 1989, Venezuela entró en una nueva etapa histórica. El *Sacudón*, que nos dejó miles de muertos y mucha rabia y desilusión, también nos dejó las ganas y deseos de organizarnos, de luchar contra las injusticias, de exigir nuestros derechos y mayor participación en la elaboración y discusión de las políticas públicas que nos conciernen como ciudadanos. Como producto de esos deseos, se conformó en el «23 de Enero» lo que se llamó 'Comité por la Vida».

El desarrollo político y social de los siguientes años, caracterizados por muchas protestas de toda índole, el triunfo de un partido de la oposición (período de Aristóbulo Istúriz en la alcaldía de Caracas), el intento de golpe de Estado del 4 de febrero de 1992, comandado por el que hoy día es nuestro presidente, el segundo intento de golpe de Estado del 27 de noviembre del mismo año, fueron conformando en la parroquia un equipo de trabajo comunitario formado por hombres y mujeres de distintos sectores del «23 de Enero», pertenecientes a distintas agrupaciones culturales y deportivas, juntas de condominio, asociaciones de vecinos, etc. Este equipo se conformó inicialmente como la Brigada de Solidaridad con los Pueblos Antonio José de Sucre, cuya primera jornada de solidaridad fue viajar a Cuba, con la finalidad de realizar trabajo voluntario en el campo, en una Cooperativa agrícola ubicada en San Antonio de los Baños. Fue un mes de intenso trabajo agrícola, y de intercambio cultural con la gente de los caseríos y los pueblos de la región.

Con la posibilidad de que los movimientos sociales comunitarios presentaran proyectos para el desarrollo local de las parroquias a la nueva gestión de la alcaldía de Caracas, más próxima a los intereses del pueblo, este equipo de trabajo, conformado también como brigada de solidaridad, se planteó la idea de registrar a ese colectivo como Asociación Civil, que además, coincidiendo con la conmemoración de la muerte de nuestro libertador Simón Bolívar, se llamaría Coordinadora Cultural Simón Bolívar (CCSB). Así, el 17 de diciembre del ano 1993 nace nuestra organización popular».

«Desde entonces, la CCSB ha trabajado ininterrumpidamente por el fortalecimiento del *poder local*, como forma de desarrollo de la comunidad basado en la autogestión y cogestión tanto de los recursos materiales como humanos, en la consecución de un desarrollo sostenido basado en el protagonismo histórico del pueblo como sujeto social. Es decir, si bien el Estado debe garantizar el bienestar social de su pueblo, mediante la satisfacción de sus necesidades sociales, las comunidades organizadas deben participar activamente en la elaboración de las políticas públicas que les conciernen, tanto para intervenir en la asignación de recursos para las parroquias, como la justa distribución de éstos para el desarrollo local, y por ende, regional y nacional. Asímismo, debe ser el principal impulso para que realmente vayamos a ese proceso de transformación social.

El trabajo social y comunitario que desarrolla la CCSB se enfoca principalmente a las áreas de *organización vecinal*, para la participación real de la comunidad en la solución de la problemática que afronta la parroquia y en la discusión de las políticas públicas, así como para el fortalecimiento de un verdadero liderazgo colectivo; participación política crítica y consciente, con la puesta en práctica de ciclos de foros y talleres, así como actos políticos donde se invita a participar a los representantes de distintas posturas y posiciones ideológicas y políticas con el fin de que la gente pueda hacerse una idea propia de su participación política. En tal sentido, la CCSB realizó en varias oportunidades foros que contaron con la participación del ahora presidente Hugo Chávez, así como facilitó los espacios de su sede y la organización del evento para la apertura del Frente Constituyente del «23 de Enero», que contó con la participación de distintas agrupaciones políticas de la parroquia; el rescate de las tradiciones y expresiones artístico-culturales, como La Cruz de Mayo, Sangueo de San Juan, Paradura del niño, etc., que nos identifican más con nuestra cultura y nuestra idiosincrasia; el fomento de actividades deportivas, considerando al deporte como parte integral del hombre, que además brinda a los jóvenes la oportunidad de acceder a otras alternativas diferentes a las drogas o la delincuencia; el rescate de los espacios, que no es más que volvernos a apropiar de los espacios y zonas destinadas originalmente al esparcimiento social, al compartir de los vecinos, a la recreación de los niños, pero que con el paso de los años y el aumento de la delincuencia se han convertido en sitios para la venta y distribución de drogas, o donde se ubican las bandas juveniles que con frecuencia intercambian las balas con otras bandas, etc., con lo cual la gente tiene que refugiarse a tempranas horas en sus casas, o teme salir a estos espacios, así como temen dejar que sus hijos transiten por ellos. Con el fomento de actividades de todo tipo que involucre a la comunidad, como teatro de calle, actos musicales, jornadas de limpieza, etc., la gente se vuelve a apropiar de estos espacios, así como se van desplazando y emplazando a que se marchen a estos 'delincuentes' que no son más que el producto de esta sociedad desigual e injusta».

«Todas las áreas de trabajo mencionadas anteriormente se sustentan en tres pilares fundamentales: el estudio colectivo de las necesidades concretas de la comunidad parroquial del «23 de Enero», la planificación de estrategias a corto, mediano y largo plazo, y la participación vecinal como sujeto social de la acción de transformar, utilizando diversas metodologías de participación social e instrumentos metodológicos como los foros, talleres, actos culturales, actos musicales, jornadas de murales, jornadas de limpieza, jornadas de solidaridad con los pueblos, etc.

Consciente de su compromiso social con el pueblo y para el pueblo, y su responsabilidad con la Patria y las generaciones futuras, la CCSB sigue y seguirá desarrollando sin descanso este arduo trabajo, siempre contando con muchos hombres y mujeres que, sin esperar nada a cambio, ponen de sí lo mejor cada día, para ver sus sueños realizados, la verdadera transformación social, que no es otra cosa que la propia transformación del hombre, hacia una humanidad más solidaria, más tolerante hacia la diversidad humana y en armonía con el medio ambiente que nos cobija y nos da la vida.

Esa transformación ha comenzado ya, pero nos queda mucho camino por delante, y es hora de que todos nos pongamos a trabajar, sin egoísmos, sin diferencias que nos separen, en pro del bienestar común, de esa transformación social».

Capítulo XV
La República Bolivariana

La gran batalla

Los largos cinco meses que transcurrieron entre julio y mediados de diciembre cuando finalmente se aprobó la nueva Constitución por votación popular fueron tan intensos como conflictivos. La oposición se amuralló en el viejo Congreso que primero iba a ser disuelto y luego se postergó su agonía hasta que estuviera aprobado el texto constitucional. Paralelamente se vivieron momentos de dura puja en los que el aparato mediático y los intereses económicos vinculados a *adecos* y *copeyanos* elevaron la temperatura al máximo intentando generar una ruptura del proceso revolucionario.

El gobierno contestó con serenidad pero también con firmeza. Para Chávez lo más importante era que los diputados constituyentes se pusieran a trabajar en la redacción del nuevo proyecto, porque sabía que una vez allanado este escollo, tendría el campo más despejado para encaminar los cambios imprescindibles ya planificados.

Fueron días en que, como nunca, quedó claro que si hay algo de lo que no se pueden quejar las fuerzas reaccionarias que aún subyacen en el país, es de la falta de libertad de expresión. Los medios, todos a una –excepto el oficialista *Diario del Presidente* y sendos programas de radio y televisión que tienen a Chávez como protagonista– se volcaron en intentar convencer a la población –a la que aún suponían mansa y entregada a sus manipulaciones, como en las viejas épocas– de que si se abría la puerta a una nueva Constitución sobrevendría el autoritarismo de dos cabezas. Para unos, era evidente que se trataba del desembarco del fascismo, en cambio otros juraban que las influencias de Fidel sobre el comandante bolivariano, arrastrarían la Nación al comunismo.

Para echar un poco más de combustible a la hoguera, empezaron a desfilar por Caracas los típicos exponentes del *yo me meto donde no me llaman*. Desde altos dignatarios de la Sociedad Interamericana de Prensa (SIP), tan comedidos ellos para respaldar gobiernos neoliberales, hambreadores y represores de los pueblos, pero que no dudan en poner el grito en el cielo cuando empieza a despuntar una instancia popular y revolucionaria. Tras ellos, esa banda de alcahuetes del anticomunismo visceral de Miami y de los intereses de los gobiernos europeos, que son los Reporteros Sin Fronteras. Todos estaban consternados porque sus colegas venezolanos corrían peligro de que se les amordazara si se aprobaba tal o cual artículo de la Constitución bolivariana. Chávez no se amilanó y respondió, junto con el canciller Rangel, duramente a los espías del *mundo libre*, que utilizaban la prensa amarilla de Caracas para ensuciar al proceso revolucionario como durante 40 años han hecho con Cuba.

Otros que no tardaron en subirse al tren de las injurias y las difamaciones fueron los disciplinados hombres de la Iglesia local, tan preconciliar como las peores del continente. Pusieron el grito en el cielo, como les corresponde, acusando de abortistas a los constituyentes bolivarianos y buscaron apoyo desde sus propios bunkers de las catedrales para frenar la iniciativa, cosa que finalmente lograron a medias.

En Venezuela cuando se habla de sectores vinculados a los enemigos del proceso revolucionario enseguida salen a relucir nombres propios y de entidades: Venacham (la cámara de comercio norteamericana), Fedecámaras (la típica corporación de empresarios de clase A) y también una institución que suele ser el canal por donde se irradian las voces de la burguesía local e internacional, el Cedice (Centro de Divulgación del Conocimiento Económico), donde «militan», entre otros, el empresario Jesús Rodríguez Armas y el economista neoliberal Emeterio Gómez. Precisamente este último no ha dejado pasar oportunidad sin criticar duramente a Chávez acusándole de demagogo, oportunista, autoritario, saboteador de los futuros inversionistas y hasta de «mal hablado», por torear a la oposición con un estilo desenfadado. Pero un tema que provocó respuestas airadas de estos sectores fue el viaje que el Presidente realizara con su comitiva a la República Popular China, donde Chávez, aparte de anunciar la profundización de relaciones comerciales entre ambos países y de señalar a China como uno de los países referentes para enfrentar al discurso del Nuevo Orden Internacional, sorprendió a todos confesándose «maoísta» desde su juventud.

Lo que para el entorno «chavista» había sido otra de las típicas expresiones no protocolarias del Presidente, sin más consecuencias que decirlas en un ámbito donde no cayeron nada mal, para la oposición fue un punto más en las tarjetas de «cuidado con los rojos». «No se puede ir a China y decir que eres maoísta cuando los chinos tienen 25 años tratando de sacarse eso de encima y cuando han excluido la frase *el gran timonel* de todos sus libros para borrar la figura de Mao para siempre», señaló Emeterio Gómez. Y no fue de los ataques más duros que recibió Chávez por esos días.

Fue precisamente la gente del Cedice la que poco antes del referéndum para aprobar la Constitución invitó a dar una conferencia sobre «Corrupción y estado de derecho en una sociedad libre», a otro de los exponentes de pensamiento neoliberal, el escritor Mario Vargas Llosa. Como ya hizo en otras oportunidades, el autor de *Doña Julia y el escribidor* insistió en cargar la romana sobre el tema de que Chávez está conduciendo al país a una dictadura. «Temo que la democracia vaya a desaparecer –dijo– y sea sustituida por un régimen autoritario. Mi impresión es que el régimen se orienta claramente en esa dirección. Me temo que sigue, de alguna manera, el siniestro modelo inaugurado por Fujimori en Perú». Vargas Llosa, al que salvo su rechazo por Fujimori, no se le conoce otro pensamiento lindando con el progresismo, sino todo lo contrario, no descansa en su tarea de intentar golpear a los pocos referentes populares que surgen en el Tercer Mundo. Arrepentido hasta la saciedad de sus ideas de izquierda de los setenta, pone en juego todo su prestigio literario para hacer campañas –junto con su hijo– a favor de la economía de mercado, el pensamiento único y las bondades del Occidente más reaccionario.

Por todo ello, y porque en Venezuela llegó un comandante que *mandó a parar*, Chávez le respondió de inmediato, ironizando sobre «este ex ciudadano peruano, ahora español que intenta meterse con nuestro país». «Venezuela se respeta señor Mario, usted podrá venir aquí y lo recibiremos con cordialidad, pero si usted nos tira con plomo nosotros le daremos más plomo, y del grueso», comentó, para disgusto de sus adeptos locales y euforia de todos aquellos que consideran al escritor un energúmeno destacado de la amplia colección que hay en este mundo.

Con la Iglesia hemos topado

Por su parte, el presidente de la Confederación Episcopal Venezolana, monseñor Baltasar Porras, salió a enfrentar directamente a Chávez a quien había escuchado decir que «había llegado la hora del plomo» referidas a cómo contestar los ataques de los enemigos del proceso revolucionario. «De las expresiones del Presidente depende la paz social en Venezuela», dijo el sacerdote.

El comandante no se amilanó y en su programa semanal *Aló Presidente* (donde habla con la gente del pueblo y editorializa sobre los temas de la semana), contestó irónicamente al desafío: «Como en este país existe la libertad de expresión vamos a dialogar públicamente con el monseñor. Decir tan suelto de cuerpo que la paz social depende de mis expresiones sería caer en el pecado del reduccionismo. Imagínense que eso fuera cierto. Yo andaría cantando día y noche por las calles, con un cuatro, con unas maracas, con una guitarra. Cantaría loas a la felicidad y la belleza, porque se supone que si la paz dependiera de eso, inmediatamente se transformaría el mundo. Ya Venezuela no tendría excluidos, ni niños abandonados, ni violencia. Se acabaría este drama que tenemos hoy en día. Hemos dicho la hora del plomo, porque con Bolívar pensamos que *la imprenta es la artillería del pensamiento*. Usamos el plomo del pensamiento, las ideas que van y las ideas que vienen estructuran un combate ideológico. Nosotros usaremos el plomo de las ideas para responder a quienes nos atacan, monseñor. No tenga dudas de eso».

Venezuela Bolivariana

Cuando no se había acabado la polémica sobre el tema del aborto, desde las posturas opositoras se hizo surgir otra de igual contundencia. Todo comenzó con la decisión del Presidente de aconsejar a los constituyentes de su sector que echaran para delante con el término *República Bolivariana de Venezuela*, como nuevo nombre institucional de la Nación. Tal iniciativa generó agrias polémicas. Para Chávez se trataba de una cuestión de realismo y también de merecido homenaje al Libertador, para los políticos de AD, Copei y hasta alguno del propio Polo Patriótico –como Herman Escarrá– era una nueva muestra de demagogia a la que se oponían vehementemente. Algunos llegaron a decir que además de equivocada, la innovación generaría gastos millonarios en cuanto a cambiar la papelería y otros derivados. Chávez fue desmontando una a una las críticas negativas y basado en el apoyo popular indiscutible para con esa nueva forma de denominar al país, siguió adelante con su proyecto, que finalmente fue aprobado con el conjunto de la nueva Carta Magna. El capítulo específico decía: *Venezuela se declara República Bolivariana, irrevocablemente libre e independiente y fundamenta su patrimonio moral, así como los valores de libertad, igualdad, justicia y paz internacional, en la doctrina de Simón Bolívar, El Libertador... La República promoverá la unidad política, económica y social de América Latina y el Caribe, pudiendo celebrar tratados con una o varias de sus Repúblicas, con el fin de darle continuidad al Proyecto Afictiónico de Simón Bolívar*».

La Cumbre Chávez-Fidel

En la misma semana de noviembre en que los constituyentes daban la puntada final al tan anhelado texto, Chávez partía hacia Cuba. Primera vez, como después lo destacaría en un discurso, que un presidente venezolano ponía sus pies en la isla en los últimos 40 años. Increíble pero cierto: los mandatarios bipartidistas se habían plegado como pocos a la petición norteamericana de torpedear las relaciones con la isla, pero también era una manera de hacerle pagar a Fidel su compromiso con la lucha revolucionaria de las guerrillas de los sesenta. Lo cierto, es que para Chávez ir a Cuba era algo muy parecido a lo que debió sentir Mandela cuando salió de la cárcel y viajó a La Habana, por agradecimiento y devolución de la solidaridad que tanto le había llegado desde esa pequeña e intransigente porción del Caribe. Chávez no olvidará jamás cómo lo recibió Fidel cuando el comandante recién liberado eligió la Universidad de La Habana para pronunciar un vibrante discurso.

Esta vez, la ocasión era totalmente diferente. Chávez, como presidente, viaja invitado a la Cumbre Iberoamericana, pero los dos comandantes revolucionarios no pierden el tiempo y demuestran al mundo que entre ellos hay una fuerte corriente de simpatía. Ambos luchan contra el neoliberalismo, y por lo mismo, están en el punto de mira de los mismos enemigos. Pero además, tanto uno como el otro son fanáticos del béisbol. O sea, se reúnen, discuten temas de conveniencia para sus pueblos (por ejemplo, el apoyo de Venezuela para construir una refinería de petróleo en Cienfuegos), expresan su tajante oposición a las tropelías del capitalismo salvaje, Castro elogia el proceso revolucionario venezolano y Chávez dice a quien quiera escuchar, que Cuba es un proceso revolucionario ejemplar para el mundo y el gran faro latinoamericano. Los dos son protagonistas de una Cumbre de mandatarios que poco tienen que aportar a nivel de ideas y mucho menos en cuanto a relación con sus pueblos. Por último, Chávez se enfunda en su uniforme de la selección nacional y sale a *pitchear* con su equipo. En frente está un entrenador de lujo llamado Fidel Castro y una multitud que festeja cada uno de los juegos y gestos de ambos. Cuba y Venezuela son más que hermanas, y eso hace rabiar al Imperio. Y a los mediocres que le cantan loas.

Tomar el té con Clinton

El taxista va conduciendo con cara de mil demonios. El tráfico en el centro de Caracas es igual o peor que siempre, los buhoneros invaden la calle con sus mercancías de ocasión y el hombre no hace más que maldecir contra todo aquél que cruza frente a su carro.

«Mire señor, mire cómo están dejando este bello país. Ésta es la democracia de mico mandante... cualquier carajito es más que una persona decente...». Como el pasajero pone cara de no querer hacer comentarios, el susodicho vuelve a la carga. «Y para colmo, habrá visto lo de anoche, el muy jodido se fue a lanzar bola a Cuba. Es para morirse de vergüenza... En vez de ir a tomar el té con Clinton, tenemos un presidente que se va a lanzar bola con ese comunista barbudo... Es para morirse».

La hiel de los tertulianos

En la radio, no en una sino en casi todas, *el día después* del gran partido que fue televisado en directo para regocijo de la masa venezolana a la que le encantó que su presi jugara (y además jugara bien) contra la selección cubana, los tertulianos bramaban. En realidad los de allí no tienen nada que envidiarle a los de este lado del charco, parecen cortados por la misma tijera o programados por igual reproductor de sandeces. «Venezuela se hunde en su propia vergüenza», aúlla una tal Mónica. «¡Hasta dónde tendremos que soportar el escarnio de que nuestro *estadista* (y lo dice acentuando la palabra) viva generando papelones como el de La Habana. Mientras figuras de prestigio y sabiduría como su majestad el *Reeeey de Españaaaaa* (la mujer está a punto de derretirse), digo, hombres con talento como los presidentes de casi todos los países del continente, discuten sobre los difíciles problemas que nos aquejan, el señor Chávez, ese comandante de golpistas que nos ha tocado en desgracia, juega y juega con el dictador comunista. Nunca hemos descendido tan bajo en nuestro propio infierno. ¡Y eso que esto recién empieza!». Un mes antes, la misma «periodista» había protestado enfáticamente porque en Venezuela no hay libertad de expresión... La vieja Venezuela se envenena con su propia hiel.

«Somos hermanos en la dignidad»

Días después de que Chávez se marchara de Cuba y regresara a su país, el propio Fidel Castro formuló una espectacular denuncia sobre un complot urdido por cubanos exiliados para asesinar al mandatario bolivariano. Con pelos y señales Fidel puso sobre la mesa el plan desestabilizador, y luego conversando con la prensa internacional no tuvo dudas al definir a Chávez: «Es un revolucionario, como lo fue Bolívar y Washington. No es ni socialista ni marxista, él mismo lo dijo en la Cumbre. Es un hombre decidido a hacer el bien a su pueblo. Por eso lo están acorralando, arrinconando. Tengo el concepto de que es un hombre valiente, que defiende sus convicciones con firmeza. Si somos hermanos, no es en el marxismo, ni en el socialismo, ni en el comunismo. Somos hermanos en el sentido de la dignidad. Y yo me pregunto, qué haría si me sintiera acorralado. Bueno, luchar, y más de una vez lo estuve. No por el considerable apoyo que tiene Chávez en la población, sino por sus características –que he observado– él no es un hombre que se pueda acorralar ni subestimar. Sus ideas parten de la historia de Venezuela y de Bolívar. Él tiene la idea bolivariana, es una obsesión que yo comparto, porque la tenemos por Martí. No es un hombre de violencia y está siendo acorralado. Es valiente y sabrá defenderse...».

¿Por qué no admira a Aznar?

El hermanamiento Venezuela-Cuba provocó todo tipo de adhesiones en los sectores de la izquierda estudiantil que tanto ha defendido a la isla bloqueada por los norteamericanos. Y en algunos barrios donde el MVR de Chávez tiene amplio apoyo, volvieron a reaparecer fotos del Che y Fidel abrazando al mandatario venezolano.

Pero también hubo personas que sacaron a relucir todo su arsenal de improperios para deslegitimar el encuentro entre ambos comandantes. Como esta carta publicada en *El Universal* que pinta de cuerpo entero a su autora: «Con gran asombro, escuché en la televisión a nuestro Presidente y al señor José V. Rangel cuando hablaban sobre su experiencia en Cuba. La verdad de todo esto, la isla en sí está dividida en dos: una para los turistas (donde ustedes estuvieron) y la otra que es la realidad donde está el pueblo. Yo tengo familia allá y en ningún momento hablan de lo maravillosa que es, tanto así que muchos artículos tan sencillos como el papel *toilette*, y otros como las medicinas lo compran en el mercado negro gracias al dinero que les envían del exterior, porque para el pueblo no hay. Para aclarar sobre el famoso partido de béisbol, es lamentable su observancia, ya que la mayoría de los presentes eran jóvenes con otra mentalidad e ideología manejada por Fidel y sus compinches, la cual no ha podido salir libremente de la isla y conocer otras culturas porque de ser así, le aseguro que jamás volverían a pisarla. Entonces me pregunto: ¿A quién tratan de engañar ustedes cuando hablan de esa manera? ¿Cuáles son esas medicinas que van a venir al país a cambio de petróleo? Sé que un país europeo se las va a donar a Cuba porque no hay en la isla ¿por qué usted, señor Presidente, no admira al señor Aznar? ¡Que es un verdadero líder mundial! Para concluir, la verdadera estrella de la cumbre fue el rey don Juan Carlos de España, o es que acaso, no vio la televisión». Firma el brulote, Adriana Cugno Santás.

Los refugiados políticos vascos

Bastante integrados en el nuevo territorio al que fueron trasladados por los colonizadores españoles y franceses, los deportados vascos son testigos fundamentales del cambio que se vive en Venezuela. Con el nuevo proceso bolivariano los une la lucha de liberación en la que siempre han estado embarcados en su Euskal Herria natal. Por eso, no disimulan su admiración, en algunos casos, y el entusiasmo que les provoca estar participando de esta importante hora del país. «Yo llegué en mayo de 1989 desde Argelia», cuenta Arturo Cubillas, quien hace una gran diferencia en el trato que recibe la gente de su colectivo desde que Chávez llegó al gobierno. «Son mucho más flexibles y tenemos un estatus de refugiados políticos que es inamovible, por más que Aznar y sus enviados traten de presionar para que se modifique». Cubillas reconoce que para un europeo pudiera ser complicado entender el actual proceso, pero él basa todo lo sucedido en que la gente no aguantaba más. «Los políticos tradicionales habían frustrado a todos. Defraudó Pérez, también Caldera y hasta La Causa R, cuando gobernó en Caracas. Por eso la importancia que se le dio al *por ahora* de Chávez y al hacerse responsable de sus ideas y de su accionar. Después de que sale de la cárcel y comienza a hacer campaña entre la gente, el entusiasmo en la acogida superó todo lo previsto. Es un hombre que supo conectar con las ganas de cambio que teníamos todos». Cubillas, agudo observador y veterano militante político sabe no obstante que el camino de un proceso de esta envergadura está lleno de dificultades: «Parecería imposible que en estos momentos que vive el mundo pueda pasar algo que los gringos no controlen, pero en América Latina están ocurriendo cosas muy importantes. Proceso de todo tipo, desde la lucha armada y la insurrección hasta este camino venezolano en que unos militares nacionalistas revolucionarios pasan del golpe a la avalancha de votos en las urnas. Por eso, no dudamos en tener esperanzas. El neoliberalismo no es una máquina invencible y apoyar todo lo que ocurra en Venezuela, reivindicar este proceso revolucionario, puede ser útil no sólo para este pueblo maravilloso sino para el resto de los luchadores del mundo».

«En un país donde siempre se robó y los políticos vivían burlándose de la gente, el surgimiento de un Chávez fue el mejor acicate para unir la voluntad de cambio y de rebeldía de la gente, de los más humildes», sostiene el refugiado vasco Eugenio Barrutiabengoa, *Arbe*, natural de Arrasate. Detenidos en dos oportunidades durante los anteriores gobiernos venezolanos, y una vez al borde de la extradición, Arbe también festeja el nuevo momento que vive el país. «Cuando oyes hablar al comandante te das cuenta enseguida de que no es un hombre de derecha como se dice por allí, incluso en la prensa de Euskal Herria. Es verdad que mezcla referentes como el Che, Mao, Cristo o Bolívar, pero eso tiene que ver mucho con el imaginario latinoamericano. Creo que es un hombre honesto y que basado en el gran ascendiente que tiene en la gente, se plantea dar vuelta a todo y avanzar positivamente. Aquí, hay que entenderlo muy bien, no hay una dictadura ni una involución autoritaria, como anuncian algunos intelectuales reaccionarios. Conozco a muchos oficiales bolivarianos y con el tiempo me fui dando cuenta de que no son como los típicos uniformados del continente. Es gente que plantea la organización popular, muchos provienen de la izquierda y han sido muy combativos. No, no valen los esquemas para este proceso. Hay que tener una mirada abierta como la tienen ellos».

«Los ricos viven en guetos»

Arbe reafirma algo sabido: «No todos los vascos somos iguales». En el colectivo de refugiados políticos se ve con buenos ojos todo lo que está sucediendo en Venezuela, «pero tenemos grandes discusiones con otros vascos, como algunos de los que van al Centro Vasco, porque son furibundos antichavistas. Aquí, el que ha vivido bien y tiene una buena posición le tiene miedo al actual proceso, pintan a Chávez como un monstruo y tienen la estúpida idea de que si tienes dos pisos te van a quitar uno. Nosotros creemos que si el 80% de la población vive en la pobreza y en la marginalidad, bien merece el esfuerzo del otro 20%. No puede ser que haya una minoría que diga *yo vivo bien y que los demás se jodan*. Aquí, los ricos viven en guetos, rodeados de policías y guardias civiles, mientras el pueblo se muere de hambre». Como Cubillas, Arbe piensa que si este proceso funciona se podrá exportar al resto de América Latina. «Chávez quiere unir al continente y ya hay respuestas positivas, como el avance de las FARC, que también se confiesan bolivarianas y ven con simpatía al actual gobierno. Lo mismo ocurre con el ELN colombiano. Creo, definitivamente, que Chávez será un tipo curioso pero sin dudas significa una alternativa para este país. Y en nuestro caso, junto con Cuba, son los dos únicos lugares donde nos tratan como iguales».

Para el refugiado político vasco Ramuntxo Sagarzazu, el proceso político que vive Venezuela es realmente interesante, aunque reconoce que no es sencillo analizarlo desde Europa. «Allí hay otra cultura política, donde los movimientos de liberación están sumamente enraizados en el movimiento popular, las estructuras no son verticales –o intentamos que no lo sean– sino que apostamos a la horizontalidad, algo que va unido a nuestra forma de ser. Aquí, en Venezuela, en cambio, eso no es tan importante. En su cultura de lucha siempre han tenido gran peso los liderazgos, pero esto no significa que ese verticalismo sea reaccionario. Para nosotros, un caudillo es algo totalmente distinto a lo que puede ser para la gente de la izquierda revolucionaria latinoamericana, donde el líder es casi una necesidad. Para hablar de Chávez o analizar su papel en este proceso, hay que respetar la realidad de este país, tener en cuenta que el pueblo lo elevó al gobierno y lo apoya. Cualquier otro análisis puede sonar a descolgado, o hecho desde muy afuera. Comparándolo con el de Caldera o el de Carlos Andrés Pérez, el gobierno de Chávez es un gran avance, sobre todo en su lucha contra la corrupción que invadía todos los estamentos del país».

Lo cierto, es que independientemente de los gobiernos que le tocara en suerte a la población venezolana, jamás han extraditado a Madrid a un refugiado político o un deportado vasco. Muy al contrario, generalmente se han plantado soberanamente ante las presiones de todo tipo que se hicieron –y hacen– desde el Estado español. Venezuela ha considerado el «derecho de asilo» –en el caso de los ciudadanos vascos– como una auténtica cuestión de «honor político», que no se negocia por promesas de ayudas económicas o palmaditas en la espalda.

La Constitución

El 19 de noviembre de 1999 la *fumata* en el viejo Capitolio donde estaban reunidos los congresistas de la Asamblea Nacional Constituyente duró mucho menos de lo esperado. Después de maratonianas sesiones donde los delegados bolivarianos defendieron con ardor los distintos embates de los poquísimos representantes del derrocado *puntofijismo*, finalmente fue aprobado el texto constitucional. La satisfacción de los hombres más leales del entorno bolivariano contrastaba de manera radical con los rostros amargados del grupo de cuatro constituyentes de la oposición que desde ese mismo momento empezaron a hacer campaña por el NO. «Hemos dado un paso fundamental, la revolución venezolana ahora sí empezará a caminar con mayor decisión», exclamaba en la puerta del recinto uno de los grandes fogoneros del proyecto aprobado, Tarek William Saab. Para él y sus compañeros, la nueva Carta Magna «implica el acceso en la toma de decisiones de toda la ciudadanía. Por fin hemos sustituido una democracia representativa que no era otra cosa que la dictadura de los partidos, por una democracia participativa y protagonista. Eso está en el preámbulo de la Constitución y en las disposiciones transitorias».

Luego, destaca que «hay figuras inéditas dentro de la democracia venezolana, como el Cabildo Popular, para la toma de decisiones en los poderes municipales, las asambleas. La participación en el Consejo Federal de gobierno, de los alcaldes, los gobernadores, el vicepresidente ejecutivo, las organizaciones de la sociedad civil. Será un Consejo con rango ejecutivo. Pero también habrá de crearse la figura del Poder Ciudadano, donde el pueblo va a adquirir un protagonismo hasta ahora nunca visto. Además, se crea el Tribunal Supremo de Justicia, con dos nuevas salas. Y se municipaliza el Poder Judicial».

La Constitución reivindica cada uno de los derechos humanos y sociales que tanta persecución acarrearon en los llamados gobiernos democráticos, donde cientos de militantes fueron a parar a la cárcel, recibieron torturas o directamente han sido asesinados. Como ejemplo vaya este ítem dedicado a la desaparición forzada de personas: «El funcionario que reciba una orden o instrucción para practicarla tiene el derecho y el deber de no obedecerla y denunciarla». Además, se condenan las discriminaciones por sexo, raza, religión, idioma u opinión política. Se promueve el derecho al trabajo, a la salud, a la educación y a la vivienda propia, se defiende la libertad de expresión y pensamiento. En cuanto al trabajo, se incorpora un apéndice que dice literalmente: «Todas las personas tienen derecho al trabajo. El Estado garantizará la adopción de las medidas necesarias a los fines de que toda persona pueda obtener colocación que le proporcione una existencia digna y decorosa y le garantice la plena efectividad de este derecho. Es fin del Estado eliminar la desocupación y el subempleo».

Se plantea también que «la jornada laboral diurna de trabajo no excederá de ocho horas diarias ni de 35 horas semanales» y algo fundamental por lo que se ha venido peleando en el país desde hace años: «Ningún empleador podrá obligar al trabajador o trabajadora a laborar horas extras».

«Quien quiera oír que oiga, porque lo que hemos sacado adelante en esta ANC es histórico», confirma Tarek William. «Hay un hecho que no tengo temor de decirlo, sobre todo desde mi reivindicación de la lucha revolucionaria y de izquierdas en la que he estado enrolado toda mi vida. Estamos frente a un tipo de unidad cívico-militar inédito. Las Fuerzas Armadas venezolanas de hoy, ya no tienen el signo de las que reprimieron al pueblo el 27 de febrero de 1989. Existe una conducción radicalmente distinta. Son hombres que durante todo el año 99 dieron pasos muy claros: evitando la represión a las manifestaciones de campesinos, a los sin tierra o a los estudiantes. Desoyeron las órdenes en ese sentido de los gobernadores *adecos* y *copeyanos*. Además, sobre la Policía Nacional, el nuevo texto constitucional incorpora un artículo que dice claramente que su misión debe ser el respeto a la dignidad humana, la protección y defensa de los derechos humanos. Hay cosas de orden ideológico en esta Constitución que forman parte del proceso revolucionario».

A votar por el SÍ

Una vez aprobado el texto constitucional, Chávez no perdió tiempo en llamar a cerrar filas para reafirmar el SÍ «contra todos los que quieren que Venezuela no cambie». La nueva fecha del desafío era el 15 de diciembre del último mes del Siglo XX.

«Convoco a todos los venezolanos de buena voluntad, desde las costas del Caribe hasta el brazo caciquiare y desde la selva de Guayana y el golfo de Cariaco hasta el valle de los motilones en la sierra de Perija, toda la gente venezolana que vive y que palpita, ese pueblo que esta allá afuera, en las calles, en su casas, en los campos, por todas partes. Oigan mi palabra, yo llamo a que marchemos, todos unidos, hacia el 15 de diciembre a decirle SÍ a la nueva Constitución de la República Bolivariana de Venezuela, el segundo referéndum nacional de este año 1999, y esta vez será para que el pueblo apruebe la nueva Constitución.

En la ANC hay diversas corrientes de pensamientos, de críticas, de aportes y han producido un texto constitucional digno de los venezolanos. Una Constitución así va a ser de las más avanzadas del mundo, una Constitución Social en primer lugar, donde se recuperan los derechos sociales inherentes a la persona humana, donde se deja muy claro que la salud y la educación son un derecho humano fundamental como es el de respirar el aire. La educación y la salud son un derecho a la vida. No puede ser eso privatizado. Con la Constitución bolivariana que vamos a aprobar el 15 de diciembre, vamos a ponerle un freno a la corriente neoliberal salvaje que llegó a Venezuela hace mas de una década y que arrojó a la muerte, al olvido y a la ignorancia a millones de seres humanos. Ahora hemos recuperado el camino racional, el de la reivindicación de ser venezolano. La educación no se puede privatizar, la salud tampoco. Para eso está el Estado, para garantizarle a todo ser humano educación, salud, trabajo; trabajo digno. Recuperamos los derechos humanos esenciales incluso los de nuestros hermanos aborígenes, el derecho de los aborígenes a su lengua, a su cultura, a la propiedad de sus tierras, las que están ocupando y han ocupado durante siglos. Nunca más a tratarlos como irracionales, todos somos iguales, todos somos hermanos. Blancos, negros, indios. Así que yo hago un llamamiento a todos para que vayamos a aprobar esa nueva Constitución».

Pocos días antes de la fecha de las elecciones Caracas tuvo dos señales claras de cómo venía la intención de voto. Por una parte, Chávez realizó un acto de cierre de campaña que volvió a demostrar que la millonaria campaña por el NO iba a fracasar nuevamente. Cientos de miles de personas llegadas desde todas las barriadas de los alrededores de Caracas vitorearon prolongadamente al jefe bolivariano que volvió a insistir en la necesidad de unir todos los esfuerzos para defender todo lo que se había avanzado. «Será una fecha grandiosa para la historia», recalcó.

El otro gran acontecimiento fue un estruendoso «pitazo y cohetazo», promovido muy especialmente en Catia y el «23 de Enero» con la intención de «que se escuche en el país entero» como decían sus organizadores ligados al Movimiento Quinta República y organizaciones populares. Lo cierto es que en casi todo Caracas con pito y bombas de fogueo se ahogó el otro estruendo, esta vez opositor, que tenían planificado los partidarios del NO, que batieron cacerolas en algunas zonas del centro, sobre todo en las urbanizaciones residenciales y en enclaves muy definidos de votantes *adecos* y *copeyanos*.

Veinticuatro horas antes de la votación Chávez volvió a la carga con la necesidad de que la movilización por el voto sea contundente. «Esto sí que es democracia verdadera», dijo, sin disimular que tenía un gripazo espectacular que atribuyó a «la moribunda», el apelativo que siempre usa para designar al viejo texto constitucional. Como el pronóstico meteorológico ya anunciaba algunas lluvias, el Presidente lanzó una frase que horas después adquiriría un valor impensable en esos momentos: «Como dijo Bolívar –en 1812, con ocasión del terremoto que arrasó la capital–: *Si se opone la naturaleza lucharemos con ella y haremos que nos obedezca*».

El 15 de diciembre, efectivamente llovió como nunca. Algunas zonas se anegaron rápidamente y eso hizo que no pudieran constituirse las mesas. Sin embargo, el aluvión aún no se adivinaba como catástrofe y a mediodía ya muchos habían votado y se tenía una idea clara de que el SÍ iba a demostrar nuevamente que el pueblo había quebrado las predicciones de los agoreros. Paradójicamente, las urnas dijeron un NO definitivo al pasado bipartidista, a su Constitución amañada y a todas las patrañas derivadas del Pacto de Punto Fijo.

Precisamente cuando los cables noticiosos empezaban a dar signos de que esta vez las lluvias eran mucho más importantes que en otras ocasiones, miles de manifestantes desafiaron el clima y salieron a festejar el triunfo de Chávez y la nueva Constitución que proclamaba la República Bolivariana de Venezuela. Más del 71% de votos para el SI y sólo un 28% para el NO, con una abstención de poco más del 50%, que los opositores luego convirtieron en «gigantesca» sin mencionar que en amplias zonas del país la riada ya estaba haciendo de las suyas a la hora que la gente empezaba a movilizarse para votar.

Sin pueblo no hay Revolución

Está de moda hablar de Revolución casi por repetición de las palabras del Presidente de la República Bolivariana de Venezuela. Antes, pronunciar esa palabra, significaba espíritu de rebelión, característica de subversivo, disposición de alteración del orden público, y un intento de derrocamiento radical del poder burgués para implantar la dictadura del proletariado.

El presidente Hugo Chávez Frías habla de la revolución pacífica que implica una gran cuota de sacrificio, conlleva a esfuerzos que deben ir paso por paso sin proponerse saltos bruscos, y lo que es muy importante, es necesario tener conciencia de que los logros revolucionarios no se conquistan de la noche a la mañana, sino que requieren del tiempo indispensable para cristalizar en la realidad.

Toda revolución y fundamentalmente si es pacífica, tiene muchos y difíciles obstáculos en el camino. Las sociedades que han sido construidas con un hermetismo burocrático, corroen tanto las bases que se hace largo el proceso de depuración para limpiarlo y darle paso a las luces que iluminen con claridad los diversos senderos y órdenes de la vida económico-social. Toda la historia de Venezuela, desde el momento en que se hizo República, ha estado signada por ese burocratismo que enquistó, tanto el caudillismo como los partidos políticos, hasta los tuétanos de las distintas expresiones organizativas de la administración pública y privada. Y ese burocratismo ha generado, entre tantos males trágicos y superdañinos, la corrupción que ha dilapidado la mayor parte de la riqueza que ha debido ser invertida en fuentes productivas, porque son las que realmente generan beneficios de carácter social.

Lamentablemente, muchos que se muestran partidarios del presidente Hugo Chávez Frías han entendido el concepto de revolución como un proceso para obtener beneficios personales y cuando más amplio, familiar. Muchos no han comprendido que los más comprometidos con el programa de gobierno del Presidente, deben ser los primeros a la hora del sacrificio, los primeros al momento del trabajo creador y los últimos en devengar beneficios particulares.

Es necesario tener conciencia, en este interesante proceso histórico que vive el país y entendiendo la tragedia que ha enlutado a toda la nación, que el pueblo es realmente el soberano, como lo expresa el primer mandatario de la República Bolivariana de Venezuela. A él debemos todo nuestro pensamiento y nuestra acción para que conquiste su sueño, ese sueño por el que dieron la vida los más ilustres hombres y mujeres de nuestra historia, y a cuya cabeza nunca brilló nadie más alto que el Libertador Simón Bolívar.

El presidente Hugo Chávez Frías es el primer timonel del proceso, es el líder que recoge las verdaderas aspiraciones del pueblo, y por consiguiente, los dirigentes que le acompañan deben tener claridad de que un pueblo organizado y concienzado es la fuerza más propulsora de los auténticos cambios que proyectan el progreso y el bienestar común. Por consiguiente, no es alejándose de los sectores populares para incrustarse detrás de oficinas como se debe hacer la política revolucionaria en procura de apoyo y solidaridad con las ideas de redención propuestas por el presidente Hugo Chávez Frías. Es, más bien, metiéndose en los municipios, en las barriadas, en las urbanizaciones, en los caseríos, en los sitios donde haya pueblo, para que hablando con las comunidades se ventilen sus distintas problemáticas, se busquen las soluciones y se pueda llegar a compaginar armónicamente su práctica revolucionaria con las proposiciones y políticas económicas y sociales del Gobierno Central.

No puede ser que para muchos compañeros la Revolución Bolivariana encabezada por el Presidente Chávez, se convierta en sólo buscar una participación burocrática en la administración pública y resolver sus problemáticas particulares, descuidando la realidad y las dificultades que padecen las comunidades mayoritarias de la población. La burocracia va en perjuicio de la organización popular, de la educación de las masas, de las movilizaciones del pueblo, y de las reales esperanzas que han motivado a los venezolanos a romper con el denigrante pasado del bipartidismo para enfilarse, con firmeza, por el programa de cambios que ha ofrecido el Presidente de la República. El pueblo venezolano tiene clarísimo que se trata de ampliar y perfeccionar la democracia participativa, y que la representativa ya jugó su papel y perdió completamente su vigencia en el nuevo proceso histórico de la Quinta República.

Es la hora de dar pasos hacia delante, mirar el futuro con fe pero también saber que el presente nos depara dificultades que deben ser superadas con el fervor y la solidaridad del pueblo venezolano con sus máximas autoridades. De lo contrario, el Presidente irá por un lado, mientras muchos de sus allegados marcharán por la vía contraria obstaculizando su proyecto de justicia propuesto al pueblo venezolano. Si no se da un salto cualitativo contra el burocratismo, como fuente permanente de males que dificultan los procesos revolucionarios, no entenderemos jamás que el proyecto del presidente Hugo Chávez Frías debe contar, en primera instancia, con el apoyo de un pueblo que ya no es capaz de retroceder en sus anhelos de justicia social.

Es la hora del sacrificio colectivo, no para pensar en el beneficio particular, sino en el bienestar que se conquistará para un pueblo que lleva toda su historia sometido a la miseria, y que ya está harto de los falsos ofrecimientos de gobiernos anteriores, y que espera, por eso brinda su mayoritario apoyo al actual Presidente de la República Bolivariana de Venezuela, que en el menor corto tiempo posible, sin mayores traumas, pueda disfrutar de mejores y más dignas condiciones de existencia humana.

Juan Contreras
(Coordinadora Cultural Simón Bolívar
Barrio «23 de Enero»)

Bolívar es más Bolívar

La «Bolivariana» se puso en marcha y una parte de los sueños de los rebeldes se empezaron a cumplir. Los sueños de Bolívar, que eran los mismos que los de la conspiración y los levantamientos, los de los tanques que se negaban a disparar contra el pueblo y las boinas rojas de los seguidores de Chávez, los de los fusiles y escopetas improvisadas de los militantes que se movían agazapados por los techos de los barrios, los del pobrerío movilizado para gritar su bronca y reventar las urnas con votos de protesta contra tantos años de burla, traición y componenda. La «Bolivariana» para ejemplo del mundo con su capítulo de derechos sociales y humanos forjado en las mazmorras de la represión *adeca* y *copeyana*.

¿Que no es el todo? ¿Que puede sobrevenir la involución? ¿Qué el enemigo no se ha retirado de la escena? ¿Que se está armando un espejismo? El pueblo venezolano no es iluso ni ignorante. Nadie da un cheque en blanco por nada. Y lo que no pueden entender los críticos sempiternos de éste u otro proceso parecido es que lo más importante de la denominada «revolución bolivariana» es la organización por abajo, el renacer de la esperanza popular, la verificación de que es posible dar vuelta a la vieja historia y entrar de frente y con el rostro erguido en el nuevo milenio. «Peor de lo que ocurrió en estos 40 años no podrá ser», dice un acólito del presidente. Todo lo que se está avanzando actualmente deja huella. Ni dioses ni mesías, sólo la gente de a pie y su fuerza de movilización podrá impedir que este proceso deje de ser lo que se quiere. Lo demás son puras teorías o la comodidad de no arriesgarse a que los cambios sean profundos.

Mientras tanto, por los caminos y senderos de Latinoamérica la noticia corre de boca en boca: Cuba ya no está sola, que es lo mismo que decir: todos los que luchan en el continente y en el Tercer Mundo saben que hay que abrazar solidariamente a la República Bolivariana de Venezuela.

Capítulo XVI

Chávez por Chávez

Indudablemente es la figura –junto con el protagonismo de la gente– más importante del proceso de rebeldía bolivariana. Hugo Rafael Chávez Frías, nacido en Barinas en julio de 1954, casado actualmente con Marisabel, y padre de Rosa Virginia, María Gabriela, Hugo Rafael y Rosinés, no es un improvisado en política sino un hombre que desde mucho antes de que con sus compañeros de promoción hiciera el juramento en el Samán de Güere, en noviembre de 1982, ya tenía una idea de cambio revolucionario de las estructuras anquilosadas que soportaba Venezuela.

Reconocido admirador de colegas militares que fueron excepción dentro de un continente que generalmente ha dado crueles asesinos y torturadores uniformados, Chávez, no de ahora, sino desde siempre, marcó la división entre los que se alineaban con Pinochet y los que reivindicaban el nacionalismo revolucionario anticapitalista y antiimperialista. Como el panameño Omar Torrijos, el dominicano Francisco Caamaño Deñó, el guatemalteco Yon Sosa y el peruano Velazco Alvarado de la primera etapa.

Lector empedernido de los clásicos –incluidos los que cimentaron el pilar ideológico de la izquierda latinoamericana–, Chávez también ha escrito cuentos y poesías, como *Vuelvan Caras*, *Mauricio*, *El genio y el Centauro* (una obra teatral que ganó el tercer premio de Teatro Histórico Nacional, en 1987). Y además, es autor de obras plásticas como la titulada *Sombra de guerra en el Golfo*.

Pero además de por su vehemente accionar como militar, a Chávez se lo reconoce en su país por sus expresiones políticas, por su verbo encendido y poco protocolar, por su estilo llano y sincero para decir lo que le gusta y lo que repudia. Ése es quizás, aparte de hacerse siempre responsable de lo que dice, su mejor cable a tierra con el pueblo más humilde. Chávez va forjando, de esta manera, la llave de las lealtades compartidas, lo que no es poco. De allí, que resulte sumamente interesante adentrarse en la parte más medular de su pensamiento, de donde se extraerán las claves para entender el porqué de este fenómeno que hoy ha vuelto a incorporar –con fuerza– a Venezuela en el contexto internacional.

La levadura del pueblo

«Bien vale la pena dedicar el tiempo que queda de vida a motivar la fuerza del pueblo en los barrios, en las universidades y liceos. A nosotros nos dan duro y nos persiguen, nos desfiguran el mensaje, nos llaman violentos sin causa. Dicen que invocamos los principios del siglo pasado de la guerra federal, para meter miedo. Pero nosotros lo que hacemos es creer en la fuerza del pueblo, creer en el 'hombre rebelde' de Albert Camus, esa solidaridad que lleva a la gente a la unidad, a producir procesos de rebelión popular».

Pinochet y Allende

«A mí me impactó mucho el golpe contra Allende, negativamente, y hubo un rechazo no en mí nada más, sino en un grupo de compañeros jóvenes militares que estábamos siendo formados para ser militares de democracia. Pinochet representaba a los militares que matan gente, derriban, descabezan. Los militares no podemos ser masacradores de nuestros pueblos.

...Yo no soy Salvador Allende, para mí es muy difícil compararme con un ser humano excepcional, como fue, sin duda alguna, Salvador Allende: un gran luchador, un hombre valiente que decidió morir e inmolarse. Cristo fue un hombre. Allende, cuando decide inmolarse asume la actitud de Cristo. Yo no sé si tengo esa disposición también. Ojalá, no me toque hacerlo nunca, porque queremos vivir para triunfar. Pero ese gesto es un gesto heroico. Gesto sin duda que roza con el de Jesús de Nazareth».

El sable que nos dio Pérez

«Es necesario insistir en que el planteamiento bolivariano, de un ejército en función de un pueblo, es un planteamiento ideológico. Recuerdo cómo analizábamos con los cadetes y oficiales la última proclama de Bolívar. Un poco colectivizándola. ¿Qué tienen que hacer los militares? Empuñar su espada en defensa de las garantías sociales. Y seguimos diciéndolo. Nosotros tomamos el sable que nos dio Carlos Andrés Pérez. Eso es algo filosófico y después concreto. El mismo sable que nos dio un presidente de la República, lo utilizamos contra él mismo, reivindicando un principio filosófico e ideológico: el papel de los militares en este desastre».

El combatiente rendido y las vías posibles

«A todo soldado o combatiente, luchador, revolucionario, le duele una retirada. El 4 de febrero a mí me dolió muchísimo el momento de la decisión de rendir las armas. Como estoy seguro le ha dolido rendirlas a otra gente que ha tenido armas en las manos, por mucho más tiempo que nosotros. O como me decían allá en El Salvador, nosotros no las entregamos. Nosotros mismos las destruimos. Es doloroso, sí, pero muchas veces necesario para poder dar continuidad a un proceso que pareciera alejarse o acercarse a un eje. La retirada de Bolívar hacia Oriente es dolorosa. Pero si se queda aquí Bóvez les corta la cabeza a todos. Aníbal tuvo que cruzar los Alpes, en una aproximación indirecta para llegar a las puertas de Roma y volver al África, cruzar el Mediterráneo de nuevo.

...Éste es un proceso que no es dicotómico, tal como se planteó hace mucho: o reforma o revolución. Yo creo que es un proceso que avanza, retrocede o a veces parece que avanza, depende de dónde uno esté ubicado. O que se devuelve u oculta, como el viento que arrecia y amaina. Es un proceso. No creo que una vía niegue la otra.

¿Podemos afirmar que el Farabundo Martí abandonó la concepción revolucionaria porque entregó las armas y ahora está en el proceso político tradicional, normal de El Salvador, en el Congreso, en alcaldías? ¿Fidel abandonó la vía revolucionaria porque está haciendo concesiones al capital privado y entregando títulos de tierra? ¿Los chinos se alejaron de una vía revolucionaria porque están planteando esto de un país, dos sistemas? Yo creo que es una fase. Dependerá de muchos otros factores que están fuera de nuestro alcance, variables intervinientes. Por ejemplo, el poder hegemónico de los imperios. Eso no está bajo nuestro control. Pero hay muchos indicadores que apuntan hacia el desgaste de los imperios. La multipolarización del mundo».

La mejor guerra

«Nosotros tenemos un arma muy fuerte a la que Mao se refería con mucha precisión. Es aquello de que el resultado de la guerra –decía Mao– no está en la máquina sino en la moral del hombre que maneja la máquina. Una gran fuerza moral que tenemos nosotros, que no es «nuestra», pues es colectiva. Es una fuerza moral en movimiento, desatada. El adversario no tiene fuerza moral. Y yo lo he dicho: la mejor guerra, dicen Sun Tzu y los grandes clásicos de la guerra, especialmente en el mundo oriental, es aquélla que se gana sin disparar un tiro: es cuando tú le quitas al adversario la voluntad de combatir. Esa fuerza la tenemos. Es el pueblo».

El compromiso con los estudiantes

«La nueva Constitución es un compromiso muchachos, yo les hago un llamado a la lucha, al estudio por la verdad y con la verdad. En las universidades hay que hacer una revolución educativa. La autonomía universitaria que viva, sí, la defenderemos, la cuidaremos junto a ustedes, pero eso no puede servir de máscara para que detrás de esta autonomía se esconda la corrupción, la incapacidad, la falta de gerencia, la malversación de recursos.

Que cada día haya mayor espacio para los jóvenes, hay

muchos sin cupo por allí, todo joven tiene derecho a una educación superior, universidades, institutos politécnicos, pedagógicos, escuelas técnicas y además educación de calidad.

Yo invito a todos los estudiantes universitarios de Venezuela a que iniciemos por dentro de las universidades un proceso revolucionario, moral, una revolución espiritual, ética, para poner las cosas en su sitio.

La universidad hay que transformarla porque es el centro de luces de este mundo nuestro, de allí deben surgir las mentes más brillantes, con mayor capacidad para la lucha por la transformación del país. Ustedes son un gran ejército, fórjense, así como se forja el acero. Prepárense, no sólo desde el punto de vista técnico o científico, sino humano, moral, ético, para luchar por los demás. Ustedes son los portadores de la antorcha bolivariana de la nueva Venezuela.

...Reconozco el esfuerzo de los dirigentes estudiantiles que luchan por la unidad del movimiento universitario, por su dignificación. Cuenten conmigo, porque quiero mirar en los próximos años un movimiento estudiantil unificado que luche, no siguiendo directrices de partidos políticos, que luche por los derechos del estudiantado, que aporte al desarrollo del país, que se incorporen por todas partes, como lo han venido haciendo. Allá, en la Universidad de Los Andes, me consta porque lo he visto, aquí en la Central, estudiantes junto a los soldados en el Plan Bolívar 2000, refaccionando su propia universidad, sus residencias estudiantiles. Vamos a seguir trabajando cada día más juntos por la educación, por la alfabetización, por elevar la dignidad de los niños, la atención de los niños de la calle que ahora son los niños de la Patria. Los estudiantes de Medicina los he visto en el Alto Orinoco, junto a los soldados y oficiales, junto a los médicos y a los indígenas.

Que los estudiantes de Economía no se dejen llevar por la corriente del neoliberalismo salvaje, que los estudiantes de ciencias busquen la razón de la ciencia útil para transformar la sociedad. La Sociología para interpretar los males de la sociedad y buscar su solución.

Vamos todos, llegó la hora del movimiento estudiantil».

(*Discurso pronunciado el* 21 *de noviembre de* 1999)

«Me considero un revolucionario»

«Yo estoy consciente de lo que soy, independientemente de que ande así, o con un fusil en la mano, o de que ande con un proyecto de la revolución proletaria o con un proyecto autogestionario, humanista, llámese como se llame. No es cuestión de llamarse o de pintarlo de colores o de vestirse de soldado. Es la esencia. Yo me considero un revolucionario. Ahora, que un revolucionario o un grupo de revolucionarios pueda hace la revolución en su tránsito tan corto, es otra cosa. Que ese revolucionario o ese grupo de revolucionarios pueda o puedan avanzar a una velocidad hacia un objetivo, o puedan incluso retroceder, aparentemente para buscar ese vado hacia el objetivo, es otra cosa. Se trata del eterno dilema entre estrategia y táctica».

El «chavizmo»

«Yo no quiero que se hable aquí de chavizmo. Yo soy el enemigo número uno del chavizmo o del caudillo. A mí se me ha dicho caudillo, Mesías. Desde la cárcel recuerdo que se me criticaba el mesianismo. Me preguntaba un periodista: «¿Usted se siente un Mesías, un caudillo?». O me decían: «Usted es un mito, una leyenda». Yo decía: No, yo no soy un mito. Ahora, si lo fuera, si en la calle hubiera un mito, yo soy el núcleo de verdad de ese mito tal cual decía Aristóteles: Todo mito tiene un núcleo de verdad. Entonces, el hombre que soy es el núcleo de verdad».

La toma de tierras

«Creo que aquí nació otra vez el sentimiento colectivo y el pueblo que estaba adormecido, ha tomado conciencia de su propio valor. El pueblo consciente y organizado –no anarquizado– es el único combustible de la máquina de la historia. Este fenómeno de las invasiones de tierras (que se dieron apenas llegado al gobierno) es un buen ejemplo. Los sectores pudientes quieren que mande las fuerzas armadas. Yo mismo he ido a hablar con ellos. Ya tenemos un plan para solucionar esos problemas de vivienda y de espacio, y no es difícil hacerlo. Ellos quieren contribuir, construyendo sus viviendas modestas, pero quieren tener un espacio para vivir, eso es lo que quieren.

Esas ocupaciones de tierras se han multiplicado. Yo acepto mi parte de responsabilidad. Se dice que el discurso de Chávez motiva eso. Si el discurso de Chávez motiva la justicia social o la lucha por ella, bienvenida sea esa lucha, y será motivo de orgullo. Y más aún, no utilizar las fuerzas armadas, más orgullo me da, porque hay que utilizar un liderazgo para solucionar problemas».

Varias revoluciones por hacer

«Hay una revolución ética, en el sentido de que los pueblos se organicen y salgan pacíficamente a clamar por algo y se sientan atendidos por un gobernante. Ahí hay un cambio ético. Se está rehaciendo el lazo que se rompió aquí. Eso es ya una revolución en lo ético, en el comportamiento de ambos sectores: la masa desheredada y el gobernante que se siente legítimo representante de esa masa.

Por otra parte, es una revolución social: justicia, igualdad, derechos humanos. Eso es en sí una revolución social. Eso de los niños en la calle, los miserables en los hospitales, los niños sin escuela. A mí en verdad me duele mucho eso. La revolución social es eso, cambiar los patrones de comportamientos de una sociedad, a la que hay que tocarle la llaga. Cada vez que hablo por televisión –ahora de presidente– voy a la esquina y les hablo a los venezolanos que viven mejor y les digo, aporten algo, den algo, somos cristianos, son católicos, somos seres humanos. Veamos por nuestros hermanos. Es decir, una revolución social cuyo objetivo es una situación de igualdad, de felicidad decía Bolívar, un gobierno que le dé felicidad y seguridad social a un pueblo. Esta revolución es mucho más difícil, pero teniendo la primera se facilita la segunda, la social.

Una revolución política a través del proceso constituyente. Una revolución política significa demoler las viejas estructuras políticas que están carcomidas; echar el edificio viejo abajo y construir uno nuevo. Eso es una revolución, un sistema político que sea democrático.

En lo económico también necesitamos una revolución económica. Un modelo económico humanista, autogestionario, endógeno fundamentalmente, que no se cierre al mundo pero que tenga su fuerza interna, que potencie su fuerza interna, que le satisfaga las necesidades básicas a la población, que sea un modelo equilibrado que le permita al hombre y a la mujer tener empleo, tener un buen salario, y vivir con dignidad.

Por eso, incluso, hablo de una revolución ideológica. Quitemos esos esquemas importados, esos modelos que trataron de centrarnos y que lo lograron, hasta cierto punto. Entonces, tenemos que sacar del fondo de nuestros tiempos, de nuestra historia, de nuestras raíces un planteamiento ideológico originario. Ahí también tiene que darse una revolución».

Somos antiexplotadores y antiimperialistas

«Para ser revolucionarios debemos enfrentar a los explotadores. Nuestro movimiento debe ser antiexplotador y antiimperialista. Hace un tiempo fuimos a las Malvinas, invitados por un grupo de militares retirados. Allí estuvimos tratando de rescatar, al menos en el discurso que dimos, el símbolo antiimperialista de la guerra de las Malvinas, en ese sentido de enfrentarse al imperio, a los dos imperios más grandes del mundo. Ése es un gesto que se puede reivindicar como antiimperialista, independientemente del gobierno que lo ordenó. A pesar de que los militares estaban gobernando con una guerra sucia, hay que rescatarlo como un hecho continental, universal: una guerra del tercer mundo contra el primero. Entonces, sí, para que un movimiento sea revolucionario, tiene que ser transformador, tiene que golpear a los poderosos».

La guerra política

«Clausewitz decía que la guerra es la continuación de la política por otros medios. Pero el binomio –si A igual a B, entonces B igual a A– se puede invertir. De la misma manera, la política es la continuación de la guerra por otros medios. En consecuencia, yo he calificado esto como una guerra política donde hay un campo de batalla. Los principios de la guerra política son básicamente idénticos a la guerra militar: hay una estrategia, una táctica y hay un combate, y ahí vamos a utilizar la ciencia de la política, que es muy parecida a la ciencia de la guerra.

...Me siento un combatiente en la guerra política. Queremos que sea una guerra política y social, también. Es una guerra ideológica que tiene partes de una guerra de clases. Aunque aquí en Venezuela prácticamente hay sólo dos clases sociales, una clase pudiente elitista y una inmensa masa; la clase media casi desapareció».

Marxismo y antimarxismo

«Yo no soy marxista, sencillamente porque para sentirse marxista o socialista o de cualquier «ismo», es necesario que uno conozca a fondo esa doctrina. No puede ser tomada a la ligera. ...Yo tengo amigos que fueron a la Unión Soviética, hicieron posgrados y son marxistas de raíz y de comportamiento. Yo no puedo decir que soy marxista; pero sí tengo algo de marxismo que uno seguramente nota en el discurso. Cualquiera que conozca el marxismo y compare mi discurso con mi acción, encontrará elementos del marxismo: lo dialéctico, por ejemplo. Ahora, no soy antimarxista porque nunca caí en ese juego de que el marxismo es el diablo, de que los comunistas o marxistas son enemigos de la democracia. Nunca, en mis días de soldado militar activo, ni siquiera en aquellos días que había subversión comunista. Yo más bien he dicho que soy amigo de los marxistas. Este proyecto no es marxista, pero incorpora elementos del marxismo. Los marxistas en Venezuela están en este proyecto, el Partido Comunista de Venezuela y muchos amigos que están en el partido.

...Tengo grandes elementos protestatarios, de justicia social, de lucha por la igualdad, contra la dominación, ¿eso es marxismo? Bueno. Como decía Fidel en Cuba, si eso lo llaman bolivarianismo, estoy de acuerdo. Si lo llaman marxismo, estoy de acuerdo, crisitianismo, estoy de acuerdo. Lo importante es estar allí en el centro de una lucha, si es marxismo o no es marxismo, no es lo que más me inquieta. Lo que sí me inquieta es que esa apreciación de la realidad, esos mecanismos de analizar realidades para inyectarlos a un proceso de transformación, estén ajustados a eso, que no sean utopía pura ni el Quijote contra los molinos de viento, sino que tengamos fundamentos objetivos, de análisis. Yo no niego el marxismo. Y comparto grandes teorías de las que conozco».

La radicalización

«Que me digan radical, revolucionario, ése soy yo, creo que hay que serlo. Y el que no lo sea, yo trato de convencerlo de que lo sea. En esta situación hay que ser bien radical y revolucionario, y no sólo en el pensar, sino también en el hacer, en el actuar. Y el movimiento debe resaltar eso.

...Somos un movimiento revolucionario, un movimiento popular a favor de la causa de los dominados de este país y de este planeta, a favor de la justicia, de la revolución.

...Sin una ideología, sin una inspiración doctrinaria, la revolución es como un cuerpo sin alma, es como la gasolina, es mover y llevar a un pueblo a hacerse matar por una idea, porque la ideología es un sistema de ideas.

...Lo revolucionario va mucho más allá de la declaración escrita o verbal. Aquí ya estamos cansados de oír eso de revolución; Betancourt y Caldera fueron llamados revolucionarios. Nosotros creemos que un movimiento para que sea revolucionario debe enfrentar toda la realidad, sin segmentar, tiene que transformar todo en profundidad, yo creo que eso es lo que le da carácter revolucionario. En ese sentido, yo en lo personal, y la mayoría del movimiento, estaremos atentos a no maquillar ni disfrazar la revolución».

La praxis

«No podemos esperar, a priori, tener todo claro para atacar, que es lo que estamos haciendo: una ofensiva. Estamos en tiempos de ofensivas, con todas las dudas y las zonas oscuras que ha habido, hay y seguirá habiendo.

...El centro de nuestra atención es lo que hemos llamado la metódica desde abajo. Organización del movimiento popular que anda disperso. En los últimos años se ha puesto en marcha una especie de dínamo social, un generador de poder social. Uno se monta en un taxi, se mete en un cerro, un cuartel, una iglesia, escucha a los evangélicos, gente de una empresa cualquiera, y en todos lados anda algo moviéndose, un poder. Disperso, eso sí. Si no logramos articular un sistema de conexión, como el que conecta un cable y va a un acumulador y acumular poder social, para ponerlo en marcha, una batería que prenda un bombillo, o el motor de un vehículo, o haga explotar una bomba, si no se logra ese poder articulado y organizado, pasaremos 500 años más de dominación, de infierno en infierno».

Democracias con hambre

«Ahora mueren millones de hambre en el mundo y es una hipocresía hablar de democracias con hambre. Es contra esa injusticia que actuamos cuando nos levantamos en armas y seguimos actuando ahora desde el gobierno. Contra la corrupción enquistada en el poder, una corrupción que para mantener sus privilegios pretendía usarnos para aplastar a la población».

Morir y vivir por la patria

«Alí Primera cantaba 'Los que mueren por la vida no pueden llamarse muertos'. O, como decía Walt Whitman: 'La muerte no existe'; cuando es grande no es muerte. A estas alturas de la vida creo ya en que la muerte no existe. Creo que el que da su vida por una causa noble, por sus semejantes, no muere, sino que pasa a formar parte de ese colectivo. Bolívar, por ejemplo, no ha muerto, anda por ahí en el sueño, en la mirada, en el recuerdo, en el corazón, en los libros, en las canciones de un pueblo, es decir, se hizo colectivo».

Alí Primera vive entre nosotros (en homenaje al fallecido trovador y revolucionario venezolano)

«Alí Primera, entiendo que éstos son pensamientos de Alí, sus canciones, huella de un nuevo tiempo. Oigan esto: 'Mi canción no es por una miseria del hombre, sino por una riqueza solidaria, espiritual del pueblo'. ¡Qué falta me haces Alí!, a pesar de que como tú cantaste, 'los que mueren por la vida no pueden llamarse muertos'. La canción te nace como a los hijos –dice Alí– y es difícil que todos los hijos tengan todos los ojos iguales. Si no sirve mi canción para que se encienda tu alma, quema entonces mi guitarra, pero que crezca la llama. Ésa es la canción que se llama Adiós en dolor mayor. Canción en dolor mayor... Pero que crezca la llama, la llama de la vida, la llama de la patria, la llama de la felicidad. ¡Que Dios bendiga para siempre a Alí Primera! ¡Cómo nos dio vida!

Recuerdo: de subteniente andaba yo y una vez un capitán de ésos de Inteligencia que andaban pendiente de la subversión se me cruzó. Yo ya andaba encendido y me compré, con uno de los primeros cheques de mi chequera que emití, unos libros y un reproductor portátil de pila, cuando tenía guardia en el Batallón de Cazadores Cedeño, en Barinas. Andaba por la cuadra de la tropa, en el bosque, en el campo deportivo, pasando revista de campaña con aquel reproductor a full volumen con canciones de Alí Primera. Entonces un capitán me llama: ¿Teniente, usted es loco, por qué anda con esa música aquí? Bueno ésa es música venezolana y usted no puede prohibirme que yo la escuche, así como usted oye, qué se yo, la romántica. Pero era un lío con aquel capitán que después terminamos en grandes amigos, después de eso se convirtió en una discusión. El capitán me llamaba en la noche, era de Inteligencia, entonces me preguntaba cosas, tratando de descifrarme. Él me quería prohibir que escuchara a Alí, canciones como Juanita la lavandera: Juanita la lavandera lavaba en venezolano. Todas esas canciones, los soldados las oían y hablábamos con ellos. Terminamos discutiendo entonces sobre la vida, la música, sobre la poesía, y aquel capitán terminó siendo uno de mis grandes amigos, como lo sigue siendo hoy que ya es coronel retirado. Alí Primera, su canto, su ejemplo, siempre nos acompañan».

Nosotros y ellos

«No, no somos violentos. Defendemos el patrimonio cultural, los recursos naturales y el sistema productivo del país. No creo que eso sea violento. Sí requiere de honestidad y decisión porque es un desafío. Yo no estoy llevando una antorcha, una tea para incendiar. El incendio ya está con la situación que se vive y por eso tratamos de buscar un camino, no queremos, ninguno de nosotros, que el país se incendie porque amamos a nuestra tierra. Los que quieren incendiarla son otros, a los que no les importa ni la voluntad del pueblo venezolano ni su suerte».

Los referentes históricos

«En estos tiempos, cuando un militar se dice admirador de Bolívar es sospechoso. También duele que no se recuerde la otra historia de los militares en América Latina, no la de los dictadores sino de quienes siguieron el ideal del uruguayo José Gervasio Artigas, del argentino José de San Martín, del panameño Omar Torrijos, del peruano Velasco o del dominicano Francisco Caamaño Deñó. A estos militares los quieren sepultar en el olvido porque son buenos ejemplos para los pueblos».

La difamación

«Hay que decirle al mundo y con mucha claridad lo que aquí está pasando, porque se está tratando de levantar a nivel internacional lo que se conoce como una matriz de opinión, comparando a Venezuela, bueno, con un mundo de salvajes, tratando de decirle al mundo que la ANC es una horda de primitivos, que el presidente Chávez sería una especie de Mussolini, de Hitler, y que tiene aquí 131 subordinados absolutos, que van a cumplir o a hacer lo que él mande. Incluso, algunos medios de prensa internacional dan tristeza, de verdad, y así lo digo, pero es bueno, yo voy a salir al frente. Denuncio una campaña internacional contra Venezuela, lo denuncio y estoy dispuesto a ir a cualquier escenario mundial para enfrentarla, y asumo mi responsabilidad. Comenzaré una cruzada por el mundo para desmentir esta campaña salvaje contra este país y, especialmente, contra el pueblo, contra un pueblo noble, hermoso, contra un pueblo luchador, contra un pueblo que merece respeto de todo el mundo, como respetamos a cualquiera de los pueblos hermanos del mundo, como respetamos la libertad de expresión, abogamos por la libertad de pensamiento, abogamos por la inteligencia, le damos vivas a la integración y a la hermandad, pero no podemos aceptar que le falten el respeto al pueblo venezolano, porque si algo merece respeto, reconocimiento por lo que ha venido haciendo, con paciencia, con sabiduría, aguantando un sufrimiento muy grande, es este pueblo nuestro que está allá afuera. Pues hay que salir en defensa del pueblo venezolano».

Los medios

«Yo entonces invito a que nos juntemos todos y le hagamos una invitación por la verdad a los medios de comunicación, y defiendo a mi pueblo, que se transmita al mundo la verdad de lo que aquí está ocurriendo, porque hay emisarios que vienen aquí, y colocan después en un informe de cincuenta mil mentiras, 'enviados especiales desde Caracas'. Están transmitiendo al mundo horrorosas mentiras, que desdicen de este tiempo que está naciendo. Si algo se requiere en el mundo es justicia y que impere la verdad sea cual fuere».

Sobre Vargas Llosa (a propósito de su artículo *El suicidio de una Nación*)

«Escritores latinoamericanos a quienes respetamos, a quienes hemos analizado y leído durante años, se están prestando entonces a un infundio, a una mentira. Sería bueno que alguien se aparezca de frente, con la misma altura a decirle, señor, usted está equivocado, el del suicidio no es el pueblo venezolano, el que se suicidó fue un viejo tiempo de corruptelas. Ahí sí está el suicidio, no el suicidio de un pueblo, de una nación libre, soberana, independiente. Creo que es una obligación, tendremos que ponernos de frente al mundo».

Derechos humanos, derechos de todos

«Igual desde el punto de vista ético, el gobierno que yo tengo el honor de presidir lo ha manifestado a nivel nacional y a nivel internacional. Lo hemos manifestado y lo estamos practicando, me refiero al respeto a los derechos humanos. Derechos tan violados en Venezuela en los últimos años y que todavía se siguen violando muchos de ellos. Porque un niño que esté en la calle se le están violando sus derechos. Una familia sin vivienda, sin atención médica, se le están violando sus derechos, pero nosotros hemos dado demostraciones claras, reconózcanlo aquéllos a los que les cuesta, afortunadamente es una minoría, reconocer las evidencias. Reconózcanlo. Hay algunos ejemplos de que este gobierno nuestro vino con la más alta intención de respetar los derechos humanos, por ejemplo el mismo caso de los invasores (de tierras), yo lo he dicho, nosotros no utilizaremos las Fuerzas Armadas para reprimir a la población. No lo haremos. Con liderazgo, con conversación donde han participado también los militares, gobernadores, dirigentes políticos, hemos venido solucionando esos problemas que son, en el fondo, un problema de derechos humanos, son un problema de dignidad. No son un problema de orden público.

No. Algunas veces tienen manifestación en el orden público, pero en el fondo son problemas o es un problema cuya causa es la violación flagrante de los derechos humanos de los venezolanos. En ese sentido, pues, nosotros vamos a establecer y vamos a continuar avanzando con mucha fuerza en esa dirección: el restablecimiento del estado de derecho y el respeto a los derechos humanos. Bueno, incluso a nivel internacional, por allí algunos sectores internacionales y algunos también aquí lanzaron algunas críticas que yo las leo con atención, créanme que yo las leo con atención y trato de buscarles razón. El caso aquel de la carta a Carlos Illich Ramírez, venezolano que, como sabemos, está en Francia. Está preso. Pero tiene derechos humanos. El derecho a la comunicación es uno de los derechos humanos fundamentales. Yo estuve preso dos años y tantos, y hay que ver lo que a un preso le alegra, le motiva, que le respondan una carta, que un preso le mande una carta a alguien al otro lado del mundo y ese alguien le responda. O ahí en la esquina, ¡qué terrible es estar preso y no recibir nada! Es estar como doblemente preso. Pues el caso de Carlos Illich Ramírez es un caso donde nosotros lo que hacemos es reconocer ese derecho humano y comienza reconociéndolo el Presidente de la República, dígase lo que se diga, que si Chávez le escribió a El Chacal; que Chávez es terrorista. ¡Qué terrorista voy a ser yo! Lo que hice fue responder una carta a un compatriota que está en prisión. El papa Juan Pablo II le echó la bendición, y no solamente eso, fue a visitar a la cárcel a aquel joven que le dio no sé cuántos tiros y que casi lo mata. ¿Podemos decir que el papa Juan Pablo II es un terrorista, un asesino? No. Es un ser humano, magnánimo, es una cuestión de humanidad, hay que quitarse las caretas, el cinismo hay que echarlo a un lado, son derechos humanos fundamentales de todos los seres humanos sea cual sea ese ser humano y la condición en la que esté».

La presencia de Bolívar (del discurso de asunción del cargo)

«Decía yo, con esa certeza de que este día iba a llegar aquí en este escenario, 2 de febrero 1999, yo le dije al pueblo venezolano de muchas maneras y en muchos lugares que iba a comenzar mi discurso de hoy al asumir la Presidencia de Venezuela por mandato del pueblo venezolano y por el favor de

Dios también, que iba a comenzar con esa frase; he comenzado estas palabras con esa frase y yo la voy a repetir, permítanme: «Dichoso el ciudadano que bajo el escudo de las armas de su mando, convoca la soberanía nacional para que ejerza su voluntad absoluta».

Ahora ¿por qué esa frase? ¿De dónde viene esa frase? ¿Por qué Bolívar? No se trata de una repetición meramente protocolar y rebuscada de cualquier frase de Bolívar, por hablar de Bolívar, como recuerdo que una vez hizo un soldado de mi pelotón de tanques hace varios años y tenía él que hacer todos los días la orden a la compañía, y todos los días él, que era su riel, estaba en la obligación de comenzar la orden escrita con un pensamiento del Libertador para leerlo en el patio; y tenía un libro para tomar los pensamientos y escoger cualquiera de ellos. Un día el libro se le perdió y entonces el cabo, cuando estábamos a punto de formar la tropa para leer la orden rigurosamente, él inventó un pensamiento: 'Cuidemos los árboles que son la vida'. Simón Bolívar. No se trata de eso, de rebuscar frases y traerlas aquí al Congreso de la República para decirlas delante del país y del mundo. No. Se trata más bien de darle razón a Pablo Neruda, ese grande de nosotros, de los nuestros, cuando cantándole a Bolívar dijo: 'Es que despierta cada cien años, cuando despiertan los pueblos'. Se trata de reconocerle razón al grande de nosotros que fue Miguel Ángel Asturias cuando dijo cantándole a Bolívar: 'Los hombres como tu Libertador no mueren Capitán, sino que cierran los ojos y se quedan velando'; es reconocerle razón al indio Chocaguanca cuando le cantó a Bolívar y le dijo: 'Tu gloria crecerá con el tiempo como crece la sombra cuando el sol declina'. O es reconocerle razón a José Martí, presidente Castro cuando dijo: 'Ahora es cuando Bolívar tiene que hacer en América todavía, porque lo que no hizo él está sin hacer todavía'.

No es entonces mera retórica nuestra bolivarianidad. No. Es una necesidad imperiosa para todos los venezolanos, para todos los latinoamericanos y los caribeños fundamentalmente, rebuscar atrás, rebuscar en las llaves o en las raíces de nuestra propia existencia, la fórmula para salir de este laberinto, terrible laberinto en que estamos todos, de una o de otra manera. Es tratar de armarnos de una visión jánica necesaria hoy, aquella visión del dios mitológico Jano, quien tenía una cara hacia el pasado y otra cara hacia el futuro. Así estamos los venezolanos de hoy, tenemos que mirar el pasado para tratar de desentrañar los misterios del futuro, de resolver las fórmulas para solucionar el gran drama venezolano de hoy. Y mirando hacia el pasado en este día crucial para la República, para la nación, para la historia venezolana; en este día, que no es un día más; en esta transmisión de mando presidencial que no es una transmisión de mando presidencial más. No, es la primera transmisión de mando de una época nueva. Es el abrir la puerta hacia una nueva existencia nacional; tiene que ser así. Es obligatorio que sea así».

Soberanía y cultura

«Para nosotros, soberanía es un concepto integral, la concebimos no solamente como un concepto de nación individual, como un escudo armado hasta los dientes protegiendo su tierra, su mar, su aire: la soberanía tiene muchas facetas de las cuales la soberanía del pueblo es la más importante; el pueblo es el dueño de la soberanía, ahí lo tenemos en la Asamblea Constituyente. Partiendo de la soberanía nacional, vemos una mayor, una especie de confederación de repúblicas.

En cuanto a la cultura, para mí es la esencia de un pueblo, la cultura para un pueblo es como el agua para un río. Es la esencia, decía, es la raíz de un pueblo. Un pueblo sin su cultura abonada es como un árbol sin raíz».

Epílogo
Sacar fuerzas de la tragedia para seguir construyendo la victoria

Cuando todavía miles de personas se hallaban –el 15 de diciembre del anterior milenio– en las calles de Caracas festejando el triunfo del SÍ a la nueva Constitución Bolivariana, las radios comenzaron a dar cuenta del estado de emergencia en que se hallaban numerosos barrios de la capital y de otras localidades del país, producto de las intensas lluvias que habían comenzado 24 horas antes. Los venezolanos están acostumbrados a este tipo de precipitaciones tropicales, y también a verdaderos diluvios que acontecen de un momento para otro pero esta vez el fenómeno era distinto. Los partes de los institutos especializados empezaban a difundir situaciones realmente incontrolables, sobre todo en zonas ligadas al monte Ávila, a cuyos pies se ha construido la ciudad, y también en las zonas costeras. Las lluvias habían puesto en marcha verdaderas avalanchas de lodo y éste, como si fuera lava bajando de un volcán, había empezado a arrasar todo lo que se ponía a su paso.

Barrios enteros como Maiquetía, El Limón, La Ceiba, Gramoven, se convirtieron enseguida en zona de catástrofe. El puerto de La Guaira fue arrasado por el vendaval, mientras en el resto del Estado de Vargas, desaparecían playas y carreteras, convirtiéndose gran parte de la zona en un montón de escombros. Lo mismo ocurría en la zona del aeropuerto y todos los vuelos debían ser suspendidos produciéndose una situación de caos generalizado.

Parecía mentira que un día de alegría popular se convirtiera en semejante pandemónium de horror y dolor. Pero una vez que las autoridades se convencieron de que estaban frente a una catástrofe de grandes dimensiones, se puso en marcha un operativo de socorro que con el correr de las horas demostró un alto grado de eficacia. El Presidente en persona movilizó al conjunto de las Fuerzas Armadas y, junto a miles de voluntarios surgidos de todas las capas de la población, empezaron a prestar auxilio a las víctimas de las inundaciones que se contaban por millares. El país entero se puso de pie como en sus horas más graves y de los rincones más inimaginables surgieron gestos concretos de solidaridad para tratar de auxiliar al vecino al que el agua le había llevado todas sus pertenencias, o a decenas de familias que apretujadas en los techos de sus casas esperaban ser rescatadas del vendaval.

Todos los cuarteles militares fueron convertidos inmediatamente en lugares de acogida para los desplazados, y al emblemático Fuerte Tiuna comenzaron a llegar centenares de personas sin más pertenencias que la ropa que tenían puesta en el momento de la avalancha de agua, piedras y barro.

Con el correr de los días, pudo tenerse una dimensión más ajustada de la magnitud del desastre y también se empezó a tomar conciencia de algo que estaba escrito en la vieja historia del país, la de los últimos 40 años de corrupción y desprecio hacia los más humildes. Miles de casas habían sido construidas de manera precaria en lugares inhabitables, en lechos de ríos, en quebradas obturadas, en declives peligrosos apropiados para ser arrasados por las aguas. La ambición por llegar al poder y el clientelismo de los dos partidos tradicionales –felizmente derrotados en diciembre de 1998– habían concedido terrenos, otorgado licencias y falsificado permisos para conformar a un pueblo ávido de un techo más o menos estable. Se había utilizado la desgracia popular para obtener votos de cualquier manera, al precio de la propia vida de los que se creían afortunados. Esta vez la Naturaleza volvió a buscar lo que le pertenecía y los ríos inundaron sus territorios naturales convirtiendo en pantanos lo que antes era pura vida.

Lo cierto es que me da la impresión de que pese a las noticias es imposible que la gente se dé cuenta de lo que realmente ha sucedido aquí. Yo por lo menos *–cuenta el refugiado político vasco* Arturo *Cubillas, en una carta enviada al autor durante aquellos aciagos días de diciembre–* nunca me hubiera imaginado una catástrofe de tales magnitudes si no la hubiera vivido.

Las cifras siempre son frías, se habla de más de 25.000 muertos, miles de desaparecidos y cientos de miles de damnificados. Pero quizás lo más grave (haciendo una lectura hoy y dejando de lado cualquier tipo de análisis sobre la propia tragedia en sí, lo cual es realmente difícil) es la situación en que ha quedado el país en general.

Da rabia ver cómo cuando un pueblo le está echando realmente bolas a salir de un abismo, la Naturaleza se encarga de poner las cosas no en el punto de partida, sino 200 pasos más atrás. Es jodido hacer este tipo de valoraciones ante una situación así y uno debe dejar claro que realmente lo que ha llovido no sólo esta semana sino durante todo el año ha sido una pasada (yo en diez años que llevo aquí nunca había visto llover tanto), pero a uno le asalta una gran duda y es si realmente será la Naturaleza la «culpable» de esta situación, o no será una consecuencia clara y directa de 40 años de asalto y pillaje del país por parte de una clase política podrida y corrupta. Evidentemente, siempre las clases populares pagan estas situaciones, pero aquí el drama es otro. No son los pobres en general quienes han sufrido este desastre, sino las familias que cayeron en políticas electoralistas de la clase política tradicional y aceptaron casas (y ellos mismos construyeron muchas) en terrenos por donde pasaban quebradas y ríos, zonas que eran un peligro eminente, pero que fueron pobladas como si se estuviera repartiendo un panfleto electoral en cualquier campaña política. Para que te hagas una idea, en Petare no ha pasado nada (comparando con lo sucedido en otros barrios de Caracas), las lluvias no han pasado de tumbar algún tejado y medio inundar alguna casa. Eso es una muestra clara de que no sólo la construcción, sino la ubicación de estos barrios ha sido una causa determinante de la tragedia. Un caso latente y dramático es el del barrio El Limón que fue literalmente barrido por una quebrada, este barrio fue construido respondiendo a una promesa electoral de Carlos Andrés Pérez. Eso, dejaría claro que gran parte de esta tragedia tiene nombres y apellidos.

El caso de Vargas (la zona del aeropuerto) puede ser especial ya que dadas las magnitudes del desastre está claro que se han unido muchos factores, pero el factor clave y común a todos los casos ha sido la ubicación de los barrios, el taponamiento de las quebradas para responder a necesidades urbanísticas, etc.

Creo que el mayor alarde de dignidad que ha hecho Chávez es asumir (por ahora) este desastre como una «vaina de la naturaleza» aunque ya ha lanzado sus dos comentarios.

Por otro lado la situación hubiera sido mucho más caótica si esto sucede dos años antes. La presencia de Chávez en la presidencia ha permitido una mayor colaboración entre civiles y militares y una mayor colaboración de la gente, la cual se ha volcado. En el Fondo de Fortalecimiento Social es impresionante ver día y noche a cientos de voluntarios esperando para ver a dónde les mandan a currar o decenas de carros llevar ropa, alimentos, medicinas... a cualquier hora del día o de la noche. Por todo el país se han multiplicado los centros de acopio o de refugio para la gente. Por otro lado el Gobierno ha implementado un plan mediante el cual se trasladará a todos los damnificados a los diferentes cuarteles del país y sobre todo a Fuerte Tiuna (Caracas); por ello miles de soldados de reemplazo han sido dados de baja y a otros se les otorgó permiso. En cada batallón se instalarán 300 damnificados e incluso dentro de los barracones se están construyendo tabiques para separar a las familias y que puedan tener cierta intimidad y lo más importante es que se sientan en una situación un poco más «normal» sin que esa sensación de hacinamiento les provoque más angustia. Eso, digan lo que digan, no es populismo barato, es una de las mayores demostraciones de una política humanista y dignificadora del ser humano.

Mi compañera y yo estuvimos tres días currando en un centro de acogida de damnificados en el «23 de Enero». Las experiencias fueron numerosas y casi todas reconfortadoras, dentro de la situación que se veía. La organización de la comunidad, la entrega a los damnificados, la relación con los militares... El último día sucedió algo curioso ya que a la gente le comunicaron que el centro se cerraba y los militares se llevaban todo lo que había allí para Fuerte Tiuna. La gente se «arrechó» y no entendía qué coño pasaba para que hicieran eso (lo cierto es que el militar que estaba en ese momento a cargo era un cerrado), al rato llegó un capitán y explicó a la gente los motivos de esa decisión, de cómo el gobierno había decidido agrupar a los damnificados de Caracas y Vargas en Fuerte Tiuna para desde allí realizar un censo y trasladarlos a otras zonas del país. La idea es aprovechar el denominado Plan Zamora que consiste en descongestionar Caracas y repoblar el interior del país. Este plan era uno de los ejes de la campaña de Chávez y lamentablemente ha sido esta catástrofe la que ha hecho que sea necesario agilizar la puesta en marcha de este plan.

La tarea es difícil y lo cierto es que esto es una gran piedra en el camino que Chávez había iniciado para la reconstrucción del país, pero estoy seguro de que Venezuela saldrá adelante, ganas no faltan. De aquí habrá que aprovechar las pocas cosas positivas que se pueda (ante tanta tragedia) como el nivel de colaboración, solidaridad y organización comunitaria logrados. Eso es parte del camino necesario recorrer para superar, no ésta, sino la situación en la que los Carlos Andrés Pérez, Lusinchi, Caldera... habían sumergido al país .

Suyo es el pasado, el futuro es nuestro.

Pese a encontrarse ante la peor catástrofe de la historia venezolana el gobierno no perdió el control de la situación. Licenció a miles de soldados para que pasaran a formar parte del voluntariado que recorría las zonas más afectadas procurando rápidas evacuaciones. Desde el principio, Chávez visitó personalmente a los desplazados y junto con sus colaboradores del Fondo de Fortalecimiento Social se dieron a la tarea de explicar la nueva situación que había que afrontar. Es decir, aprovechar la desgracia climatológica para convertirla en un paso hacia delante, aplicando de manera inmediata la filosofía del Plan Zamora 2000, que habla de descentralizar el país hacia zonas hasta ahora despobladas pero con garantías de habitabilidad y productividad. Los primeros evacuados llegaron así al Fuerte Guaicaipuro, donde después de permanecer unos meses les serán concedidos terrenos pertenecientes al ejército y que a partir de ahora pasan a manos de los ciudadanos. Con ayuda de empresas privadas se facilitarían todos los materiales para que sea la propia gente la que construya sus nuevas viviendas en lugares seguros.

Dentro de esta misma política se inauguró Pueblo Gurí, en el Estado Bolívar, donde 1.200 personas encontrarían su asentamiento definitivo tras la construcción inmediata de 264 apartamentos.

El gobierno bolivariano no procedió de manera populista sino con planes concretos de emergencia que aseguran soluciones firmes para el futuro. Obviamente, cuando se produjo el primer contacto con la población en los centros de evacuados, surgieron –entre esos cientos y miles de afectados que habían perdido completamente sus escasas pertenencias– todo tipo de dudas y quejas. En principio, la mayoría entendía que no podía regresar a donde de manera irregular habían levantado sus viviendas, pero en algunos casos rehusaban ser trasladados a otra parte del territorio que no conocían. Fue un trabajo de paciencia y convencimiento, en el que funcionarios del gobierno y voluntarios daban cuenta de la relación de conveniencia que significaba para cada uno de los evacuados el traslado ofrecido.

Cuando todavía no habían pasado dos semanas del alud, Chávez anunció que serían entregadas 6.000 viviendas para los damnificados. Señaló también que «esto no es improvisación» sino un plan firme que además comprendía expropiación urgente de latifundios para ser entregados a ciudadanos que los necesitaban. «Yo no puedo entender cómo hay gente que tienen kilómetros y kilómetros de tierra improductiva, y que ante esta circunstancia dramática de nuestro pueblo no salen ellos mismos a ofrecerlas. Pero como no lo hacen, los vamos a expropiar para que estas tierras empiecen a servir para algo muy concreto».

Evidentemente, Venezuela está viviendo nuevos tiempos. En pocos días empezaron a florecer cientos de soluciones de alojamiento para calmar el dolor de la población. En Maturín, Calabozo, El Sombrero, Maracay, Valencia, San Felipe, Barcelona, San Juan de los Morros, Barinas, Acaragua y Zulia, se levantaron viviendas, se consiguieron terrenos y miles de brazos aportaron su esfuerzo para reconstruir lo que el agua había convertido en fango.

Además, desde el Ministerio de Educación se anunciaban medidas extremas para que los alumnos no perdieran el curso escolar, y se habilitaban nuevas «escuelas bolivarianas», en las que miles de niños tenían asegurado, en tan tremendas circunstancias, sus dos raciones de comida diaria.

En cuanto a la solidaridad internacional, como siempre ocurre, fue Cuba uno de los primeros países que no dudó en poner toda su capacidad médica al servicio del pueblo hermano. Fidel Castro ordenó que se instalara un puente aéreo permanente y centenares de médicos cubanos se instalaron en las zonas de catástrofe, como ya lo habían hecho en ocasión del *Mitch*, en Honduras, Guatemala y Nicaragua. El resto del esfuerzo solidario llegó de América Latina, mientras que en Europa, si bien hubo algunas ONGs que se plantearon colaborar con víveres y dinero, otras –ligadas a las directrices que emanan desde los propios gobiernos– hicieron mutis por el foro. Venezuela bolivariana no es la Nicaragua de Alemán, y desde Washington se insinuó una política de bajo perfil en las ayudas, que se cumplió sin rechistar.

El orgullo de ser venezolano

En un momento de reflexión, después de las duras jornadas que hemos vivido y en las que hemos trabajado incansablemente; sentado en el sillón de la casa, con los pies doloridos por el constante trajinar de aquí para allá, la mente aturdida de escuchar tanto bullicio, tanto grito, tantas órdenes, tanto bululú... el corazón en un puño, constreñido de dolor y de lágrimas pegado al televisor viendo la magnitud del desastre, pues en los centros de damnificados oímos y sentimos lo que nos cuentan pero no tenemos imágenes, intento darle una explicación lógica que impida que la mente se destruya; ante tanta información reflexiono acerca de la tragedia que nos ha arropado y se ha hecho tan nuestra como el joropo o la harina pan...

Es *que esas edificaciones nunca se debieron permitir... es que no se puede construir en cualquier lado... es que todo lo que le quitas a la naturaleza, un día te lo cobra...*

Y surge una pregunta: ¿Por qué ahora?

Ahora que queremos construir una nueva República, justo el día en que aprobamos la nueva Constitución, ahora que las cosas están cambiando hacia un nuevo orden...

Y las preguntas se agolpan en la mente sin poder comprender aún. Y de repente, casi como una inspiración divina se me prendió el bombillo y llegó una idea tomada de lo que siempre decimos en los talleres:

¡Epa!, la crisis es peligro, pero también es una oportunidad. Y ahí comienza a cambiar de color todo el panorama: es cierto, ha sido una desgracia, pero también es una gran oportunidad para terminar una serie de edificaciones en sitios inapropiados, para descentralizar las ciudades y crear nuevas poblaciones en el interior, para construir la nueva República que queremos y soñamos. Es la oportunidad de oro para hacer de nuevo lo que siempre tuvo que haber sido distinto. Lo malo es que tuvo que ser por encima de miles de compatriotas que perdieron sus vidas, muchas de ellas inocentes del desbarajuste provocado por estos años en que hemos vivido el «inconsciente colectivo». Ahora lo que nos queda es trabajar, organizarnos y lograr la felicidad que produce una sociedad nueva. Hemos demostrado que somos un pueblo altamente solidario, somos un pueblo que no se cansa de serlo, somos un pueblo altamente amoroso, somos un pueblo espectacular. Ante situaciones como éstas me siento orgulloso de ser venezolano.

He vivido en carne propia lo que significa esa solidaridad, ese amor, ese hermanarnos.

Desaparecieron las divisiones entre los «a favor» y los «en contra», apareció una nueva categoría y es la de «los dolientes» y ahí entramos todos y de esta categoría todos somos parte.

Definitivamente es un orgullo ser venezolano.

(*Roberto Rodríguez, ex sacerdote y miembro del* Fondo de Fortalecimiento Social, *de Venezuela*)

Frente a una tragedia de dimensiones gigantescas –donde las cifras más seguras hablan de 40.000 víctimas– el país, esa gran masa de población que respalda a un gobierno que consideran fruto del esfuerzo común, no cedió ni un palmo en la batalla contra el escepticismo y finalmente no bajó los brazos. La premonitoria frase de Chávez sobre el futuro latinoamericano: O *salimos todos o nos hundimos todos*, se aplicó a rajatabla para esta contingencia. Pero no todos funcionaron con este espíritu positivo. Por un lado, como siempre ocurre en este tipo de situaciones, algunos sujetos se lanzaron a saquear viviendas destruidas y obligaron a que se decretase toque de queda en ciertas poblaciones. Y por otra parte, la oposición al gobierno no perdió la oportunidad de volver a la carga. Hubo de todo. Ciertos jerarcas eclesiásticos clamaron al cielo acusando a Chávez de ser el culpable de «este castigo divino». En realidad, la historia se repetía. Cuando en 1812, en pleno desarrollo de la lucha revolucionaria por la independencia, un terremoto sacudió al país, produciéndose innumerables destrozos y víctimas, el clero salió a explicarle a la población que el terremoto era «la acción del enojo de Dios por estar apoyando a los revolucionarios». El joven Simón Bolívar no se quedó callado en esa oportunidad y dijo su famosa frase: «Si se opone la Naturaleza, lucharemos con ella y haremos que nos obedezca». Casi un siglo después, la vena reaccionaria de algunos sacerdotes liderados por el obispo de Caracas, volvía a cometer perjurio.

Desde otro frente similar, algunos medios de comunicación cargaron la romana señalando que la imprevisión y «el afán de reunir muchos más votos» por parte del gobierno, eran los culpables de que la población no hubiera tomado medidas preventivas frente a lo que se venía. Se llegó incluso a decir por una radio privada que las autoridades conocían las dimensiones del aluvión mucho antes que sucediera y lo ocultaron a la población para que no dejara de ir a votar el día 15. Tanta morralla y miserabilidad recibió una dura contestación por parte de la población que no entró en el juego al que le querían conducir. Y fue, otra vez, el propio Presidente quien debió salir a responder a esos enemigos de siempre que no se resignan a reconocer que ya no tienen nada que ver con la nueva historia que está forjando, entre el dolor y la esperanza, el pueblo venezolano.

«En los últimos días –dijo Chávez– la solidaridad es el sentimiento que cabalga en lo más profundo de nuestra alma, y las víctimas de esta tragedia esperan que este sentimiento se quede con nosotros para siempre. Son miles de personas que han sido golpeadas fuertemente por esta devastadora acción de la naturaleza. Actualmente no queda rincón de nuestra Patria que no haya llorado por el dolor de nuestros compatriotas. La solidaridad nos hará grandes, y si la empleamos sin mezquindad ni discriminación podremos decir mañana que nuestra vida algún día tuvo sentido. Dios perdona siempre, el hombre perdona a veces, la Naturaleza nunca perdona. Nunca falta la despiadada y satánica acción de los tradicionales sembradores de miseria que mal tenemos en nuestra Patria. Los ignorantes de profesión con su poca bondad y excesivo odio al prójimo cometen los más terribles actos de maldad. Muchos, detrás de su investidura de *Monseñor*, proclaman a los cuatro vientos que lo ocurrido en Venezuela es culpa del presidente Chávez o del mismo Dios. Dios es misericordioso y no asesina niños, mujeres y hombres. La Naturaleza está cargada para darnos vida con su inmensa belleza, pero muchas veces reclama lo suyo con toda su fuerza. Los seguidores de lo negativo se olvidan por completo del dolor ajeno y comandan saqueos, violaciones y cuanta maldad puedan seguirle sumando a este golpeado pueblo. No son momentos para polemizar con nadie, pero nos duele, como cristianos, ver curas sembrando el terror en lugar de dar esperanzas. Ahora abundan los expertos en catástrofes diciendo que esto se pudo prevenir. Tampoco faltan los criticones de oficio, desacreditando la noble labor que hacen hombres y mujeres con su voluntario esfuerzo, ayudando a suavizar la actual crisis. Esos mismos criticones y militantes del propio demonio, muchos de los cuales se esconden debajo de la sotana, ejercen su maldad bajo las sombras, disfrazados de bondadosos e inocentes y debemos estar atentos a ellos. Esto lo escribe alguien que quizás los perdone, Dios los ha perdonado siempre, pero será la Naturaleza quien se encargue de cobrarles todo el daño que nos han causado. Por el momento, en nombre de las víctimas, pedimos el más implacable de los castigos para todo aquél que valiéndose del dolor ajeno comete sus acostumbrados actos de maldad. Nos queda la vida, nuestra misión en esta tierra no ha terminado. Vamos a seguir superando adversidades y a luchar por hacer realidad todos nuestros sueños, a pesar de todo, aún es tiempo de tener esperanzas, ¡ahora es cuando queda camino por recorrer juntos!».

Así es la nueva Venezuela, donde cada uno de sus ciudadanos logró sacar fuerzas de la propia adversidad y puso sobre la superficie lo mejor de sí para tratar que la tragedia no estropeara los sueños por obtener un país mejor. Contra todo y contra todos. Rompiendo con los moldes que se le habían impuesto como algo casi natural, ejerciendo la voluntad soberana de intentar –en un mundo globalizado y uniformado– ser lo más parecidos a lo que soñaron Simón Bolívar, Simón Rodríguez y Ezequiel Zamora. Recobrar su propia identidad y su memoria histórica. No, no se trata de un imposible y eso es lo que más le duele a los enemigos del actual proceso revolucionario. Consiste precisamente en recuperar todo lo que había sido expropiado por las políticas devastadoras que soportó la nación. Desde la cultura hasta la soberanía, desde una economía distributiva hasta los lazos más estrechos de solidaridad social.

La «Patria buena» de Alí Primera y Fabricio Ojeda está iluminando el futuro de una América unida que se haga cargo de su propio destino. Un territorio que alguna vez pueda llegar a romper las cadenas impuestas desde el Norte, y gritar, como ahora en Cuba y Venezuela: Sólo el pueblo salvará al pueblo. O *nos unimos o nos hundimos todos juntos*.

Bibliografía consultada

Del Moncada a Chiapas. Historia de la lucha armada en América Latina, por Daniel Pereyra, Ed. Los Libros de la Catarata, Madrid 1995.

Guerrilla y conspiración militar en Venezuela, por Alberto Garrido, Fondo Editor Nacional, José Agustín Catalá Editor, Venezuela 1999.

Habla el Comandante, por Agustín Blanco Muñoz, Cátedra Pío Tamayo, UCV, Venezuela, 1998.

Ensayos sobre América Latina, por Regis Debray, Ediciones Era, México 1998.

La rebelión de los ángeles, por Ángela Zago, Warp Ediciones, Venezuela, 1998.

Hugo Chávez: con Bolívar y el pueblo, por Heinz Dieterich, Editorial 21, Buenos Aires, 1999.

Simón Bolívar. Ideario político, Ediciones Centauro, Venezuela, 1981.

La patria es América, por Simón Bolívar, Editorial Lealón, Venezuela, 1994.

Simón Bolívar, textos, Ediciones Centauro, Venezuela 1980.

Cronología de un pueblo que está en el poder con su Comandante, por Eli Brett Calatayud, Edición del autor, Venezuela 1999.

Rebeliones, por Pablo Medina, Edición del autor, Venezuela 1999.

Guerrilla y política. Curso de acción en Venezuela, por Luigi Valsalice, Ed. Pleamar, Argentina, 1974.

Situación de los derechos humanos en Venezuela, Informe anual (1996-1997-1998), Programa Venezolano de Educación-Acción en Derechos Humanos (Provea), Venezuela.

América Latina, Historia de medio siglo, Instituto de Investigaciones Sociales de la UNAM, Siglo XXI Editores, México, 1977.

La conspiración 98, por Roger Santodomingo, Alfadil Ediciones, Venezuela 1999.

Revista Exceso, nº 124,126, Venezuela, 1999.

Propuestas para la Asamblea Nacional Constituyente, Red de Población y Desarrollo Sustentable, Venezuela 1999.

Boletín del SIC. *Centro Gumilla*, nº 543, abril 1992, Venezuela.

Diarios: *El Nacional*, *El Universal*, *El Correo del Presidente*, *El Mundo*, todos de Venezuela (1998-1999).

Venezuela Analítica, página web sobre Venezuela.

Al son del 23, vocero de la Coordinadora Cultural Simón Bolívar. (Varios) Venezuela.

Textos y entrevista a Hugo *Chávez*, por Marta Rojas (Gramma, Cuba).

Índice

Colección «GEBARA» Saila

1. *Nuestra América contra el V Centenario*
   M. Benedetti, Roa Bastos, M. Bonasso, Casaldáliga, Noam Chomsky, J. Petras, G. Selser, H. Dieterich, Fidel Castro, Cardoza y Aragón, Guayasamín, Alejo Carpentier y otros.
2. *Terrorismo de Estado. El papel internacional de* EEUU
   Noam Chomsky, M. Bonasso, J. Petras, J.M. Pieterse, W. Schulz, E.S. Herman.
3. PERESTROIKA. *La Revolución de las esperanzas*
   Marta Harnecker, Kiva Maidanik, Nadia Zamkova.
4. *La Mujer habitada* / Gioconda Belli.
5. *Camilo camina en Colombia* / María López Vigil.
6. MALCOLM X. *Vida y voz de un hombre negro* / Autobiografía.
7. *Morir por Palestina* / Françoise Kesteman.
8. *Hacia la libertad de Irlanda* / Gerry Adams.
9. *Mayombe* / A. Pestana, Pepetela.
10. *El Nuevo Orden Mundial o la Conquista Interminable*
    Noam Chomsky, Sergio Ramírez, Tomás Borge y otros.
11. JACOB. *Recuerdos de un rebelde* / Bernard Thomas.
12. *El día de Angelo* / Frei Betto.
13. *La memoria en donde ardía* / Miguel Bonasso.

14. CHE GUEVARA. *Grandeza y riesgo de la utopía*
Roberto Massari.
15. *Un grano de maíz. Hablando con Fidel* / Tomás Borge.
16. *Memorias del calabozo* / Mauricio Rosencof,
Eleuterio Fernández Huidobro.
17. *El Salvador. De la lucha armada a la negociación* / Txema García.
18. *La Orquesta Roja. Tomo 1* / Gilles Perrault.
19. *La Orquesta Roja. Tomo 2* / Gilles Perrault.
20. *Renato Curcio. A cara descubierta* / Mario Scialoja.
21. *Recuerdo de la muerte* / Miguel Bonasso.
22. *Cactus* / Sahar Khalifeh.
23. *El diablo en la cruz* / Ngugi Wa Thjiong'o.
24. *Viaje por Sudamérica.*
Ernesto Che Guevara, Alberto Granado.
25. *Perú. Los senderos posibles* / Hernando Calvo, Katlijn Declercq
26. *Tierra humana* / Pramoedya Ananta Toer.
27. *La vida misma* / Paco Ignacio Taibo II.
28. *Galera* / Zhang Jie.
29. OLGA. *La roja inolvidable* / Ruth Werner.
30. *Adiós prisión* / Juan José Garfia.
31. *El año que estuvimos en ninguna parte*
Paco Ignacio Taibo II, Froilán Escobar, Félix Guerra.
32. *Cronicando* / Mia Couto.
33. *Hijo de todos los pueblos* / Pramoedya Ananta Toer.
34. *Desde la Galería de la muerte* / Mumia Abu-Jamal.
35. *Canción de amor para los hombres* / Omar Cabezas.
36. *Nosotras que nos queremos tanto* / Marcela Serrano.
37. *El carro dorado* / Salwa Bakr.
38. *Mafia. Historias a la sombra del Poder* / Giuseppe Fava.
39. *Antes del amanecer* / Gerry Adams.
40. *Hacia el mañana* / Pramoedya Ananta Toer.
41. *Para que no me olvides* / Marcela Serrano.
42. *Walg. Regreso a la vida* / B. Wongar.
43. *Las artimañas de los hombres y otras historias* / Salwa Bakr.

44. *La mujer de Gilles* / Madeleine Bourdouxhe.
45. *La casa de cristal* / Pramoedya Ananta Toer.
46. *Las historias prohibidas de Marta Veneranda* / Sonia Rivera-Valdés.
47. *Con todas sus fuerzas* / Gretchen Wilson.
48. El *Guanaco Blanco* / Francisco Coloane.
49. *Hêlîn olía a resina* / Suzan Samanci.
50. *Confesiones de un rebelde irlandés* / Brendan Behan.
51. *Potiki* / Patricia Grace.
52. *Los hombres que caminan* / Malika Mokeddem.
53. *Los sueños de Bolívar en la Venezuela de hoy* / Carlos Aznárez.

Aurkeztu dizugun liburuaren edukia, itxura edo inprimaketari buruzko iritzirik izatekotan, bidal iezaguzu; zinez eskertuko dizugu.

La Editorial le quedará muy reconocida si usted le comunica su opinión acerca del libro que le ofrecemos, así como su presentación e impresión. Le agradecemos también cualquier otra sugerencia.

EDITORIAL TXALAPARTA S.L.
Navaz y Vides kalea 1-2
78. Postakutxa
31300 TAFALLA
Nafarroa
Tfnoa.: 948 703934
Faxa: 948 704072
txalaparta@txalaparta.com
http://www.txalaparta.com

Este libro,
Los sueños de Bolívar en la Venezuela de hoy,
Se terminó de imprimir en junio de 2000,
en los talleres de Gráficas Lizarra
sobre papel ahuesado de 90 g./m^2.
Utilizándose para su composición
la versión para fotomecánica del tipo Novarese
creado por Aldo Novarese en 1980.